KB215045

삶으로 쓰는
마태복음 이야기

삶으로 쓰는
마태복음 이야기

양금선 지음

좋은땅

서문

기묘자이고 모사이시며 전능하신 하나님이셨던 예수님은 자신을 따라다니는 사람들을 꿰뚫어 보고 계셨습니다. 예수님이 보시기에는 그분을 따르는 수많은 무리들 중에 예수님을 똑바로 아는 사람이 한 사람도 없었습니다.

예수님은 제자들에게 물으셨습니다. **"너희들은 나를 누구라고 알고 있느냐?"** 그때 베드로가 대답했습니다.

"주는 그리스도시요 살아 계신 하나님의 아들이십니다."

그리스도라는 말은 헬라어로 '기름 부음 받은 자'라는 뜻을 가진 말입니다. 구약 시대에는 제사장, 왕, 선지자에게 기름을 부었습니다. 기름 부음 받은 자는 아람어로 '메시아'입니다. 예수님이 그리스도, 메시아라고 베드로가 고백한 것입니다. 그리스도의 뜻은 한마디로, 우리의 모든 문제를 다 해결하시고, 우리를 구원하시는 구세주, 이 세상을 구원할 자를 가리킵니다.

예수님은 베드로와 같은 믿음을 가진 사람들이 모여서 예수님의 교회가 세워질 것을 말씀하시며 내가 천국 열쇠를 주겠다고 말씀하셨습니다. 이 천국 열쇠는 무엇이든지 땅에서 매면 하늘에서도 매이고 땅에서 풀면 하늘에서도 풀리는 권능을 말하신 것입니다. 제자들은 오랫동안 예수님과 동행하며 예수님의 기적들을 목격하고 예수님의 말씀을 들어 온 끝에 이러한 결론에 도달하게 된 것입니다.

예수님이 누구신지 똑바로 아는 믿음이 있어야 할 것입니다. 예수님은 힘과 권력으로 강한 자가 되려는 세상 나라의 임금이 아니셨습니다. 우리의 모든 죄로 인한 고통에서 자유하게 하시기 위해 이 땅에 오셔서 우리 대신에 고난당하시고 희생하러 오신 참사랑이셨습니다.

예수님의 십자가 사건이 있은 지 사흘 후 혼돈과 실망 속에서 예루살렘을 떠나 엠마오로 내려가던 두 제자는 길에서 만나 그들에게 "그리스도가 이 모든 고난을 받고 그의 영광에 들어가야 할 것이 아니겠느냐?" 하시며 구약 성경에 쓰여 있는 자기에 관한 예언을 자세히 풀어 주시는 분이 예수님인 줄 알아채지 못했습니다. 저녁 식사 자리에서 떡을 떼시며 축사해 주시자 눈이 밝아진 두 제자는 그제야 방금까지 앞에 계셨던 분이 부활하신 예수 그리스도이심을 알게 되었습니다. 말씀의 빛이 비치자 깜깜하던 영혼에 불이 켜지며 마음이 뜨거워진 두 제자는 다시 예루살렘의 제자들 곁으로 돌아갔습니다.

《삶으로 쓰는 마태복음 이야기》는 예수님이 누구신지를 매번 깨우쳐 주었던 예수님의 육성이 담긴 마태복음의 핵심 성경 구절들과 함께 전에 제자와 나누었던 '마태복음 큐티'를 '본문 요약', '예수님은 누구신가', '묵상', '기도하기'로 정리한 글입니다. 신약 성경의 첫 복음서인 마태복음을 통해 예수가 그리스도이시며 전능하신 하나님의 아들이심을 120번 새롭게 마음에 새길 수 있었습니다.

또한 작년부터 매일 분당사랑의교회 성도들과 함께 하고 있는 '신구약 공동체 성경 읽기'에서 김복자 권사님과 유은화 권사와 박예원 자매와 나눈 마태복음 '묵상 나눔'도 지상에 교회를 이루어 가시는 주님의 밭에 감추어 두었던 보물을 발견한 새로운 기쁨이 되었음을 감사한 마음으로 덧붙입니다.

차례

I 탄생, 그리스도의 가르치심 (마태복음 1-7장)

II 제자도, 선교로 부르심
(마태복음 8-18장)

III 심판, 십자가와 부활
(마태복음 19-28장)

마태복음

마태복음은 신약 성경의 첫 권이자 초대 교회가 가장 사랑하던 성경 중 하나입니다. 이 복음서는 예수님이 누구시며, 예수님이 자신의 삶과 죽음과 부활을 통해 무엇을 이루셨는지에 대한 이야기를 명확하고 상세한 목소리로 들려줍니다. 마태복음 이야기의 중심에는 전 우주의 왕으로서 하나님 나라의 도래를 선포하는 예수 그리스도의 모습이 자리하고 있습니다. 또한 마태복음은 적대적인 세상 한가운데서 예수님을 따르고자 하는 이들에게 요구되는 철저한 '자기 부인'과 함께 '제자도'에 대한 분명한 청사진을 제시하고 있습니다.

사복음서는 공통적으로 예수님이 구약 성경을 어떻게 완성하시는가에 주의를 환기시키고 있지만 마태복음은 그중에서도 가장 '유대교적'이라 할 수 있습니다.

구약 성경은 죄인들이 하나님과 화목하게 되고 모든 깨어진 것들을 다시 회복시키실 것이라는 하나님의 약속에 초점을 두고 있습니다. 사복음서는 예수님이 구약 시대부터 내려온 이러한 오랜 바람과 간절한 소원을 마침내 이루시고 완성하셨음을 각자 독특한 방식으로 우리에게 증명해 줍니다. 그중에서도 마태복음은 "왜 예수님이 바로 그토록 기다리던 메시아 곧 하나님 나라를 불러오심으로써 창조의 선을 회복시킬 왕이신가?"에 대해 가장 집중적으로 다루고 있습니다.

네 권의 정경 복음서 가운데 마태복음만이 유일하게 '교회'라는 용어를 사용하고 있습니다. 마태복음은 교회가 열방에 복음을 들고 나아가 왕이신 예수님의 통치를 온 창조 세계로 확장하게 하면서 복음서를 마칩니다.

I

탄생, 그리스도의 가르치심

(마태복음 1-7장)

1

예수 그리스도의 계보[1)]

아브라함과 다윗의 자손 예수 그리스도[2)]의 계보라(마태복음 1:1)

마태복음 1장은 예수 그리스도의 계보로 시작됩니다. 이는 구약 성경과 신약 성경이 하나의 이야기이며, 예수님이 아브라함과 다윗의 자손으로서 하나님의 약속을 성취하시기 위해 왕으로 오신 메시아이심을 밝혀 줍니다. 예수 그리스도께서 세상에 오심으로 끊어진 이야기가 다시 이어졌고 구원의 새 시대가 열렸습니다.

마태복음의 족보는 이스라엘의 역사를 한눈에 보여 줍니다. 아브라함은 그 역사의 시작이고 다윗은 최고점이며 바벨론 포로기는 최저점입니다. 그리고 예수 그리스도에게 와서 역사는 정점과 성취에 이르게 됩니다. 마태는 당시 유대인들이 매우 중요하게 여겼던 족보를 첫 장에 기록하여 유대의 역사상에 나타난 두 위대한 언약의 조상들인 아브라함과 다윗에게 주님을 연결시킵니다.

만일 나사렛 예수가 이 두 위대한 언약들의 성취라면 그의 핏줄은 조상들에게 제대로 연결되어 있는지 유대인들은 의문을 품었고, 마태는 예수님의 계보를 자세히 추적하여 그렇다고 말하고 있는 것입니다. 또한 마태는 헬라어로 '게네시스'

---

1) 계보는 헬라어로 '게네시스(genesis)'로 기원, 시작, 탄생을 의미함.

2) 예수에 대한 칭호로 기름 부음을 받은 자 곧 왕이나 구세주를 뜻함. 히브리어로는 메시아.

라고 번역되는 계보를 첫 장에서 소개함으로써 구약 성경의 첫 책인 창세기[3]와 도 연결 지어 메시아 예수의 출현이 곧 하나님 나라의 시작임을 선포했습니다.

♥ 예수님은 누구십니까?

죄인인 인간을 구원하시기 위해 인간의 계보를 통해서 오신 그리스도이십니다.

♡ 마태복음은 초대 교회에서 가장 사랑받았던 복음서였습니다. 마태는 하나님과 아브라함 사이의 언약과 다윗의 왕권에 대한 예수의 적법한 권리를 입증하면서도 예수님이 아브라함과 다윗의 적법한 후손임을 강조했습니다.

그런데 마태복음의 계보를 따라가다 보면 놀랍고 비상식적인 네 명의 여인들을 만나게 됩니다. 다말, 라합, 룻 그리고 솔로몬의 어머니 밧세바 이 네 명의 여인은 예수 그리스도의 족보에 들어가기에 상당히 결함이 있는 여성들이었습니다. 다말은 자신의 신분을 기생으로 속이고 아들을 낳았고, 라합은 여리고성에 사는 천한 가나안 여인이었습니다. 룻 역시 이방의 모압 여인이었고 밧세바는 다윗과 결혼 전 헷 사람 우리아의 아내였습니다.

마태는 예수 그리스도의 족보에 이 여인들의 이름을 굳이 넣을 필요가 없었음에도 기록한 이유가 무엇이었을까요? 그는 이 여인들이 예수님의 혈통의 계보에 들어 있음을 밝혀서 하나님께서 자기 백성을 택하신 이유가 가문이 잘나서도 능력이 출중해서도 아니라 순전히 하나님의 은혜에 의한 것임을 강조하고자 했던 것이라 생각합니다. 그리고 바로 이 점이 우리에게 예수님의 탄생 소식이 얼마나 위대한 복음인지를 깨닫게 합니다. 하나님은 이 세상의 모든 죄인들을 구원하시

3) 창세기의 영어 표제는 Genesis로 계보, 시작, 기원을 뜻함.

기 위해 이 땅에 예수 그리스도를 보내셨다는 것을 족보를 통해서 더욱 명확하게 깨닫게 하신 것입니다.

하나님은 혈통과 권력과 가문과 학벌, 지위를 찾아 서열을 매기는 인간의 논리와 완전히 반대입니다. 예수님께는 진짜 왕의 혈통이 있지만 이런 여인들의 혈통도 있는 것은 하나님께서 인간이 찾고 추구하는 방법을 완전히 철폐하신 것을 보여 주신 것입니다. 어떤 신분 고하를 막론하고 어떤 환경에 처해 있든지 오직 예수님을 영접하고 하나님을 아버지로 모시는 자에게는 하나님의 자녀가 되는 권세를 주신 것입니다.

✝ 기도하기

우리에게 오시기 위해 가장 낮은 곳에 임하신 예수 그리스도의 그 사랑을 깨닫게 되며 감사드립니다. 어떤 신분 고하를 막론하고 어떤 환경에 처해 있든지 오직 예수님을 영접하고 믿고 따르는 자에게는 하나님의 자녀가 되는 권세를 주심을 감사드립니다. 항상 저에 대한 사랑과 구원의 계획을 잊지 않고 순종하는 삶이 되기를 예수님의 이름으로 기도합니다. 아멘!

2

그들의 죄에서 구원할 자

아들을 낳으리니 이름을 예수라 하라 이는 그가 자기 백성을 그들의 죄에서 구원할 자이심이라 하니라(마태복음 1:21)

예수 그리스도의 나심은 요셉과 마리아가 약혼한 기간 중에 일어난 사건이었습니다. 유대 풍습으로 아기를 잉태할 수 없는 기간 중에 마리아가 잉태한 사실을 알았지만 요셉은 의로운 사람이라 조용히 드러내지 않고 끊고자 했습니다.

그때 주의 사자가 현몽하여 요셉에게 이르기를 마리아가 잉태한 것은 사람으로 인한 것이 아니라 성령으로 된 것이라고 하였습니다. 그 아기는 자기 백성을 그들의 죄에서 구원할 자이시므로 요셉은 그 이름을 예수[4]라 하라는 명을 받았습니다.

이러한 말씀은 요셉으로 하여금 새 언약을 통하여 구원을 베풀어 주실 것이라는 하나님의 약속을 생각나게 했을 것입니다.[5] 이름을 알 수 없는 이 천사는 또한 요셉에게 이르기를 이 일은 하나님의 영원한 계획과도 부합하는데 이는 선지자 이사야가 700년 전에 처녀가 잉태하여 아들을 낳으리니 이름을 임마누엘이라고 할 것이라 예언했기 때문입니다.[6]

마리아의 기적적인 잉태는 이사야의 예언을 성취시켰고 임마누엘(하나님이

4) 히브리어로는 예수아/여호수아로 '여호와가 구원하시다'의 뜻.

5) 예레미야 31:31-37.

6) 이사야 7:14.

우리와 함께 계시다는 뜻)로 세상에 오신 것입니다. 요셉은 꿈에서 깨어나자마자 마리아를 보호하기 위해 집에 데려왔습니다. 그리고 아기를 낳기까지 동침하지 않았습니다.

♥ 예수님은 누구십니까?

하나님의 약속을 이루신 분으로 요셉의 아내 마리아가 성령으로 잉태하여 세상에 오신 그리스도이십니다.

♡ 예수님은 이미 구약 시대에서 여러 선지자들이 예언한 메시아 그리스도이십니다. 하나님은 인간의 죄를 그대로 내버려 두지 않으시고 독생자이신 예수 그리스도를 세상에 보내셔서 우리를 구원하심으로써 하나님의 사랑을 나타내셨습니다. 하나님 자신이 우리에게 자신을 내어주시기 위해서 인간이신 예수 그리스도로 세상에 오신 것입니다. 하나님이 예수 그리스도를 이 땅에 사람으로 보내신 것은 죄의 문제가 해결되지 않고서는 하나님이 우리와 함께하실 수 없었기 때문이고 하나님의 함께하심이 없으면 우리의 구원은 불가능하기 때문이었습니다. 예수님은 요셉과 같은 의로운 자의 아들로 태어나셨고 우리에게 오셨습니다. 임마누엘 하나님이 우리와 함께하셨습니다. 저는 임마누엘이신 예수님을 얼마나 제 안에 기쁨과 감사로 모시고 살고 있는지 다시 생각해 보게 됩니다. 시간이 지나며 세월이 흐르고 마음이 점점 낡고 퇴색되어 가는 것이 아닌지 되돌아봅니다. 오히려 시간이 흐르면 흐를수록 더욱 거룩하신 주님을 닮아 가야 하는데, 제가 먼저 변화되고 저를 통해서 주위의 사람들이 더 좋게 변화되고 연합하는 삶이 되어야 하는데 그렇게 살고 있는지 오늘 말씀을 통해 되돌아봅니다.

✝ 기도하기

하나님 아버지, 감사합니다. 임마누엘이신 하나님이 저의 죄를 구원하시고 영원한 삶을 주시기 위해서 세상에 오셨습니다. 주님의 사랑을 잊고 살 때가 많이 있음을 고백합니다. 오늘 성령으로 잉태하여 세상에 오신 주 예수 그리스도를 주님으로 모시며 우리와 항상 함께 계시는 예수님을 항상 잊지 않고 말씀대로 살아갈 수 있는 믿음을 더하여 주시기를 간절히 기도합니다. 마태복음의 말씀을 깨닫는 지혜를 허락하여 주시기를 예수님의 이름으로 기도합니다. 아멘!

♣ 묵상 나눔

자기 백성을 죄에서 구하시기 위하여 낮아지고 낮아지신 하나님, 그리고 임마누엘로 항상 함께 하시겠다 약속하신 예수님을 2025년에는 더 많이 알고 더 의지하고 더 사랑하기를 기도합니다. (유은화)

예수님은 인간의 죄를 그대로 내버려 두지 않으시고 하나님의 아들이신 예수 그리스도를 이 세상에 보내셔서 우리를 구원하신 하나님의 사랑이신 것입니다. (박예원)

3

유대 땅 베들레헴아

또 유대 땅 베들레헴아 네게서 한 다스리는 자가 나와서 내 백성 이스라엘의 목자가 되리라 하였음이니이다(마태복음 2:6)

동방에 있는 박사들(점성사들, 고관들)이 하늘에 나타난 별을 보고 유대인의 왕이 나신 것을 알고 경배하기 위해 예루살렘에 이르렀습니다. 유대 왕 헤롯과 온 예루살렘이 이를 알고 소동하였습니다. 헤롯왕이 대제사장들과 서기관을 모아 그리스도가 어디서 나겠느냐고 물었습니다. 메시아는 베들레헴에서 나실 것이라[7]고 한 수세기 전 미가 선지자의 예언을 전하자 헤롯은 박사들을 조용히 불렀습니다.

헤롯은 박사들에게 아기가 있는 곳을 자기에게도 알려 주어 아기에게 경배하게 해 달라고 부탁했습니다. 사실 이 말은 거짓이었습니다. 헤롯은 동방박사에게 아기가 있는 곳을 알아내어 아기를 죽이려는 음모를 꾸몄습니다.

박사들은 별을 따라가며 아기 예수가 계신 곳으로 인도함을 받아 그 집에 들어가 아기께 경배했습니다. 그들은 황금과 유향과 몰약을 아기 예수께 예물로 드렸습니다. 황금은 아기 예수의 신성(성결)을, 유향은 아기 예수의 삶의 향기를, 그리고 몰약은 아기 예수의 희생과 죽음을 대변하는 것이었습니다. 박사들은 꿈에 하나님께로부터 헤롯에게로 돌아가지 말라는 지시하심을 받고 다른 길로 고국에 돌아갔습니다.

---

7) 미가 5:2.

♥ 예수님은 누구십니까?

구약의 선지자들이 예언한 대로 베들레헴에서 태어나신 우리의 구주이시며 그리스도이십니다.

♡ 예수님의 탄생을 알게 된 두 종류의 극단적인 반응을 봅니다. 한 부류는 동방박사들입니다. 이들은 유대 땅 베들레헴과 수천 킬로 떨어진 바벨론 북동쪽의 파르티아(Parthia)에서 온 고관들로 유대인의 왕으로 나신 이에 대한 하나님의 특별한 계시를 받았을 것으로 추측합니다. 그들은 하늘의 징조인 야곱의 별의 움직임을 보고 먼 거리를 여행하여 아기 예수가 계신 곳을 마침내 찾아와서 아기 예수께 가장 귀한 예물을 바치며 경배했습니다. 동방박사들은 아기 예수가 하나님이 보내신 구세주이심을 깨달았을 것입니다. 그렇기에 왕이시고 대제사장이시고 선지자이신 예수의 탄생을 기리고 축복하는 황금(왕을 상징)과 유향(선지자임을 상징)과 몰약(대제사장임을 상징)을 드린 것입니다. 동방박사들과 같은 부류의 사람들이 또 있었습니다. 그들은 베들레헴 지역에 사는 양을 치는 목자들이었습니다. 목자들이 밤에 자기 양 떼를 지킬 때 주의 사자가 곁에 서고 주의 영광이 그들을 두루 비추었습니다. 천사는 "오늘 다윗의 동네에 너희를 위하여 구주가 나셨으니 곧 그리스도 주시라"라고 말했습니다. 홀연히 수많은 천군천사들이 하나님을 찬송하며 "지극히 높은 곳에서는 하나님께 영광이요 땅에서는 하나님이 기뻐하신 사람들 중에 평화로다"를 합창했습니다. 그 장엄한 광경을 본 모든 목자들이 마리아와 요셉과 구유에 누인 아기를 찾아가서 천사의 말을 전하였습니다. 목자들은 그들이 보고 들은 모든 것으로 인하여 하나님께 영광을 돌리고 찬송하며 돌아갔습니다.[8] 반면에 헤롯과 같은 부류도 있었습니다. 에돔 출신인 헤롯왕은 유대인의 왕으로 오신 예수를 경배하러 온 동방박사들을 만난 후 시기와 질투심

---

8) 누가복음 2:8-20.

이 가득하여 예수를 죽이려고 했습니다. 실제로 동방박사들이 헤롯을 피해 돌아간 후에 그는 베들레헴에서 그즈음 태어난 두 살 이하의 아기들을 살해하라고 지시했습니다. 오늘날에도 예수님에 대한 상반된 반응이 있을 것입니다. 예수님이 그리스도이심을 믿게 된 것을 감사드립니다. 황금과 유향과 몰약을 드린 동방박사들을 생각하며 저의 가장 귀한 시간을 드리고, 제게 주신 재능과 능력과 물질을 주님을 위해 드리게 되기를 기도합니다.

† 기도하기

하나님 아버지, 감사합니다. 예수님을 구세주로 믿고, 예수님을 가장 사랑하게 하신 것을 너무나 감사드립니다. 예수님께 저의 가장 귀한 것을 아낌없이 내어 드릴 수 있는 믿음을 가질 수 있도록 간절히 예수님의 이름으로 기도합니다. 아멘!

4

나사렛 사람

나사렛이란 동네에 가서 사니 이는 선지자로 하신 말씀에 나사렛 사람이라 칭하리라 하심을 이루려 함이러라(마태복음 2:23)

동방박사들이 떠난 후에 요셉은 꿈에서 주의 사자로부터 마리아와 예수를 데리고 애굽으로 피하라는 지시를 받았습니다. 헤롯이 아기를 죽이려고 찾고 있었기 때문입니다. 요셉의 가족은 베들레헴을 떠나 애굽으로 향했습니다. 이것은 구약 성경 호세아서[9]에서 하나님의 아들 메시아를 애굽으로 불렀다고 하는 예언의 말씀이 실현된 것이라고 마태는 기록하고 있습니다.

동방박사들이 그냥 돌아간 것을 안 헤롯은 베들레헴에 있는 두 살 이하의 모든 사내아이들을 죽이라고 지시했습니다. 이 사건 역시 선지자 예레미야가 말한 예언[10]이 성취된 것입니다. 예레미야가 기록했던 사건은 수백 년 전 이스라엘 백성들이 바벨론의 포로로 잡혀가던 당시에 죽임당한 자녀들로 인해 통곡했던 일과 동일한 비극적인 상황이 다시 헤롯으로 인해 일어난 것임을 기록하고 있습니다.

헤롯이 죽은 후에 주의 사자가 다시 요셉에게 지시했습니다. 요셉은 주의 지시에 순종하여 이스라엘로 다시 돌아갈 계획을 세웠습니다. 그러나 헤롯이 죽고 난 뒤, 그를 이어 폭군이자 정신이상자인 헤롯의 아들 아켈라오가 베들레헴을 다

---

9) 구약 성경의 12 소선지서 중의 하나로 BC 8세기 호세아 선지자가 쓴 것으로 알려짐. 호세아 11:1의 인용.

10) 구약 성경의 예언서인 예레미야 31:15의 인용.

스리게 되자 다시 그를 피해 갈릴리 지방의 나사렛으로 갔습니다. 이로써 예수가 나사렛 사람이라 불릴 것이라는 예언의 말씀이 실현된 것입니다.

♥ 예수님은 누구십니까?

하나님의 말씀을 이루시기 위해 모든 어둠의 세력들의 방해를 물리치시고 이 땅에 오셔서 나사렛 사람이라 칭함 받으신 그리스도이십니다.

♡ 예수 그리스도의 탄생에 관한 여러 사실들은 이미 구약의 선지자들을 통해서 자세히 예언되었습니다. 우리를 구원하시기 위해 예수 그리스도를 보내신 하나님의 뜻은 이미 창세전부터 계획하신 일이고 여러 선지자들을 통해서 알려 주신 것입니다. 헤롯이 두 살 이하의 사내아이들을 학살한 사건은 선지자 예레미야가 말한 예언의 성취로 해석되었습니다. 예레미야의 기록은 이스라엘이 바벨론의 포로로 잡혀갈 당시 죽임당한 자식들로 인한 백성의 통곡을 가리킵니다. 유대인이 아닌 자들에 의해 자녀들이 학살당하는 동일한 상황이 이때 일어난 것입니다. 라헬의 묘가 베들레헴 부근에 있었는데 그녀는 종종 이스라엘 백성들의 어머니로 간주되었습니다. 그래서 이 아기들의 죽음으로 인해 그녀가 통곡하는 것으로 묘사된 것입니다. 이사야 선지자는 메시아가 "(이새의) 뿌리에서 나온 한 가지"와 같을 것이라고 말했는데 "가지"라는 히브리어 단어는 "나사렛(neser)"과 유사한 자음들로 구성되어 있으며 '보잘것없는 시작'이란 뜻을 담고 있습니다. 마태는 멸시당하는 메시아의 특성에 관한 수많은 예언들 속에 드러난 개념을 바탕으로 말한 듯합니다. "나사렛 사람"이라고 부르는 것은 경멸의 표현이었습니다. 그래서 요셉과 그의 가족이 나사렛에 정착한 이래로 메시아는 이스라엘의 수많은 사람들에게 멸시와 모욕을 받으셨습니다. 예수님이 세상에 오시는 것을 막으려

는 어둠의 세력들은 예수님이 탄생하신 때부터 치열하게 활동했음을 알게 됩니다. 그러나 어둠은 결코 빛을 이길 수 없습니다. 예수님은 구약 성경의 하나님의 말씀을 성취하시기 위해 세상에 오셨습니다. 그리고 우리의 죄를 대속하시기 위해 십자가에 죽으셨고, 사흘 만에 부활하셨습니다.

✝ 기도하기

하나님 아버지, 감사합니다. 예수님이 탄생하시는 순간부터 어둠의 세력들과 권력을 지닌 자들의 방해가 심했음에도 불구하고 하나님의 뜻을 받들어 우리를 구원하시러 오신 예수 그리스도께 진심으로 감사드립니다. 죄인인 저를 구원하러 오신 예수님, 죄인들과 똑같이 되시고 십자가에 고난을 당하시며 못 박혀 돌아가시도록 하신 하나님의 사랑에 깊이 감사드립니다. 예수 그리스도를 구주로 믿고 항상 주님을 따르는 삶을 살아가기를 예수님의 이름으로 기도합니다. 아멘!

5

세례를 받으시다

하늘로부터 소리가 있어 말씀하시되 이는 내 사랑하는 아들이요 내 기뻐하는 자라 하시니라(마태복음 3:17)

예수께서 요한에게 세례를 받으시기 위해 요단강에 이르셨습니다. 요한은 놀라 어찌 제게로 오시냐고 반문하며 예수님을 만류했습니다. 이는 그의 세례가 죄인들을 위한 세례였기 때문입니다. 그러나 예수님은 요한의 세례에 참여하는 것은 모든 의를 이루기 위해 합당하다 말씀하셨습니다. 메시아가 죄인들에게 의를 주시기 위해서는 죄인들과 같아지셔야 했습니다. 예수님이 죄인들과 같이 되시기 위해 요한에게 세례를 받으시는 것은 하나님의 뜻이었습니다.

예수께서 세례를 받으시자 하늘로부터 성부 하나님이 말씀하셨습니다. "이는 내 사랑하는 아들이요, 내 기뻐하는 자라." 이 사건은 삼위 하나님이 모두 참여하신 사건입니다. 성부는 그의 아들에 대해 말씀하셨고 성자는 세례를 받으셨으며 성령은 성자 위에 비둘기같이 임하였습니다. 요한복음은 이 사건을 통해 예수가 하나님의 아들이심을 확증하였습니다.[11] 성령의 강림은 메시아이신 성자의 지상 사역을 위해 권능을 보내신 사건이었습니다.

11) 요한복음 1:32-34.

♥ 예수님은 누구십니까?

삼위일체이신 성부, 성자, 성령 하나님께서 모두가 증명하시는 그리스도이십니다.

♡ 예수님의 세례는 예수님의 사역의 시작이며 십자가상의 죽음으로 절정에 이르는 구약 곳곳에 예언된 하나님의 구원 활동을 성취하신 것입니다. 그렇게 하심으로써 예수님은 세례 요한의 사역을 승인하시며 자신의 사명을 요한의 사명과 연결하십니다. 예수님은 회개나 씻음이 필요 없으셨지만 대속의 삶과 죽음을 통해 죄인인 인간과 일체가 되십니다. 세례를 받으심으로 죄가 없으신 분이 죄인이 되셔서 죄인을 위해 죄인을 대신하여 죄인과 함께 죽음으로써 죄인을 살리시고 하나님의 백성으로 새롭게 만들어 주신 분이십니다. 죄인인 인간을 구원하러 오신 예수님이 죄인들과 똑같이 되시고, 십자가에 고난을 당하시며 못 박혀 돌아가시도록 하신 하나님의 인간에 대한 사랑을 되새겨 봅니다.

✝ 기도하기

하나님 아버지, 감사합니다. 예수님의 삶을 저는 얼마나 따르고 있는지 예수님의 말씀을 얼마나 지키고 있는지 죄송한 마음뿐입니다. 주님, 예수님께서 저희들과 똑같이 죄인의 세례를 받으신 것을 항상 마음에 새기며 신실한 그리스도인으로 순종하며 따를 수 있기를 예수님의 이름으로 기도합니다. 아멘!

6

시험을 이기시다

예수께서 대답하여 이르시되 사람이 떡으로만 살 것이 아니요 하나님의 입으로부터 나오는 모든 말씀으로 살 것이라(마태복음 4:4)

요단강에서 세례를 받으신 후 예수님은 광야에서 마귀의 시험을 받으셨습니다. 40일을 금식하신 예수님은 성령에 이끌리어 바로 광야로 나가 시험에 임하셨습니다. 이는 성부 하나님께서 성자 예수님을 시험하신 것입니다.

첫 번째 마귀의 시험은 예수님이 하나님의 아들이신 것을 떠보려 했습니다. 마귀는 "네가 만일 하나님의 아들이라면 이 돌들로 떡덩이가 되게 해 보라"고 시험했습니다. 주님은 하나님의 아들이시므로 주변의 모든 돌들을 떡으로 만드실 수 있는 권능을 가지셨지만 사탄의 거짓된 술책에 응하는 것은 하나님 아버지의 뜻을 거스르는 일임을 아셨습니다. "사람이 떡으로만 살 것이 아니요 하나님의 입으로부터 나오는 모든 말씀으로 살 것이라." 예수님은 하나님의 말씀[12]을 인용하셔서 사람의 욕구를 채우는 것보다 하나님의 말씀을 순종하라고 선포하시며 시험을 물리치셨습니다.

두 번째 시험으로 마귀는 예수님을 예루살렘 성전의 꼭대기로 데려가서 네가 만일 하나님의 아들이거든 여기서 뛰어내려 보라고 했습니다. 그러면 하나님도 너에게 사자들을 보내서 발이 돌에 부딪히지 않게 지키실 것이라고 하면서 마귀도 시편 말씀을 인용하며 장담했습니다. 그때 예수님은 "주 너의 하나님을 시험

12) 신명기 8:3 인용.

하지 말라"[13] 하시며 마귀를 쫓아내셨습니다.

마귀의 마지막 세 번째 시험은 예수를 높은 산으로 데려가 천하만국과 영광을 보여 주고 자신에게 엎드려 경배하면 이 모든 것을 주겠다고 했습니다. 예수님은 역시 하나님의 말씀[14]을 인용하시며 "사탄아, 물러가라. 오직 하나님만을 경배하고 그를 섬기라"고 명령하시고 사탄을 물리치셨습니다. 사탄은 떠나고 하나님은 즉시 천사를 보내셔서 예수를 수종들게 하셨습니다.

♥ 예수님은 누구십니까?

사탄의 교활하고, 거부하기 힘든 시험에도 전혀 굴하지 않으시고 하나님의 말씀으로 당당히 물리치신 그리스도이십니다.

♡ 오늘 말씀에서 예수님이 사탄의 세 가지 거부하기 힘든 시험을 통쾌하게 물리치신 것을 읽으며 예수님은 정말 하나님의 아들이시고 우리의 구세주이심을 믿게 됩니다. 사탄이 예수님께 시도하던 유혹은 오늘날도 모든 인간에게 똑같이 나타나고 있는 시험들입니다. 어떻게든 떡으로 만들어 육신의 배를 채우게 하려는 육신의 정욕, 눈에 보이는 모든 부귀와 영화를 가지고자 욕망을 부추기는 안목의 정욕, 자신이 가진 권력을 과시하고 자랑하는 이생의 자랑은 인간이 세상에 살면서 호시탐탐 마귀가 시험하는 세 가지 대표적인 것들입니다. 우리의 육체를 즐겁게 하는 데만 열중하고, 부귀영화를 누리기 위해 온갖 불의한 방법을 쓰려고 하는 것과 권력을 가지려고 더 큰 권력 앞에 종이 되게 하려고 사탄은 오늘도 우리를 시험하고 유혹하고 있습니다. 마귀는 호시탐탐 우리 곁을 떠나지 않으면서

---

13) 신명기 6:16 인용.

14) 신명기 6:13, 10:20 인용.

우리를 노리고 넘어뜨리려 할 것입니다. 그러므로 자만하거나 방심하면 안 됩니다. 영적 긴장을 늦추지 말고 항상 깨어 기도하며 하나님의 전신 갑주로 무장해 있어야 할 것입니다. 또한 예수님이 이미 모든 사탄의 시험을 능히 이기셨기 때문에 저도 예수님만 의지하며 꼭 붙들고 따르면 어떠한 시험도 두렵지 않고 물리칠 수 있음을 고백합니다. 예수님은 모두 말씀으로 사탄의 유혹을 물리치셨습니다. 말씀이 얼마나 중요하고 위대한지 깨닫게 됩니다.

† 기도하기

하나님 아버지, 감사합니다. 우리가 받을 시험을 이미 이기신 예수 그리스도께 감사드립니다. 또 예수님이 하나님의 말씀으로 사탄의 시험을 물리치신 것처럼 저도 불시에 닥쳐올지 모르는 사탄의 시험에 대비하여 항상 말씀으로 무장하고 말씀을 의지하며 견뎌 내면 사탄은 백전백패할 것임을 믿습니다. 예수님의 이름으로 기도합니다. 아멘!

7

회개하라, 천국이 가까이 왔다

이때부터 예수께서 비로소 전파하여 이르시되 회개하라 천국이 가까이 왔느니라 하시더라(마태복음 4:17)

요한에게 세례를 받으시고 본격적으로 공생애[15]를 시작하신 예수님은 나사렛을 떠나 갈릴리 해변의 가버나움에 정착하셨습니다. 이 지역은 오래전부터 스불론과 납달리 족속들[16]이 차지하고 있던 땅이었습니다. 이 지역의 백성들은 이제 예수님 안에서 하나님의 구원의 큰 빛을 보게 되었습니다.

일찍이 이사야 선지자는 빛이 이 지역에 임할 것을 예언했는데 마태는 예수님이 이 지역으로 이동하신 것을 이 예언이 성취된 것으로 보았습니다. 이때부터 예수님께서는 천국 복음을 전파하기 시작하셨습니다. "회개하라, 천국이 가까이 왔느니라." 천국 복음이 예수 그리스도에 의해 선포되었습니다.

하나님의 역사는 지상에 영광스러운 하나님의 나라를 설립하는 방향으로 신속하게 가고 있었습니다. 누구든지 그 나라에 속하려면 먼저 회개해야 했습니다. 하나님의 나라에 들어가려면 회개는 필수적 요건이었습니다.

15) 약 30세부터 33세에 십자가에서 죽기까지 예수의 공적인 활동 시기.

16) 이스라엘의 12 지파들 중 스불론 지파와 납달리 지파.

♥ 예수님은 누구십니까?

공생애를 시작하시며 "회개하라, 천국이 가까이 왔다"고 알리시며 하나님 나라의 복음을 전파하신 그리스도이십니다.

♡ 예수님은 수천 년 전부터 여러 선지자들이 예언하고, 그 예언을 성취하러 오신 그리스도이십니다. 예언의 성취로 오신 과정이 성경에 자세히 기록되어 있는 역사 속의 인물입니다. 그런데 왜 당시 사람들은 예수님을 알아보지 못했을까요? 그것은 자신들이 기대한 메시아와 예수 그리스도가 완전히 달랐기 때문이라고 생각합니다. 그들은 돌을 빵으로 바꾸어 주고, 지상에서 천국을 만들어 줄 인기 있는 정치적 메시아를 원했습니다. 그러나 예수님은 그런 메시아와는 거리가 먼 분이었습니다. 오직 하나님의 뜻에 순종하시며 희생과 대속의 사랑으로 우리를 죄에서 구원하시고, 영생을 주시러 오셨습니다. 예수님을 믿으려면 회개가 필수입니다. 주님 앞에 무릎을 꿇고 과거의 모든 불의한 삶을 회개하고 용서를 구할 때 새롭게 변화된 삶을 살게 해 주시는 분이 예수 그리스도이십니다.

✝ 기도하기

하나님 아버지, 감사합니다. 죽을 수밖에 없는 죄인이던 제게 회개할 기회를 주시고 용서해 주신 것을 감사드립니다. 저의 죄를 대속하시기 위해 모든 것을 내어주신 그 사랑과 은혜에 오늘도 감사드리며 예수님의 이름으로 기도합니다. 아멘!

8

제자들을 부르시다

나를 따라오라 내가 너희를 사람을 낚는 어부가 되게 하리라 하시니 그들이 곧 그물을 버려두고 예수를 따르니라(마태복음 4:19-20)

예수님이 공생애를 시작하시면서 가장 먼저 하신 사역은 제자들을 부르신 일이었습니다. 갈릴리 해변에서 물고기를 낚으려 그물을 던지고 있는 베드로와 안드레에게 사람을 낚는 어부가 되게 하리라고 부르셨을 때 그들은 즉시 주님을 따랐습니다. 다시 야고보와 요한을 부르시자 그들도 생업을 놓고 즉시 주님을 따랐습니다. 천국의 메시지를 많은 사람에게 선포해야 하는 소명은 고난과 희생이 따랐지만 제자들은 기꺼이 자신의 생업뿐 아니라 가족도 두고 예수님을 따랐습니다.

예수님은 지상에서 세 가지 사역을 행하셨습니다. 즉 가르치시며, 천국 복음을 전파하시며 모든 병과 약한 것을 고치셨습니다. 이는 예수님이 사람들에게 행하신 일을 통해서 선지자이시고 그리스도이심을 증거하신 것입니다. 예수의 소문이 온 수리아에 퍼져 각종 병자들이 모여들었고 예수님은 각종 병에 걸려 고통당하는 자들을 다 고쳐 주셨습니다. 갈릴리 바다와 데가볼리, 예루살렘과 유대와 요단강 건너편에서 허다한 무리가 예수를 따랐습니다.

♥ 예수님은 누구십니까?

천국 복음을 전파하시며, 하나님의 말씀을 가르치시며, 각종 병자들을 치료하시고 고쳐 주시는 그리스도이십니다.

♡ 예수님을 가장 가까이에서 따르며 중요한 일을 했던 제자 베드로, 안드레, 야고보, 요한은 평범한 어부들이었습니다. 예수님이 사람을 낚는 어부가 되리라고 부르셨을 때 그들은 믿음을 가지고 즉시 주님을 따랐습니다. 예수님을 따르고, 예수님의 제자가 되는 일만큼 세상에서 가치 있는 일은 없을 것입니다. 지금도 예수님은 제자들을 부르십니다. 예수님의 제자들처럼 특별한 사명을 받기도 하지만 자신의 삶의 자리에서 부르시기도 할 것입니다. 먼저 하나님의 나라와 그의 의를 구하는 자에게 모든 것을 더하실 것이라 믿습니다. 부르심에 순종하는 한 작은 자의 삶을 통해 주님께 영광을 드리기를 소망합니다.

† 기도하기

하나님 아버지, 지금도 예수님은 우리를 제자로 부르셔서 우리가 하나님을 영화롭게 하고 기뻐하며 살아가도록 하시며, 우리에게 그 일을 할 수 있는 능력과 믿음도 함께 주십니다. 주님을 인격적으로 만났다는 것은 내 뜻과 내 주관을 버리고 주님의 뜻을 따르게 되는 것임을 깨닫게 됩니다. 나의 소견과 주관을 버리고 완전하신 하나님의 뜻에 순종하게 되기를 간구합니다. 예수님의 이름으로 기도합니다. 아멘!

9

복 있는 사람

심령이 가난한 자는 복이 있나니 천국이 그들의 것임이요(마태복음 5:3)

예수를 따르는 무리들이 계속해서 모여들자 예수께서는 산에 올라가 앉으셨습니다. 산상수훈은 하나님을 믿고 따르는 사람들이 하나님과 올바른 관계를 맺기 위해서 어떻게 살아가야 할 것인지에 대한 예수님의 가르치심입니다.

먼저 예수님께서는 복 있는 자들이 받을 여덟 가지 복에 관해서 말씀하셨습니다. 심령이 가난한 자는 자신의 영적 파산 상태를 솔직하게 인정하며 하나님께 전적으로 의지하는 자들로 예수님은 천국은 바로 이런 자들의 것이라 말씀하십니다.

애통하는 자는 자신이 늘 죄를 짓는 죄인임을 애통해하며 하나님의 용서와 치유에 대한 갈망을 하는 자를 말합니다. 그런 자는 위로를 받게 될 것이라고 말씀하십니다.

온유한 자는 남들에게 자신을 낮추고 내세우지 않으면서 모든 일의 결과를 인도하실 하나님을 신뢰하는 자들이며 이런 이들에게는 땅을 기업으로 주실 것입니다.

의에 주리고 목마른 자는 하나님이 진정한 의의 원천이심을 인식하며 하나님의 의로운 성품이 이 땅에서 사람들의 삶 속에 분명히 드러나기를 원하는 사람들입니다. 예수님은 그들이 하나님의 초대에 응하므로 배부를 것이라고 말씀하십니다.

긍휼히 여기는 자는 타인에게 자비와 용서를 베푸는 자이며 그 자비와 용서는 자신에게도 베풀어질 것이라고 말씀하십니다. 마음이 청결한 자는 삶에서 청결함과 고결함을 추구하는 이들로서 하나님을 보게 되는 영광을 누리게 될 것입니다.

화평케 하는 자는 하나님의 메시아적 평화를 촉진하는 자들입니다. 이들은 하늘 아버지의 성품을 물려받은 것이므로 하나님의 아들이라 일컬음을 받을 것입니다.

의를 위하여 박해를 받은 자는 믿음 때문에 부당한 대우를 받은 자들입니다. 하나님은 자기 백성이 세상에서 하나님을 무엇보다도 존귀하게 여긴다는 것을 보여 줄 때 기뻐하시며 천국을 소유하게 해 주십니다. 이런 일은 그들이 박해 가운데서도 의를 위하여 담대함을 잃지 않을 때 일어납니다. 예수님께서는 의를 위하여 핍박을 받았던 선지자들과 이들이 같은 길을 걷고 있다고 위로의 말씀을 덧붙이셨습니다.

♥ 예수님은 누구십니까?

예수님은 심령이 가난하고, 애통하며, 온유하고, 의에 주리며, 긍휼히 여기고, 마음이 청결하며, 화평하게 하고, 의를 위하여 박해를 받는 자들에게 하늘의 복을 아낌없이 베풀어 주시는 그리스도이십니다.

♡ 하나님이 아니면 채울 수 없는 심령의 가난이 복입니다. 자신에 대해 탄식할 줄 알고 세상의 고통에 대해 통감하는 애통의 마음이 복입니다. 자기만의 아집과 욕망이 아니라 오직 하나님의 뜻에 자신의 마음을 조율하는 사람이 복된 사람입니다. 인간의 죄가 낳은 불의하고 부당한 현실 속에서 하나님의 개입을 갈망

하며 의의 길을 포기하지 않는 사람이 복된 사람입니다. 팔복은 예수님과 같이 되어 가는 복입니다. 예수님은 팔복에서 계속 마음을 강조하십니다.

세상에서는 부귀와 영화를 누리고 권세를 지니고 명예를 얻는 사람들을 복 받았다고 합니다. 그러나 예수님이 말씀하시는 복은 그런 복이 아닙니다. 예수님이 말씀하시는 복 있는 사람은 항상 자기의 부족함을 애통해하고 욕심을 비우고 자신보다 남을 더 낫게 여기는 사람입니다. 늘 자신에게 있는 것으로 사랑을 베풀기를 원하는 사람입니다. 의로운 것에 관심을 가지고 의롭게 살고자 애쓰는 사람입니다. 마음이 깨끗하고 화평을 위해 노력하는 사람을 복 있다고 하십니다. 예수님이 말씀하시는 복 있는 사람이 되기를 간절히 원합니다.

✝ 기도하기

하나님 아버지, 감사합니다. 예수님께서 오늘 말씀하시는 복 있는 사람이 되기를 간절히 소망합니다. 심령이 가난한 사람, 애통하는 사람, 온유한 사람, 의에 주리고 목마른 사람, 긍휼히 여기는 사람, 마음이 청결한 사람, 화평하게 하는 사람, 의를 위하여 박해를 받은 사람이 되기를 감히 원하고 기도합니다. 예수님의 이름으로 간절히 기도합니다. 아멘!

10

소금과 빛

이같이 너희 빛이 사람 앞에 비치게 하여 그들로 너희 착한 행실을 보고 하늘에 계신 너희 아버지께 영광을 돌리게 하라(마태복음 5:16)

예수님은 너희는 세상의 소금이라고 하십니다. 소금에는 깨끗함이 있습니다. 소금은 방부제입니다. 그러나 대부분의 경우 우리는 맛을 내기 위해 소금을 찾습니다. 그리스도인들이 맛을 내지 못한다면 주님께 아무 쓸모가 없을 것입니다. 그리스도인들에게는 그리스도를 닮은 맛과 그리스도를 따르는 기쁨과 세상의 부패를 막는 깨끗함이 있어야 할 것입니다.

또 예수님은 너희는 세상의 빛이라고 하십니다. 세상의 빛이 되는 사람들은 다른 사람들이 올바른 길을 가도록 방향을 비추는 사람을 말합니다. 말[17] 아래 숨겨진 등불은 소용이 없습니다. 빛을 비추는 사람들은 남들로 하여금 그들의 착한 행실을 보고 그들 위에 하늘에 계신 하나님을 찬양하게 합니다.

예수님이 세상에 오신 것은 율법과 선지자들(구약 성경)을 무시하고 폐하기 위해 오신 것이 아니라 율법의 아주 작은 것 하나도 버리지 않고 성취하러 오셨습니다. 또 참된 의를 이루는 사람이 하나님의 나라에 들어갈 수 있다고 말씀하셨습니다.

17) 곡식이나 가루 따위의 양을 되는 데 쓰는 그릇.

♥ 예수님은 누구십니까?

우리를 세상의 소금과 빛으로 부르셔서 이 세상의 부패를 막고 어둠을 밝히는 빛의 도구로 사용하시는 그리스도이십니다.

♡ "너희는 세상의 소금이다." 예수님을 따르는 제자는 세상의 불의를 그대로 따라가는 자가 아니라 소금처럼 깨끗하고 부패를 막고 맛을 내는 제자다운 모습으로 살아가야 할 것입니다. "너희는 세상의 빛이다." 빛이 세상을 위해 존재하는 것처럼 제자들 역시 세상을 위해 존재해야 할 것입니다. 우리가 비추어야 할 빛은 제자다움에서 나오는 착한 행실일 것입니다. 그 행실은 팔복과 연결되고 더 나은 의와 연결될 것입니다. 사람들이 저를 보고 하나님을 찬송하는지 아니면 하나님을 멸시하는지 두려움으로 살펴보아야 할 것입니다. 예수님은 율법의 완성으로 오셨습니다. 그리스도인은 율법을 축소하거나 버리지 않고 그 속에 담긴 뜻을 살피며, 몸소 살아내는 사람입니다. 이 모든 것은 참빛이신 그리스도가 계시기에 가능할 것입니다. 그리스도가 우리를 비추기 전까지 우리는 결코 그를 반영하는 작은 빛을 비출 수 없습니다.

✝ 기도하기

하나님 아버지, 감사합니다. 세상의 빛과 소금으로 살아가면서 오직 하나님께 영광을 돌리는 삶을 살아갈 수 있기를 예수님의 이름으로 기도합니다. 아멘!

11

네 형제에게 원망 들을 만한 일이 있거든

형제에게 노하는 자마다 심판을 받게 되고 형제를 대하여 라가[18]라 하는 자는 공회에 잡혀가게 되고 미련한 놈이라 하는 자는 지옥 불에 들어가게 되리라(마태복음 5:22)

예수님은 율법의 정신은 없고 겉모습만 있는 외식하는 바리새인들이 추구하는 의가 앞으로 도래할 하나님의 나라에 들어가기에는 심히 부족함을 직설적으로 표현하셨습니다.

예수님의 첫 번째 예화는 살인하지 말라는 말씀이셨습니다. 바리새인들은 살인이란 사람의 목숨을 취하는 것이라 생각했습니다. 그러나 예수님은 그 계명이 행위 자체뿐 아니라 그 행위의 이면에 있는 내적 동기에까지 확대 적용된다고 말씀하셨습니다. 실제 살인은 물론 살인을 저지르고자 하는 분노하는 마음도 칼로 찌르는 행위만큼 나쁜 것임을 말씀하십니다.

더 나아가 형제에게 노하여 굴욕적인 말이나 욕설을 퍼붓는 것은 죄악 된 마음을 드러내는 것이라 하셨습니다. 죄악 된 심령을 가진 자는 죄인임이 분명하므로 지옥 불에 들어가게 될 것이라 하셨습니다. 그러므로 그릇된 태도는 반드시 교정을 받아야 합니다. 형제들 사이의 불화는 어느 편에서든지 먼저 나서서 해소되어야 합니다. 그러한 화해가 없이는 제단에 드려진 예물이란 아무 의미가 없다고 하십니다. 심지어 법원에 출두하는 도중에라도 피고는 그러한 문제를 먼저 깨끗이 해 두도록 힘쓰라고 하십니다. 그렇지 않으면 유대인의 공회 산헤드린이 그를

---

18) 아람어로 '미련한 놈'이라는 뜻의 욕설.

옥에 가두게 되고 그는 빈털터리가 될 것이라 하십니다.

♥ 예수님은 누구십니까?

우리에게 외적으로 드러나는 율법의 준수를 넘어서 영적인 태도에서도 온전히 하나님의 뜻과 법을 지키기를 가르쳐 주시는 그리스도이십니다.

♡ 오늘 살인죄에 대한 예수님의 말씀을 묵상하며 정말 놀랍고 새로운 시각으로 바라보게 되었습니다. 눈에 보이는 세상의 법과 윤리를 지켰다고 해서 깨끗한 것이 아니라고 하십니다. 예수님은 우리가 마음의 중심도 깨끗하고 거리낌이 없는 하나님의 성품을 닮기를 원하시는 것입니다. 형제를 미워하고 바보라고 비난하는 것도 살인하는 것만큼의 강도로 죄를 짓는 것이라고 하십니다. 어떻게 보면 너무 심한 것 같지만 그만큼 예수님께서는 우리가 온전하기를 바라시고 우리의 삶을 높은 수준까지 끌어올리기를 원하시는 것임을 깨닫게 됩니다. 형제를 마음속으로 미워하면서 교회로 가지고 오는 예물도 받고 싶어 하지 않으실 만큼 예수님께는 물질이 중요한 것이 아니라 사람의 마음과 영혼의 태도가 중요한 것입니다. 예수님의 말씀은 곧 하나님의 뜻이기도 한 것입니다. 그리스도인들의 인격의 수준은 세상 사람들이 요구하는 윤리와 도덕을 훨씬 능가하는 것입니다. 하나님의 자녀인 우리가 하나님의 성품을 닮기를 강력하게 원하시는 것입니다. 그동안 주님의 기대에 부응하지 못하고 턱없이 부족했던 것을 회개합니다.

✝ 기도하기

하나님 아버지, 그동안 주님이 기대하시는 수준에 얼마나 부족했는지 부끄럽게 살아온 것을 회개합니다. 형제를 미워하고 바보라고 비난했던 과거의 숱한 죄들을 회개합니다. 이웃과 형제자매들을, 동료들과 친구들을 정말 사랑하고 배려하지 못했던 것을 회개합니다. 마음으로 지었던 모든 죄들을 용서해 주시고 그들을 사랑할 수 있도록 인도하여 주시기를 바랍니다. 제가 온전하기를 바라시고 저의 삶을 높은 수준까지 끌어올리기를 원하시는 예수님의 뜻에 순종할 수 있기를 원합니다. 예수님의 이름으로 간절히 기도합니다. 아멘!

♣ 묵상 나눔

'주의 말씀은 너무나 의롭고 옳습니다'라고 입술로는 찬양하며 고백합니다. 그러나 주님의 말씀을 받아들이고 싶은 것만 순종하고, 싫은 일은 모른 척하는 이기적인 제 모습을 봅니다. 제 마음에 드는 주님의 말씀만 골라서 순종하는 저를 봅니다. 저에 대한 이기적인 사랑만 있으며, 원수는커녕 가까운 사람조차 사랑할 수 없음을 고백하며 애통합니다.

12

옳은 것은 '옳다' 아닌 것은 '아니다'

오직 너희 말은 옳다 옳다, 아니라 아니라 하라 이에서 지나는 것은 악으로부터 나느니라(마태복음 5:37)

예수님은 음욕을 품은 자는 이미 마음에 간음을 범한 것이라고 하셨습니다. 간음이란 음욕을 품은 시선으로부터 시작되고 행동으로 이어지게 되므로 마음에 품은 음욕도 행위 못지않게 악한 것임을 경고하신 것입니다.

또 오른눈과 오른손이 실족하게 했을 때 제거하라고 하십니다. 이는 실족하게 된 근본 원인을 없애야 한다는 것을 강하게 말씀하신 것입니다. 어떤 죄를 지었을 때 마음이 바뀌고, 행동이 변화되지 않는다면 여전히 그 죄에서 벗어날 수 없습니다. 벗어난다고 해도 다시 같은 죄를 저지르게 될 것입니다.

예수님은 하늘로도 땅으로도 네 머리로도 함부로 맹세하지 말라 하셨습니다. 구약 성경에서 하나님은 맹세는 존중되어야 하며 반드시 지켜져야 한다고 몇 번이고 되풀이해 주장하셨습니다.[19] 그러나 바리새인들은 하찮은 일에도 맹세를 자주 하는 것으로 악명이 높았습니다. 또 예수님께서는 항상 옳은 것은 '옳다', 옳지 않은 것은 '아니다'를 분명히 밝히라고 하시며 우리의 말이 진실하고 믿을 만한 것이어야 한다고 하십니다.

19) 예를 들어 레위기 19:12, 민수기 30:3, 신명기 23:22.

♥ 예수님은 누구십니까?

겉으로 드러나는 모습만을 보시는 것이 아니라 사람의 내면에 감추어진 동기를 감찰하시며 옳고 그름을 분별하게 하시는 그리스도이십니다.

♡ 우리가 마음에 못된 생각, 음란한 생각을 품을 때 그것이 불씨가 되어 사탄은 결국 우리가 죄를 짓게 몰아갑니다. 예수님은 그 동기부터 차단하라고 분명하게 말씀하십니다. 괜히 한 번쯤 어때 하는 생각으로 흐릿하게 처신하다가 돌이킬 수 없는 치명적인 죄를 저지르게 되기 때문입니다. 또 예수님은 함부로 맹세하지 말라 하십니다. 살아오면서 참 지키지 못할 맹세를 많이 했음을 회개합니다. 그리스도인들이 지녀야 할 성품은 꼭 맹세한다고 말하지 않아도 믿을 수 있는 진실한 성품이 되어야 할 것입니다. 오직 다른 사람에게 할 말은 옳은 것은 항상 '옳다' 하고 아닌 것은 '아니다'를 분명히 말하라고 하십니다. 이 외의 다른 여러 잡다하고 모호한 판단이나 맹세는 필요 없는 사족일 뿐이라 말씀하십니다.

✝ 기도하기

하나님 아버지, 많은 음욕을 품고 헛된 맹세를 하며 죄를 짓고 살아온 저를 용서해 주신 것을 감사드립니다. 예수님이 하신 말씀을 꼭 지키기를 기도합니다. 항상 마음이 청결하고 의롭게 살아갈 수 있기를 예수님의 이름으로 기도합니다. 아멘!

13

악한 자를 대적하지 말라

네게 구하는 자에게 주며 네게 꾸고자 하는 자에게 거절하지 말라(마태복음 5:42)

'눈은 눈으로 이는 이로 갚으라'[20]라는 율법은 어떤 사람이 다른 사람을 상하게 하면 똑같이 보복하게 하여 자신이 상함 받은 것보다 더 큰 보복으로 이어지고 확대되지 않도록 하는 법입니다. 이는 무죄한 자를 보호하며 보복이 가해의 한도를 벗어나지 않도록 모세 때부터 전해 온 법이었습니다.

그러나 예수님은 무죄한 자의 권리가 율법에 의해서 보장받기는 하지만 하나님의 자녀라면 그 권리를 꼭 주장해야 할 필요는 없다고 말씀하셨습니다. 하나님의 자녀는 자기가 받은 해를 똑같이 갚지 않고 관용을 베풀며 남을 유익하게 하는 이타적 성품을 가져야 한다고 말씀하십니다.

악한 자를 대적하지 말고 부당한 일을 당했을 때 그를 되받아치거나 변상을 요구하거나 그의 요구를 거절하지 말고 언젠가는 만사를 순리대로 되돌려 놓으실 주님께 자기의 형편을 맡겨 버리라고 하십니다. 이는 타인에게 하나님의 사랑과 관용을 베풀 것을 말씀하신 것입니다.

---

20) 출애굽기 21:24, 레위기 24:20, 신명기 19:21에 이 같은 내용이 나옴.

♥ 예수님은 누구십니까?

하나님의 자녀들이 율법에서 더 나아가 더 큰 사랑과 관용을 베푸는 사람이 되도록 인도하시는 그리스도이십니다.

♡ 어떻게 오른 뺨을 치는 사람에게 왼편 뺨도 돌려 댈 수 있으며, 속옷을 가지고자 하는 자에게 겉옷까지도 줄 수 있으며, 또 억지로 오 리를 동행하기를 원하는데 십 리를 동행해 줄 수 있는지 참으로 상식적으로는 어려운 일입니다. 학대를 당한 사람이 부당 행위를 자행한 사람에게 관대함을 보일 때 엄청난 영향력을 갖게 될 것입니다. 또한 공격적인 행동을 하는 사람을 사랑으로 대할 때 종종 추가로 더 공격하려는 의도를 잠재울 수도 있을 것입니다. 예수님은 하나님이 우리에게 그러하셨던 것처럼 우리 그리스도인들이 주고, 주고, 또 주는 관용의 정신이 있기를 바라십니다. 그러나 예수님의 말씀을 정당방위나 악에서 피하는 것에 대한 무조건적인 금지로 받아들여서는 안 될 것입니다.

✝ 기도하기

주님, 저를 미워하고 여러 악한 행동을 보이는 사람들이 있다면 용서하고 사랑하도록 노력하겠습니다. 또 제게 있는 것으로 선을 행하도록 노력하겠습니다. 잘 안되고 정말 어렵고 불가능할 수도 있지만 항상 말씀에 순종할 것을 결심하고 행동에 옮길 수 있기를 예수님의 이름으로 간절히 기도합니다. 아멘!

14

네 원수를 사랑하라

나는 너희에게 이르노니 너희 원수를 사랑하며 너희를 박해하는 자를 위하여 기도하라(마태복음 5:44)

바리새인들은 가깝고 친한 사람들은 사랑하고 이스라엘의 원수들은 미워하라고 가르쳤습니다. 그러나 원수들을 미워하라는 명령은 구약 성경 어디에서도 발견되지 않습니다. 예수님은 서기관들이 고안해 낸 이 말씀에 대한 잘못된 해석을 바로잡으십니다. 예수님은 더 나아가 원수에게까지 하나님의 사랑을 보여 주어야 한다고 말씀하십니다. 하나님은 그들을 사랑하시기 때문에 해를 비취시며 비를 내려 추수하게 하십니다. 하나님의 사랑은 만인에게 다 공평하게 내리십니다. 자기를 사랑하는 자만을 사랑하고 자기 형제에게만 문안한다면 세리와 이방인들의 행위와 다를 바 없는데 이것이야말로 바리새인의 표징이라 말씀하십니다. 예수님은 그러므로 하늘에 계신 너희 아버지의 온전하심과 같이 너희도 온전하라고 말씀을 맺으셨습니다.

♥ 예수님은 누구십니까?

우리가 원수까지도 사랑하고 박해하는 자들을 위해서 기도하는 하나님의 자녀가 될 것을 명하시는 그리스도이십니다.

♡ 하나님은 악을 미워하시지만 이 세상에서는 지금도 모든 사람들에게 심지어 원수들에게조차 은총을 베풀어 주시는 분이십니다. 하나님이 모든 사람들에게 베푸시는 일반 은총은 인류를 향하신 하나님의 섭리를 드러내시는 행동입니다. 또 예수님께서는 우리가 하나님의 자녀로서 당연히 자녀가 부모를 닮듯이 우리가 온전하기를 기대하십니다. 우리가 성숙하고 온전하고 거룩한 품성을 지니고 믿음을 갖기를 원하십니다. 원수까지 사랑하는 거룩한 삶은 자기 의지나 능력으로 되는 것이 아닙니다. 이 역시 성령께서 그렇게 살도록 도와주셔야 할 수 있는 것이라 생각합니다. 비록 죽을 때까지도 완전하게 성취될 수는 없겠지만 믿음으로 하나님을 신뢰하는 자는 삶 속에서 재생된 하나님의 의를 향유하게 될 것입니다. 거룩하게 살기 위한 최선의 노력을 다하게 될 것입니다. 성숙하고 온전한 신앙과 믿음을 가지며 이 세상에서 빛의 자녀로 살아가기를 원합니다.

† 기도하기

하나님 아버지, 감사합니다. 오늘 말씀에서 원수까지도 사랑하고 그들을 위해 기도하라고 말씀하셨습니다. 꼭 지켜야 할 말씀으로 겸허하게 받고 순종할 수 있도록 인도하여 주실 것을 믿습니다. 세상 사람들이 상식으로 지키는 도덕적 수준을 훨씬 더 넘어서서 믿음의 자녀들은 하나님 아버지의 온전하심과 같이 온전해지고자 하는 삶을 살아야 함을 오늘 다시 깨달으며 그렇게 살 수 있도록 항상 성령으로 인도하여 주시기를 예수님의 이름으로 간절히 기도드립니다. 아멘!

15

구제함을 은밀하게 하라

너는 구제할 때에 오른손이 하는 것을 왼손이 모르게 하여 네 구제함을 은밀하게 하라(마태복음 6:3-4)

다음으로 예수님은 바리새인들의 기도, 금식, 구제에 관한 위선적 행위를 지적하셨습니다. 먼저 그들의 구제에 대해서 말씀하셨습니다. 예수님은 사람들에게 의를 행할 때에 자신의 행위를 남에게 과시하기 위해 하지 말라 하셨습니다. 남에게 과시하고 칭찬받기 위해서 행하는 의는 하나님 아버지께 상을 받지 못합니다.

바리새인들은 늘 자기들이 얼마나 의로운지를 증명하기 위해 회당과 거리에서 가난한 자들을 구제하는 전시 행위를 했습니다. 그러나 주님은 구제할 때 심지어 오른손이 하는 일을 왼손이 모르게 하라고 하셨는데 이는 자신이 구제한 것을 잊어버릴 정도로 은밀하게 구제하라고 하신 것입니다. 남을 돕고 구제할 때에 어떤 자세와 태도와 마음가짐을 가져야 할지 깊이 새깁니다.

이렇게 함으로 그는 사람 앞에서가 아니라 하나님 앞에서 참된 의를 증명해 보여 하나님으로부터 상을 받게 될 것입니다. 자랑이나 과시가 아닌 진실된 마음의 구제는 하늘 아버지께서 기뻐하실 것입니다.

♥ 예수님은 누구십니까?

우리가 진실한 마음으로 다른 사람들에게 선한 일을 하여 하늘에 계신 아버지께 상을 받도록 하시는 그리스도이십니다.

♡ 예수님의 말씀은 항상 세상 사람들이 추구하는 것과는 정반대인 것을 깨닫게 됩니다. 가난하고 불쌍한 처지에 있는 사람들을 돕는 것은 참 좋은 일입니다. 그러나 그 선한 행동이 자기가 드러나기 위한 목적이나 사람들에게 칭찬받고 과시하기 위한 방편으로 돕는 것이라면 그것은 하나님 아버지께 상을 받을 일이 아닌 것입니다. 정말 그들을 돕고 싶다면 요란하게 떠들며 나팔을 불지 말고 자기가 그 일을 했는지도 모르게 도우라고 말씀하십니다. 예수님이 우리에게 요구하시는 도덕적인 수준은 정말 차원이 높은 것을 알게 됩니다. 그런데 예수님은 우리가 할 수 있다고 말씀하십니다. 만약 우리가 할 수 없는 일이었다면 말씀하시지도 않았을 것입니다.

✝ 기도하기

하나님 아버지, 감사합니다. 오늘 말씀도 정말 제가 앞으로 살아가면서 지켜야 할 말씀입니다. 예수님께서 하신 말씀은 지켜도 되고 안 지켜도 되는 것이 아니라 반드시 지킬 수 있도록 성령께서 인도하여 주시고, 늘 가난한 사람들, 저의 도움이 필요한 사람들을 관심과 사랑으로 구제할 수 있도록 인도하여 주시기를 예수님의 이름으로 기도합니다. 아멘!

16

너희는 이렇게 기도하라

너는 기도할 때에 네 골방에 들어가 문을 닫고 은밀한 중에 계신 네 아버지께 기도하라 은밀한 중에 보시는 네 아버지께서 갚으시리라(마태복음 6:6)

예수님은 이어서 바리새인들이 대중 앞에서 즐겨 하던 기도의 습관에 대해서 말씀하셨습니다. 바리새인들은 기도를 개인과 하나님 사이의 일로 생각하기보다는 사람에게 보이기 위한 행위로 전락시켰는데 이는 스스로 의로운 자라는 것을 과시하기 위한 모습이었습니다. 그들의 기도는 하나님이 아닌 사람들을 향한 것이었으며 길고도 반복적인 구절들로 이루어졌습니다. 예수님은 그들의 행실들을 지적하시며 기도할 때는 외식하는 자와 같이 회당이나 사람들이 많이 모이는 곳에서 남들에게 보이기 위해 기도하지 말고 골방과 같은 조용한 곳에서 은밀히 기도하라고 하십니다. 마음과 정성을 다해 성령의 인도하심을 따라 기도하라고 하십니다.

참된 기도는 사람들이 많이 모이는 시끄럽고 넓은 곳이 아니라 조용하고 은밀한 골방에서 은밀한 중에 계신 보이지 않는 하나님 아버지께 하는 것이라고 말씀하십니다. 또 우리에게 이미 있어야 할 것을 다 아시는 하나님 아버지께는 중언부언하며 말을 많이 하여 기도할 필요가 없다고 말씀하십니다.

♥ 예수님은 누구십니까?

참된 기도는 살아 계시고 모든 것을 아시는 하나님께 드리는 은밀하고 진실된 고백임을 가르쳐 주시는 그리스도이십니다.

♡ 참되고 진실한 기도는 하나님 아버지께 드리는 진실한 마음입니다. 사실 제가 기도하지 않아도 주님은 제가 뭘 원하고 무엇이 필요한지 다 아시지만 저의 적극적인 사랑의 고백을 듣고 싶으신 것이 기도입니다. 주님이 저에 대한 사랑을 말씀으로 알려 주실 때 그에 대한 감사와 찬양의 반응이 바로 기도입니다. 그래서 매일 말씀과 함께 기도의 자리로 나아와 주님께 절실한 마음을 받고 드리게 됩니다. 또 마음의 고백을 사람들에게 보이기 위한 것이 아니라 은밀한 골방에서 저와 주님만 있는 자리에서 진실되게 보여 드리게 됩니다. 골방에서 조용히 하늘로 올라간 기도의 향기는 늦가을 추수를 앞두고 내리는 단비가 되어 우리의 마음을 촉촉하게 적시게 될 것입니다.

✝ 기도하기

하나님 아버지, 오늘 기도의 자세와 태도에 대해서 가르쳐 주심을 감사합니다. 주님을 정말 사랑하고 경외하는 사람은 사람들의 시선을 신경 쓸 필요가 없을 것입니다. 사람들에게 인정받기 위해 기도한 적이 있었음을 회개합니다. 깨끗한 마음과 감사한 마음으로 오직 주님께 고백하는 기도가 되도록 인도하여 주시기를 예수님의 이름으로 기도합니다. 아멘!

17

주기도문

우리를 시험에 들게 하지 마시옵고 다만 악에서 구하시옵소서(마태복음 6:13)

예수님께서는 기도의 장소와 기도의 태도에 이어 제자들이 따라야 할 기도의 모범을 제시해 주셨습니다. 이른바 우리가 '주기도문'이라고 부르는 기도를 가르쳐 주셨습니다.

먼저 '하늘에 계신 우리 아버지'로 기도를 시작하는 것은 기도가 하나님께 대한 경배로부터 시작되어야 하기 때문이라고 하십니다. 경배는 모든 기도의 본질입니다. 주기도문에서 예수님은 아버지란 단어를 10번이나 사용하셨습니다. 참된 믿음을 가진 자들만이 하나님을 아버지라고 부를 수 있습니다. 이름이 거룩히 여김을 받으시기를 기도하라고 하십니다. 경외는 기도의 두 번째 요소인데 하나님은 거룩히 여김을 받으셔야 하는 분이시기 때문입니다. 나라가 임하시기를 기도하라고 하십니다. 하나님께서 그의 백성에게 하신 모든 약속이 이루어질 것임을 확신하는 기도를 하라고 하십니다. 뜻이 하늘에서 이루어진 것같이 땅에서도 이루어지기를 기도하라고 하십니다.

우리에게 일용할 양식을 주시기를 기도하라고 하십니다. 우리가 기도할 때는 우리의 삶에 꼭 필요한 간청도 기도에 중요하게 포함되어야 하기 때문입니다. "일용할 양식"의 의미는 오늘을 위해 충분한 양식이란 뜻입니다. 하나님의 자녀들은 내일 일을 염려하지 않고 그날그날 하나님 아버지를 의지하며 풍성하게 살아가는 데 진정한 기쁨이 있다고 말씀하십니다. 우리에게 죄를 지은 자를 사하여 준 것같이 우리 죄를 사하여 주시기를 기도하라고 하십니다. 기도자는 하나님 앞에서 자기에게 범죄한 자들을 먼저 용서하고 기도의 자리로 나와야 함을 말씀하십니다. 신자들은 자신이 주님께 죄 사함을 받았기 때문에 다른 사람이 자신에게 지은 죄도 용서해야 한다고 하십니다.

시험에 들지 말고 악에서 구하시기를 기도하라고 하십니다. 신자들은 하나님 아버지께 시험과 악에서 구해 주시기를 간구함으로써 스스로는 시험과 악을 물리칠 수 없다는 무능함과 연약함을 인정해야 할 것입니다. 하나님의 도움 없이는 그 어떤 시험과 악도 물리칠 수 없다는 고백을 들으신 하나님께서는 하나님 자신의 능력과 힘으로 물리쳐 주실 것입니다.

♥ 예수님은 누구십니까?

우리에게 기도의 모범을 보여 주셔서 위로는 하나님 아버지를 온전히 경배하고, 땅에서는 하나님 아버지께서 주시는 복으로 살아가도록 하시는 그리스도이십니다.

♡ 먼저 하늘에 계신 아버지를 부르고 주님을 경배하고 하나님의 나라가 이곳에도 임하시기를 기도합니다. 예수님이 마음속에 품고 계셨던 하나님의 나라는 인간의 노력으로 세워야 할 이상적인 국가가 아니라 이 땅에 심겨진 작은 씨앗과 같습니다. 하나님 나라는 작은 씨앗처럼 이미 여기에 심겨져 있고 나무처럼 자라다가 최종적으로 장성한 모습을 드러낼 것입니다. 우리는 지금 서 있는 이곳에서 열심히 씨를 뿌리고 가꾸는 농부처럼 살아야 할 것입니다. 진정으로 그 나라의 미래를 기다리는 자는 현재를 충실하게 살면서 준비하는 자입니다. 예수님의 이

기도의 모범 속에는 하나님이신 아버지께 기도해야 할 모든 것이 들어 있음을 생각하고 매일 주기도문으로 기도합니다.

✝ 기도하기

하나님 아버지, 감사합니다. 주기도문은 예수님이 가르쳐 주신 바른 기도의 모범임을 알고 매일 기도하며 그 의미를 되새길 수 있도록 인도하여 주시기를 간절히 기도합니다. 예수님의 이름으로 기도합니다. 아멘!

♣ 묵상 나눔

사람에게 인정받는 일, 재정적인 어려움, 자식 걱정, 노후 걱정 등 온갖 미래에 대한 염려와 불안들, 얼마나 이런 것들에 매여서 마음을 빼앗기고 사는지 애통하며 묵상합니다. 이러한 것들을 내려놓고 말씀에 순종하는 길은 내 힘으로 되지 않음을 또한 압니다. 그래서 하루하루를 주님만을 의지하고 소망하며 살아내기를 기도합니다.

18

용서에 대하여

너희가 사람의 잘못을 용서하면 너희 하늘 아버지께서도 너희 잘못을 용서하시려니와 너희가 사람의 잘못을 용서하지 아니하면 너희 아버지께서도 너희 잘못을 용서하지 아니하시리라(마태복음 6:14-15)

예수님은 용서에 대한 기도를 어떻게 해야 하는지를 가르쳐 주셨습니다. 그리스도인들이 다른 사람을 용서하는 것은 자신이 하나님께 용서받았다는 사실에서 근거하는 것이라고 말씀하십니다. 예수님은 하나님이 그리스도 안에서 우리를 용서하심같이 우리도 서로 용서해야 한다고 말씀하십니다. 하나님 아버지께 큰 죄를 용서받은 사람은 다른 사람들이 자기에게 지은 작은 죄들을 용서해야 마땅할 것입니다. 남을 용서하지 않는 자는 하나님과 온전한 관계를 맺을 수 없습니다.

또 금식에 관해 말씀하십니다. 금식은 바리새인들이 가장 자랑하는 의로운 행위였습니다. 바리새인들은 다른 사람들에게 자신의 영적인 우월함을 드러내는 방편으로 금식을 했습니다. 그래서 사람들 앞에서 일부러 금식하고 있다는 티를 내기 위해 차림새를 흉하게 하고 얼굴을 상하게 보이도록 했습니다. 예수님은 사람들의 눈에 자신이 금식하고 있다는 것을 드러내 보이지 말고 골방에서 하는 기도처럼 은밀하게 해야 하나님 아버지께서 홀로 보시고 기뻐하시며 상을 주신다고 말씀하셨습니다.

♥ 예수님은 누구십니까?

다른 사람의 잘못에 대해 용서하는 마음과 주님의 말씀에 순종하는 믿음을 기뻐하시는 그리스도이십니다.

♡ 예수님은 타인을 용서하는 일의 중요함을 다시 강조하시면서 하나님께 용서받는 일과 타인을 용서하는 일이 직접적인 관계가 있다고 말씀하십니다. 하나님이 우리의 죄를 용서해 주시는 것을 생각한다면 우리에게 잘못한 사람이 있을 때 용서하지 않을 수 없을 것입니다. 다른 사람을 용서하지 못하는 것은 하나님께 만 달란트[21] 빚진 사람이 자기한테 오백 데나리온[22] 빚진 사람에게 빚을 갚으라고 독촉하는 것과 같은 일일 것입니다. 또 사람들의 눈을 의식하는 기도와 금식은 종교 행위일 뿐 하나님은 우리가 외식으로 예배를 드리거나 믿는 것을 싫어하십니다. 진실한 마음과 정성과 뜻을 다하는 기도와 삶이 그리스도인들이 가야 할 길임을 다시 깨닫게 됩니다.

† 기도하기

하나님 아버지의 말씀대로 살지 못한 것을 회개합니다. 앞으로 예수님께서 가르쳐 주시는 말씀들 하나하나 정말 깊이 마음에 담고 그대로 실천할 수 있기를 간절히 기도합니다. 예수님의 이름으로 기도합니다. 아멘!

---

21) 도저히 갚을 수 없을 만큼의 엄청난 돈을 의미함. 억만금.

22) 당시 로마의 은화로 1 데나리온은 노동자의 하루 품삯.

19

보물을 하늘에 쌓아 두라

네 보물 있는 그곳에는 네 마음도 있느니라(마태복음 6:21)

예수님은 우리가 재물에 대해 어떤 태도를 가져야 하는지 말씀하십니다. 재물은 그 사람이 가장 소중하게 여기는 것이 무엇인지를 판단하는 또 다른 척도입니다. 바리새인들은 하나님이 사랑하시는 자들은 당연히 물질적으로도 축복받는다고 믿었습니다. 그래서 그들은 많은 보물을 땅에 쌓아 두고 보물을 소유한 것을 자랑하고 사랑했습니다. 그러나 예수님의 생각은 다르셨습니다. 재물을 땅에 쌓아 두면 좀이 슬고 녹이 생기고 도둑에게 도난을 당하지만 하늘에 쌓아 두면 보물은 썩거나 잃어버리지 않는다고 하시며 보물이 있는 곳에 마음이 있다고 하십니다. 지혜로운 사람들, 진정한 천국의 자녀들의 보물은 하늘에 계신 하나님 아버지와 함께 있어 안전할 것이라 하십니다.

또 눈은 온몸을 밝히는 등불이며 우리의 마음을 들여다볼 수 있는 창이라 하십니다. 눈이 온전하면 따뜻한 마음으로 선한 일을 하지만 눈이 타락하면 온갖 욕심과 인색함으로 온몸을 채우게 됩니다. 바리새인들은 그 눈으로 돈과 재물을 탐했습니다. 돈에 사로잡혀 있는 사람은 하나님을 믿고 따를 수 없습니다. 한 사람이 두 주인을 섬길 수 없듯이 돈과 하나님을 겸하여 섬길 수 없습니다.

♥ 예수님은 누구십니까?

우리가 영원히 변함없는 하늘에 보물을 쌓는 지혜롭고 온전한 사람이 되기를 명하시는 그리스도이십니다.

♡ 재물이란 "재산 혹은 소유물"이란 뜻을 가진 아람어 맘몬(mammon)을 번역한 것입니다. 많은 사람들은 맘몬신이라고도 일컫는 돈을 최고의 가치로 여기며 돈을 얻고자 자신의 모든 것을 바칩니다. 재물만 많이 모으면 행복할 것같이 사람들은 그것을 모으기 위해 전 인생을 바치기도 합니다. 예수님은 재물의 속성에 대해서 말씀하십니다. 옷에 좀이 슬듯이, 금속에 녹이 슬듯이 재물은 사람들의 영혼을 병들게 합니다. 물질의 가치를 최고로 여기게 되면 자연히 하나님을 무시하고, 돈으로 결코 살 수 없는 영적인 가치를 모르거나 부인하고 거부하게 됩니다. 예수님은 보물을 하늘에 쌓으라고 충고하십니다. 하늘에 쌓아 두는 보물은 결코 없어지지 않습니다.

✝ 기도하기

하나님 아버지, 오늘도 귀한 말씀을 주심을 감사합니다. 재물을 하나님보다 더 높은 가치로 인정하고 사랑하는 이 세대의 가치를 따르며 어리석게 살지 않기를 간절히 기도합니다. 모든 것은 주님께서 주시는 것임을 잊지 않게 하여 주시기를 바랍니다. 오직 한 분이신 저의 주인, 저의 하나님 아버지만을 섬기고 따를 수 있도록 예수님의 이름으로 기도합니다. 아멘!

20

내일 일은 내일이 염려할 것이요

그런즉 너희는 먼저 그의 나라와 그의 의를 구하라 그리하면 이 모든 것을 너희에게 더하시리라(마태복음 6:33)

예수님은 우리가 살기 위하여 무엇을 먹을까, 무엇을 입을까 염려하지 말라 하십니다. 생명은 음식이나 의복과 같은 물질보다 소중하기 때문입니다. 공중의 새들은 수고하지 않고 창고에 모아들이지 않아도 하늘 아버지께서 기르십니다. 하물며 그들보다 귀한 사람인 우리들은 얼마나 더 귀하게 여기시겠습니까? 우리가 염려한다고 해서 키를 한 자라도 더 늘일 수 없습니다.

하나님은 창조 세계 속에 만물을 보살필 수 있는 방도를 다 마련해 놓으셨습니다. 솔로몬의 영광이 아무리 대단한들 하늘 아버지께서 기르시는 공중의 새, 들에 핀 백합화보다 더 나을 것이 없습니다. 한낱 야생 짐승이나, 들풀들조차 심지도 거두지도 않아도 이렇게 먹이시거늘 인간의 생명이 하나님께 얼마나 소중한지는 더 말할 필요도 없을 것입니다.

그러므로 우리는 무엇을 먹을까, 무엇을 입을까 염려하지 말고 먼저 하나님의 나라와 그의 의를 구해야 합니다. 그러면 하늘 아버지께서 이 모든 것이 우리에게 필요한지 아시고 채워 주실 것입니다. 내일 일은 내일이 염려하게 놔두고 우리는 그날그날 하나님께 의지하며 감사하며 살아야 합니다.

♥ 예수님은 누구십니까?

우리가 무엇이 필요한지를 다 아시고 하늘 아버지께 먼저 우리를 위해 구하셔서 모든 필요한 것들을 마련해 주시는 그리스도이십니다.

♡ 새들은 훗날을 위해서 걱정을 하거나 먹이를 잔뜩 비축하거나 하지 않습니다. 천부이신 하나님 아버지께서 먹이신다는 것을 본능적으로 알 뿐입니다. 솔로몬이 아무리 영광스러운 삶을 산다고 해도 아무 수고 없이, 땀 흘림 없이 아름답게 피어 있는 백합화만도 못한 것입니다. 곧 시들어 버릴 꽃도 그렇게 아끼시는데 하물며 하나님의 자녀인 우리는 얼마나 소중하게 여기실까요? 그러므로 무엇을 입을까, 무엇을 먹을까 염려하지 말라 하십니다. 먼저 하나님의 나라와 하나님 나라의 의를 구하라, 그리하면 이 모든 것을 너희에게 더하실 것이라고 말씀하십니다. 내일 일은 내일이 염려할 것이라! 괜히 괴로워하거나 염려하지 말고 오직 하나님께 맡기라고 하십니다.

✝ 기도하기

모든 걱정과 근심을 내려놓고 오직 하나님 아버지께 순종하며 성령이 인도하시는 대로 따라가기를 간구합니다. 내일, 모레, 앞으로 일어나지 않을 미래까지도 걱정하며 열심히 물질을 쌓으려 하는 미련함을 내려놓고 하루하루 만족하며 감사하며 살 수 있도록 예수님의 이름으로 간절히 기도합니다. 아멘!

21

네 눈 속에서 들보를 빼라

어찌하여 형제의 눈 속에 있는 티는 보고 네 눈 속에 있는 들보는 깨닫지 못하느냐(마태복음 7:3)

우리가 하나님 아버지와 온전한 관계에 있으면 다른 사람들과도 온전한 관계를 맺을 수 있습니다. 보통 우리는 자신의 눈 속에 큰 들보만 한 흠이 있다는 것을 잘 보지 못하면서 다른 사람의 눈에 들어 있는 아주 작은 티에 대해 지적하며 비판하고 정죄하려는 경향이 있습니다. 사실 그들의 잘잘못은 우리가 비판하고 판단할 일이 아니라 오직 하나님만이 판단하십니다.

우리가 형제와 자매들을 비판하고 헤아리면 언젠가는 그들의 비판과 헤아림이 우리에게 되돌아오게 될 것입니다. 하나님의 자녀들은 비판적인 태도 대신에 자신의 결점들을 인식하면서 겸손한 모습으로 사람들을 대해야 한다고 말씀하십니다. 또 다른 사람에게서 어떤 문제를 발견했을 때 흠을 잡아 부각시키기보다는 기꺼이 실제적인 도움을 주어 그 문제들을 경감시키면서 도움을 베풀어 주라고 하십니다.

또 예수님은 너희 진주를 돼지 앞에 던지지 말라 하시며 완악하고 미련한 사람에게 시간을 낭비하지 말라 하십니다. 하나님의 나라의 메시지를 알기를 원치 않고 굳게 문을 닫은 사람들에게 계속해서 문을 탕탕 두드리는 것은 시간과 에너지를 낭비하는 것이라고 말씀하십니다. 제자들은 문을 밀어젖히며 앞으로 나아가야 하며 그 문이 열린다면 들어가야 합니다. 그 문이 빗장을 질러 굳게 닫혀 있다면 그것은 다른 쪽으로 나아가라는 표시인 것입니다. 무리하게 돌격대원이 되기보다는 하나님의 영이 어디에서 길을 준비하고 있는지 항상 레이더로 무장하고 인도하시는 길로 이동하라고 말씀하십니다.

♥ 예수님은 누구십니까?

우리가 하나님의 다스리심을 받은 온전한 자녀로서 다른 사람들과의 관계도 온전하기를 명하시는 그리스도이십니다.

♡ 하나님의 자녀로서 예수님의 제자로서 사람들과의 관계가 온전해야 할 것입니다. 믿음은 좋은데 사람들과의 관계는 나쁘다? 그런 말은 없습니다. 하나님과의 관계가 온전한 사람이라면 당연히 사람들과의 관계도 온전해야 할 것입니다. 우선 비판하지 말라 하십니다. 이 말씀에 마음이 뜨끔합니다. 비판을 수시로 하며 살아왔기 때문입니다. 저는 들보만 한 죄를 달고 살면서 다른 사람의 조그마한 티를 가지고 흉을 보고 비판해 왔음을 고백하게 됩니다. 예수님은 너 자신을 먼저 보라고 하시며 눈에 달린 들보부터 떼라고 명령하십니다. 다른 사람들의 죄를 판단하는 일은 오직 주님이 하시는 일입니다. 내가 나서서 비판하고 정죄하는 것은 교만한 일임을 명심하고 항상 겸손히 나 자신을 살피기를 바라십니다. 또 거룩하고 좋은 것을 탐욕스럽고 악한 사람들에게 주려고 애쓰지 말라 하십니다. 그들에게 헛된 공을 들이려다가 다른 사람들에게 나아갈 기회를 잃을지 모르니 시간을 낭비하지 말고 신중하게 쓰라는 말씀으로 깊이 새깁니다.

✝ 기도하기

하나님 아버지, 감사합니다. 오늘 말씀에서 하나님의 지혜를 배우며 그동안 다른 사람들을 비판하고 정죄한 것을 회개합니다. 저도 온전치 못하면서 왈가왈부했던 것은 하나님의 자녀로서 옳지 않은 언행이었습니다. 또 시간을 지혜롭게 쓰라는 말씀을 명심하며 매일 말씀으로 성품이 변화되도록 인도하여 주시기를 기도드립니다. 주님이 기뻐하시는 온전한 주님의 제자가 되어 가기를 예수님의 이름으로 기도합니다. 아멘!

♣ 묵상 나눔

다른 사람을 비판하지 말라는 것은 하나님 앞에서 다른 사람을 죄인으로 단정하지 말라는 것이라 생각됩니다. 타인에 대해 부당한 가혹함과 비판적 태도를 보이는 사람은 하나님께 거의 같은 대접을 받게 될 것입니다.

네 눈에서 들보를 빼라고 비유하신 것에서 예수님이 목수이셨다는 것을 생각해 보았습니다. 이 비유는 타인에 대한 모든 평가나 판단을 무조건 금하라고 하신 뜻은 아닐 것입니다. 그보다는 타인보다 자신을 더 낫게 여기는 교만을 금하라고 하신 말이라고 생각됩니다.

22

황금률

그러므로 무엇이든지 남에게 대접을 받고자 하는 대로 너희도 남을 대접하라 이것이 율법이요 선지자니라(마태복음 7:12)

예수님은 하늘에 계신 아버지께 계속 구하라, 찾으라, 문을 두드리라고 제자들에게 권면하셨습니다. 하나님은 우리가 간절히 구하는 기도를 들어주십니다. 하나님은 빵을 달라고 기도하는 우리에게 돌을 주시면서 우리를 비웃지 않으십니다. 또 생선을 달라고 하는데 뱀을 주시며 해를 가하지 않으십니다.

악한 인간이라도 자기 자녀에게 좋은 것을 줄 줄 아는데 하물며 하늘에 계신 아버지께서는 얼마나 자녀들을 사랑하시고 잘 돌보시며 좋은 선물을 주고 싶어 하실까요?

예수님은 사람들이 자신을 위해 해 주기를 원하는 바를 남들에게 먼저 행하라고 하십니다. '황금률'이라 불리는 이 원리는 율법과 선지자들이 가장 강조한 가르침으로서 먼저 남을 대접하는 의로운 행동을 행하기는 쉽지 않지만 지속적으로 행하여 의를 이루라고 하시는 말씀입니다. 사람이 의로운 행위로 구원받는 것이 아니라 구원받았기 때문에 참된 의를 행하게 되는 것이라 생각합니다. 마음과 목숨과 뜻을 다하여 하나님을 사랑하고 이웃을 자기 자신처럼 사랑하는 신자에게는 이런 태도가 자연스럽게 나와야 할 것이라 말씀하십니다.

♥ 예수님은 누구십니까?

구하고, 찾고, 두드리는 우리의 기도를 다 들으시고, 다른 사람에게 먼저 의를 행하는 사람이 되기를 명하시는 그리스도이십니다.

♡ 제자들은 겸손하게 필요를 의식하며 하나님께 나아와 구해야 합니다. 하나님의 뜻을 구하는 책임 있는 행동을 찾아야 합니다. 그리고 계속 인내함으로 기도해야 합니다. 자녀가 부모에게 구하는 것은 당연한 권리라 말씀하십니다. 또 사람들과의 관계에서 상대방에게 받을 것을 계산하기 전에 먼저 남을 대접하는 것은 곧 율법이고 선지자입니다. 마음과 목숨과 뜻을 다하여 하나님을 사랑하고, 이웃을 자신처럼 사랑하는 신자에게는 이런 태도가 자연스럽게 나와야 합니다. 주는 것이 받는 것보다 사실은 더 복되고 행복한 일이라고 하십니다. 예수님은 항상 세상 사람들이 흔히 생각하는 가치를 반대로 보십니다. 그런데 예수님의 말씀을 잘 읽고 묵상해 보면 항상 예수님의 말씀이 옳다는 것을 깨닫게 됩니다. 예수님, 감사합니다.

✝ 기도하기

하나님 아버지, 감사합니다. 오늘도 자격 없고, 이기적인 저를 온전하고, 고상하고, 차원 높은 말씀으로 채워 주셔서 감사합니다. 예수님이 하신 말씀 하나하나 지켜 갈 수 있도록 계속 노력하겠습니다. 예수님의 이름으로 기도합니다. 아멘!

23

좁은 문으로 들어가라

좁은 문으로 들어가라 멸망으로 인도하는 문은 크고 그 길이 넓어 그리로 들어가는 자가 많고 생명으로 인도하는 문은 좁고 길이 협착하여 찾는 자가 적음이라(마태복음 7:13-14)

예수님은 제자들과 무리와 종교지도자들에게 두 문과 두 길, 두 종류의 선지자, 두 종류의 집을 짓는 사람들에 대한 비유를 말씀하시며 산상 설교를 마무리하십니다.

먼저 예수님은 좁은 문으로 들어가라고 하셨습니다. 생명으로 인도하는 문은 좁고 협착하여 찾는 사람이 적습니다. 생명으로 인도하는 길은 사람들의 인정과 칭찬을 바라지 않고 묵묵히 순종하며 인내하는 길이기에 좁고 협착한 길입니다. 그러나 그 길의 끝에는 생명으로 인도하는 천국의 문이 있습니다.

반대로 바리새인들이 선호하는 큰 문과 넓은 길은 자신의 의를 많은 사람들에게 과시하고 보여 주는 길입니다. 그 길은 화려하고 사람들의 영광을 받는 길이므로 그리로 들어가는 자가 많으나 사실은 멸망으로 인도하는 길이라고 하십니다.

영원한 생명의 길은 오직 예수님을 통해서만 갈 수 있어 좁고 협착하여 찾는 자가 적습니다. 반대로 멸망의 길은 넓고 쉬워 보여 많은 자들이 들어갔지만 하나님과 결별하는 길이 되었습니다.

♥ 예수님은 누구십니까?

좁은 문으로 들어가기를 힘쓰는 하나님의 자녀들이 되도록 인도하시는 그리스도입니다.

♡ 많은 사람들이 부귀영화와 권력을 누리며 사람들의 인정과 부러움을 받는 길을 가고자 합니다. 하지만 그 길의 끝에는 멸망이 있다고 말씀하십니다. 그런 것들은 일평생 추구한다고 해도 얻지 못하고 죽거나 얻었다고 한들 죽으면 끝일 뿐입니다. 예수님은 생명으로 인도하는 문은 좁고 협착하다고 말씀하십니다. 예수님이 인도하시는 삶은 일상에서 늘 겸손히 자기를 낮추고 하나님을 높이며 자기를 드러내기보다는 다른 사람들의 유익을 위해 사는 것이니 사람들이 잘 찾지도 않고 인기가 없는 삶이기 때문입니다. 그런데 바로 그 길의 끝에는 세상에서는 절대 이룰 수 없는 영원한 생명이 있는 것입니다. 그 길을 걷는 자에게 하나님께서 준비해 주시는 놀라운 선물이 기다리고 있습니다. 그 길은 언제나 예수님이 함께하십니다.

✝ 기도하기

하나님 아버지, 좁은 문으로 들어가기를 구하며 그 길이 생명으로 인도하는 길임을 알고 한눈팔지 않기를 바랍니다. 죄인들을 구원하시기 위해 십자가의 길을 걸어가셨던 예수님을 항상 따르게 되기를 예수님의 이름으로 기도합니다. 아멘!

24

열매로 그들을 알리라

좋은 나무가 나쁜 열매를 맺을 수 없고 못된 나무가 아름다운 열매를 맺을 수 없느니라(마태복음 7:18)

천국에 이르는 참된 길을 제시하신 후에 예수님께서는 거짓 선지자들에 대해 경고하셨습니다. 그들은 겉으로는 양의 옷을 입고 있으나 실상은 이리라고 말씀하셨습니다. 가시나무에서 포도를 따지 못하고 엉겅퀴에서 무화과 열매가 자랄 수 없듯이 열매로 그들이 거짓 선지자인지 구별할 수 있다고 하셨습니다. 좋은 나무가 나쁜 열매를 맺는 법이 없고 못된 나무가 아름다운 열매를 맺는 법이 없습니다. 못된 나무는 나쁜 열매를 더 이상 맺지 못하도록 불에 찍혀 던져집니다. 열매를 보고 그들이 어떤 사람들인지를 평가할 수 있을 것입니다.

예수님께서는 '주여, 주여' 말로 주를 믿는다고 다 천국에 들어가는 것이 아니고 하늘에 계신 하나님의 뜻대로 행하는 자가 천국에 가리라 말씀하셨습니다. 거짓 선지자들은 주의 이름으로 예언하고 귀신을 쫓아내며 많은 권능을 행하는 초자연적인 행위들을 하고 있었을지라도 하나님 아버지께 순종하여 그 뜻대로 행하는 자들이 아니었습니다. 예수님은 그런 불의를 행하는 자들은 내가 알지 못하니 떠나가라고 강력하게 말씀하셨습니다.

♥ 예수님은 누구십니까?

좋은 열매와 나쁜 열매를 구별하시어 좋은 열매를 맺는 자는 천국으로 인도하시고, 나쁜 열매를 맺는 자는 심판하시는 그리스도이십니다.

♡ 좋은 나무에서 나쁜 열매 없고 나쁜 나무에서 좋은 열매 없다는 말씀과 같이 예수님께 그 뿌리를 두고 의지하고 있는 사람은 선한 열매를 맺고, 예수님이 아닌 다른 어떤 것에 의지하며 살고자 하는 사람은 악한 열매를 맺게 될 것입니다. 오늘도 포도나무이신 예수님께 가지를 꼭 붙이고 예수님께로부터 나오는 영양분을 공급받으며 선한 열매를 맺기를 기도합니다. 주여, 주여. 믿는다고 말로만 고백하며 열매도 없이 잎만 무성했던 적도 많았고 심지어 나쁜 열매를 맺었던 적도 많았습니다. 오늘 다시 마음과 영을 새롭게 하여 사람들에게 유익한 아름다운 열매를 맺는 삶을 살기를 다짐해 봅니다.

† 기도하기

하나님 아버지, 그동안 제 입술로는 '주여, 주여' 하면서 얼마나 거짓 선지자들처럼 위선을 떨고 거짓을 행했는지 주님은 아실 것입니다. 그런 저를 눈감아 주시고 참아 주시며 다시 시작할 수 있도록 늘 말씀을 통해 기회를 주셨던 주님께 감사드리며 말씀에 순종하며 아름다운 열매를 많이 맺는 삶을 살게 되기를 간구합니다. 예수님의 이름으로 기도합니다. 아멘!

25

반석 위에 세운 집

그러므로 누구든지 나의 이 말을 듣고 행하는 자는 그 집을 반석 위에 지은 지혜로운 사람 같으리니(마태복음 7:24)

이제 예수님께서는 산상수훈의 결론으로 말씀을 듣는 청중에게 두 가지 선택의 길을 제시하십니다. 예수님은 말씀을 듣는 우리들에게 집을 짓는 두 종류의 사람에 대해서 말씀하십니다.

첫 번째 사람은 집의 기초를 반석 위에 지은 지혜로운 사람입니다. 이들은 예수님의 말씀을 듣고 행한 자들입니다. 비가 내리고 홍수가 나고 바람이 불어 그 집에 아무리 거세게 부딪쳐도 그 집은 반석 위에 지었기 때문에 끄떡없습니다.

두 번째 사람은 집의 기초를 모래 위에 세운 사람들입니다. 이들은 예수님의 말씀을 듣고 전혀 행하지 않은 사람들입니다. 비가 내리고 홍수가 나고 바람이 불어 그 집에 세게 부딪히자 모래 위에 지은 집이 심하게 무너져 산산조각이 나 버렸습니다.

예수님의 가르치심이 끝나자 무리들은 예수님의 가르치심이 서기관이나 바리새인 지도자들의 그 어떤 가르침보다도 다르고 존귀한 것에 놀라고 감탄했습니다.

♥ 예수님은 누구십니까?

예수님의 말씀을 듣고 행하여 반석 위에 집을 지은 사람이 되기를 명하시는 그리스도이십니다.

♡ 반석 위에 집을 지은 사람들은 예수님이 제시하시는 진리의 말씀을 내적으로 깊이 받아들여 행동의 변화를 일으킨 사람들입니다. 이들은 믿음의 중심이 하나님의 말씀이라는 반석 위에 단단히 세워졌기 때문에 어떠한 고난과 환난이 밀려온다 해도 능히 이겨 낼 힘과 능력이 있습니다. 그러나 말씀을 듣고도 거부하거나 행하지 않아 전혀 내적인 변화가 없는 사람들은 환난이나 어려움이 올 때 세웠던 기초가 뿌리째 흔들리고 무너져 버리는 일을 겪게 될 것입니다. 모든 종교는 인간이 신을 찾아 떠나는 여행이지만 오직 기독교는 하나님이 하늘에서 우리를 직접 찾아오셨습니다. 그 진리를 믿으며 앞으로 나아갈 때 삶의 변화가 점점 더 일어나게 될 것입니다. 오늘 말씀을 듣고 행하기를 다짐합니다.

✝ 기도하기

예수님의 가르치심을 실천하며 주님과 동행할 때 삶이 기쁘고 변화됨을 고백합니다. 말씀을 통해 반석 위에 집을 짓도록 인도하심을 감사합니다. 아주 작은 것부터 실천하고, 충성을 다할 때 점점 더 믿음이 커지고 저의 선한 행실이 하나님께 영광이 될 것을 믿습니다. 예수님의 이름으로 기도합니다. 아멘!

II

제자도, 선교로 부르심

(마태복음 8-18장)

26

내가 원하노니 깨끗함을 받으라

예수께서 손을 내밀어 그에게 대시며 이르시되 내가 원하노니 깨끗함을 받으라 하시니 즉시 그의 나병이 깨끗하여진지라(마태복음 8:3)

예수 그리스도는 메시아로서 긴 설교를 하시며 하나님의 나라에 들어갈 기준을 세워 주시고, 거기에 이르는 방법을 명확히 제시하셨습니다. 예수 그리스도는 수많은 기적과 함께 권세를 지닌 능력을 보여 주시며 이스라엘의 왕이시자 하나님이심을 알려 주셨습니다.

예수께서 산에서 내려오셨을 때 한 나병 환자가 예수님께 나아와 병 낫기를 구하자 예수님은 그를 불쌍히 여기시고 깨끗하게 고쳐 주셨습니다. 먼저 치료하시고 이르시기를 가서 제사장에게 네 몸을 보이고 모세가 명한 희생 제물을 드리라 하셨습니다. 이는 모세의 율법대로 제사장에게 먼저 그가 병이 나은 것을 확인하게 하고, 그를 사회의 일원으로 다시 돌아가게 하시기 위한 조치이셨습니다.

예수님은 이 일을 아무에게도 이르지 말라 하셨는데 이는 아직 하나님의 때에 이르지 않았기에 하신 말씀입니다. 그러나 마가복음에는 이 나병 환자가 예수님의 명을 어기고 많은 사람들에게 이 일을 알려 널리 퍼지게 했다는 내용이 나옵니다.

♥ 예수님은 누구십니까?

우리의 영혼을 구원하실 뿐만 아니라 우리의 육신의 모든 병을 고쳐 주시는 하나님의 아들 그리스도이십니다.

♡ 내가 원하노니 깨끗함을 받으라! 예수님은 지금도 우리가 건강하고 행복하게 인생을 살아가기를 간절히 원하십니다. 우리가 병이 들어 실의에 빠지고 낙심할 때 예수님은 애통해하시며 고쳐 주시기를 간절히 원하십니다. 마음으로 주님을 믿고 신뢰하고 의지할 때 모든 근심과 환난과 고통에서 구해 주셨음을 지난날 수없이 경험했음을 고백합니다. 육신은 건강하지만 영혼이 병들어 가는 사람들에게 더욱더 예수님의 사랑과 치유의 능력이 필요하다고 생각합니다. 우울증 약을 먹고 심지어 자살까지 하는 많은 사람들이 예수님을 영접하고, 그분의 사랑을 알기 시작했다면 그렇게 허무하게 인생을 끝내지는 않았을 것입니다. 예수님의 사랑과 구원의 복음이 사람들에게 전해지기를 간절히 바랍니다.

✝ 기도하기

하나님 아버지, 감사합니다. 저를 사랑하시고 늘 보호해 주시며 범사에 잘되고 강건하기를 원하시는 예수님이 계셔서 정말 행복합니다. 주님의 사랑을 전하는 도구로 사용되기를 소망합니다. 제가 영광을 받는 것이 아니라 오직 주님께 영광을 드리는 자가 되기를 예수님의 이름으로 기도합니다. 아멘!

27

네 믿은 대로 될지어다

주여 내 집에 들어오심을 나는 감당하지 못하겠사오니 다만 말씀으로만 하옵소서 그러면 내 하인이 낫겠사옵나이다(마태복음 8:8)

예수께서 가버나움에 들어가시니 로마의 백부장이 나아와 도움을 간구했습니다. 이 이방인은 예수님께 중풍병을 심하게 앓아 거의 죽게 된 자기 하인의 병을 고쳐 주시기를 간청했습니다. 예수께서 친히 가서 고쳐 주리라 말씀하시자 그는 자신도 군대의 상관으로 밑에 있는 사람을 오게 하거나 가게 하는 명령을 내려왔던 사람으로서 그러실 필요 없이 말씀만 하셔도 하인이 나을 것이라고 예수님께 말하였습니다.

예수님을 주님으로 부르며 나아온 백부장은 이스라엘 사람들도 거의 대부분 깨닫지 못하는 사실, 즉 예수님이 오래 기다려 온 메시아이심을 알았던 것입니다.

예수님께서 백부장의 이 믿음에 놀라워하시며 이스라엘 중에 이렇게 믿음이 큰 사람을 보지 못했다고 크게 칭찬하셨습니다. 그리고 많은 이방인들이 아브라함과 이삭과 야곱의 자손과 함께 천국에 있을 것이지만 본 자손들은 쫓겨나 심판을 받게 될 것이라고 말씀하셨습니다. 예수께서 백부장에게 “네 믿은 대로 될지어다” 하시자 그 즉시 하인의 병이 나았습니다.

♥ 예수님은 누구십니까?

말씀 한마디로 병자의 병을 치유하여 주시는 전지전능하신 하나님이십니다.

♡ 예수님이 백부장의 하인을 고치시는 이야기를 읽으며 예수님을 믿는 믿음에 따라서 삶이 달라짐을 깨닫게 됩니다. 백부장은 예수님과 같은 혈통의 유대인들이 보여 준 완악하고 교만한 모습과는 너무나 달랐습니다. 그는 이방인이었지만 예수님이 그리스도이신 것을 인격적으로 받아들이고 주님을 경배했습니다. 예수님이 자기 하인을 고쳐 주실 것이라는 믿음이 있었습니다. 그가 예수님이 직접 가시지 않고 말씀만으로도 하인을 고칠 수 있을 것이라고 믿은 것도 예수님을 하나님으로 생각하지 않았다면 도저히 가질 수 없는 믿음이었습니다. 오늘 백부장의 믿음에 도전을 받습니다. 저도 백부장과 같은 신실함을 지니기를 원합니다. 예수님이 네 믿은 대로 되리라고 하신 말씀이 제게도 그대로 이루어지기를 간절히 바랍니다.

✝ 기도하기

세상에서 잘나가고 지혜로운 사람들을 부끄럽게 하시기 위해 예수님께서는 항상 낮고 겸손하고 잘난 척하지 않는 사람들에게 관심을 가지시고 그들을 통해 배우게 하심을 감사합니다. 저도 예수님이 기뻐하시는 신실하고 겸손한 믿음의 사람이 되기를 간절히 간구합니다. 예수님의 이름으로 기도합니다. 아멘!

28

병든 자들을 다 고치시다

저물매 사람들이 귀신 들린 자를 많이 데리고 예수께 오거늘 예수께서 말씀으로 귀신들을 쫓아내시고 병든 자들을 다 고치시니(마태복음 8:16)

나병 환자, 중풍 병자, 백부장의 하인을 고치신 예수님께서는 베드로의 집에 가셔서 열병으로 앓아누워 있는 베드로의 장모의 병을 낫게 해 주셨습니다. 그 여인은 병이 나은 즉시 침상에서 일어나서 예수님과 따르는 여러 제자들을 섬기고 시중드는 일을 했습니다. 예수님께서는 육체적인 질병을 고치는 능력뿐만 아니라 마귀의 세력을 쫓으시는 권세도 가지셨습니다. 예수께서 베드로의 집에 머무는 동안 사람들이 많은 귀신 들린 자들을 예수께 데리고 왔습니다. 이는 이사야 선지자로 하신 말씀[23]에서 우리의 연약한 것을 담당하시고 병을 짊어지셨다는 말씀이 성취된 것입니다.

예수님은 십자가상에서 우리의 모든 죄를 짊어지시고 마침내 죽으시기까지 지상에서 계시는 동안 수많은 병자들을 고치셨습니다. 예수님은 세상을 지배하려는 사탄을 제압하시고 귀신을 쫓아내시며 능가하시는 권능을 보여 주셨습니다.

23) 이사야 53:5 "그가 찔림은 우리의 허물 때문이요 그가 상함은 우리의 죄악 때문이라 그가 징계를 받으므로 우리가 평화를 누리고 그가 채찍에 맞으므로 우리가 나음을 입었도다."

♥ 예수님은 누구십니까?

우리의 모든 병을 고치시고 낫게 하시며 마침내는 우리의 모든 죄를 대신하시고 십자가에서 죽으심으로 사망에서 생명으로 옮기게 하신 그리스도이십니다.

♡ 많은 육신의 질병과 영적으로 귀신 들려 고통당하고 있는 자녀들을 고쳐 주신 예수님은 지금도 우리의 병을 고쳐 주십니다. 그러나 더욱 감사드려야 할 것은 죄로 인해 망할 저희들을 대속하셔서 죄 사함을 받게 해 주신 것입니다. 예수님을 믿는 자마다 천국 백성이 되도록 은혜를 베풀어 주신 것입니다. 예수님의 병 고치심은 그 자체가 목적이 아닙니다. 물론 병도 고쳐 주시지만 예수님으로 인해 죄 사함을 받고 구원받는 것이 최종 목적입니다. 병이 나았다고 좋아만 할 것이 아니라 구원받은 자로서 주님과 함께 영원한 생명을 얻게 된 것을 감사해야 할 것입니다.

† 기도하기

하나님 아버지, 육신뿐 아니라 영혼이 병들지 않게 지켜 주시기를 간절히 기도합니다. 저희들의 영혼을 항상 지켜 주셔서 깨끗하고 건전하고 바른 삶을 살 수 있도록 인도하여 주시기를 기도합니다. 이 세대를 본받지 말고 오직 마음을 새롭게 함으로써 변화를 받아 하나님의 선하시고 기뻐하시고 온전하신 뜻이 무엇인지 분별할 수 있기를 예수님의 이름으로 기도합니다. 아멘!

29

너는 나를 따르라

예수께서 이르시되 죽은 자들이 그들의 죽은 자들을 장사하게 하고 너는 나를 따르라 하시니라(마태복음 8:22)

한 서기관이 예수님께 나아와 불쑥 어디로 가시든지 따르겠다고 말하자 예수님은 여우와 새도 자기 거처가 있는데 인자는 밤에 거처할 곳이 없다고 말씀하십니다. 이는 그 서기관이 예수님의 명성을 탐하여 주님을 따르겠다고 한 것을 간파하시고 하신 말씀이셨습니다. 인자이신 예수님은 이 세상에 집을 짓지 않으시며 밤에 머리 둘 곳도 없으신 분이심을 분명히 밝히신 것입니다. 예수님은 함께 복음을 전할 제자들이 많이 필요하셨지만 오직 올바른 동기를 가진 제자들만을 원하셨습니다.

이미 예수님의 제자가 된 또 한 사람이 집에 돌아가서 자기 부친을 장사하게 허락해 달라고 요청했습니다. 이 사람의 부친은 죽었거나 위독한 게 아니었습니다. 이 제자는 집에 돌아가서 그 부친이 죽기까지 기다리다가 그 후에 돌아와 예수님을 따르겠다고 말했습니다. 아마도 그는 자기 부친 사후의 유산을 취하기를 원했음이 분명합니다. 그는 스스로 제자가 되는 길을 취사선택할 수 있다고 믿었습니다.

예수님은 그에게 죽은 자들에게 죽은 자들의 장사를 맡기고 너는 나를 따르라고 하셨습니다.

♥ 예수님은 누구십니까?

예수님의 제자가 되기를 원하는 사람은 예수님을 따르는 일이 최우선 순위가 되기를 명하시는 그리스도이십니다.

♡ 예수님의 제자가 되는 일은 세상일에 분주하고 마음을 쏟으면서 두 마음을 품고 할 수 있는 일이 아님을 가르쳐 주십니다. 예수님은 오늘의 우리에게도 이 말씀을 적용하십니다. 예수님은 당신을 따르겠다고 해서 무조건 받아들이지는 않으십니다. 인자이신 예수님을 따르는 길은 쉽고 편안한 길이 아닙니다. 예수님의 제자는 부친의 유산에 대한 미련을 버리지 못하고, 부친이 죽기 전까지는 집에 남기를 원했습니다. 그 제자의 말에 예수님은 제자도에 대해서 명확히 가르쳐 주십니다. 예수님을 따르라는 부르심은 다른 모든 헌신을 초월하는 것입니다. 예수님의 제자가 되려면 언제든지 부르심이 있을 때 가장 중요한 일이 무엇인지를 알고 그를 선택하라고 말씀하십니다. 예수님이 가장 우선이고 가장 중심이 되는 삶을 살아야 제자가 될 수 있다고 말씀하십니다.

† 기도하기

하나님 아버지, 감사합니다. 삶에서 가장 중심에 계시고 따르고 순종해야 할 분은 바로 중심에 계신 예수님이심을 고백합니다. 제게 주신 십자가를 지고 자기를 부인하며 주님을 따를 수 있기를 예수님의 이름으로 기도합니다. 아멘!

30

바람과 바다를 잔잔하게 하시다

어찌하여 무서워하느냐 믿음이 작은 자들아 하시고 곧 일어나사 바람과 바다를 꾸짖으시니 아주 잔잔하게 되거늘(마태복음 8:26)

예수님과 제자들이 배에 있을 때 갑자기 큰 풍랑이 일어나서 배가 물속에 침몰할 위기에 놓이게 되었습니다. 그때 많은 병자들을 고치신 예수님께서는 피곤함으로 잠들어 계셨습니다. 제자들은 주여, 우리를 구원해 달라고 소리치며 죽을 것 같은 공포에 휩싸여 잠이 드신 예수님을 깨웠습니다.

예수님께서 제자들에게 "믿음이 작은 자들아. 어찌 무서워하느냐" 하고 책망하시며 바람과 바다를 꾸짖으시자 바다는 곧 잔잔해졌습니다. 바람이 간 후에도 파도는 얼마간 일기 마련인데 잠잠해진 바다를 보고 바다 경험이 풍부한 제자들은 너무나 놀랐습니다. 마태복음 저자이자 예수님의 제자인 마태는 예수님이 과연 어떠한 사람이기에 바람과 바다도 순종하는 놀라운 능력을 행하시는지 모두가 놀랐다고 기록하고 있습니다.

♥ 예수님은 누구십니까?

바람과 바다와 같은 모든 자연을 마음대로 움직이시고 조종하시는 전지전능하신 하나님이십니다.

♡ 예수님이 무서워 떨고 있는 제자들을 향해 믿음이 작은 자들이라 하신 이유를 생각해 봅니다. 만약 제자들이 예수님이 하나님이심을 굳게 믿고 의심하지 않았다면 그렇게 두려워하고 떨지 않았을 것입니다. 제자들은 태평하게 자고 계시는 예수님을 믿지 못하고 생명을 잃을까 두려워했습니다. 저도 제자들과 똑같은 모습으로 살 때가 너무 많습니다. 하나님을 믿는다고 하면서 예수님의 이름으로 기도하면서도 믿지 못하고 우왕좌왕하고 흔들리며 살 때가 너무나 많습니다. 예기치 않게 언제든지 찾아올 수 있는 삶의 폭풍 가운데서도 예수님은 반드시 찾아오시고 안전하게 구해 주실 것을 믿어야 할 것입니다. 두려움과 공포에 빠진 제자들이 예수님께 책망을 받은 것은 곁에 계신 예수님을 전적으로 신뢰하지 못했기 때문입니다. 예수님은 하나님이심을 의심하지 말고 삶에서 일어나는 모든 순간순간마다 예수가 그리스도이심을 의지하게 되기를 기도합니다.

✝ 기도하기

하나님 아버지, 감사합니다. 부족하고 의심 많고 늘 예수님을 떠나 살아가려 하는 저에게 다시 말씀을 부어 주심을 감사드립니다. 바다와 파도를 잠잠하게 하시는 예수님의 권능을 믿게 해 주셔서 감사합니다. 인생의 파도가 밀려온다고 해도 두려워하지 말고, 놀라지 말고, 주님만 의지하며 순풍에 돛을 단 배 안에서 순조롭게 항해할 수 있기를 예수님의 이름으로 간절히 기도합니다. 아멘!

31

작은 자야, 네 죄 사함을 받았느니라

예수께서 그들의 믿음을 보시고 중풍 병자에게 이르시되 작은 자야 안심하라 네 죄 사함을 받았느니라(마태복음 9:2)

예수님께서 가버나움으로 가셨을 때 침상에 누운 중풍 병자를 친구들이 데려왔습니다. 마가복음에서는 그 중풍 병자의 친구들이 많은 사람들 틈에 둘러싸여 계신 예수님께 병자를 데려가기 위해 지붕을 뚫고 침상째로 함께 내렸다고 기록하고 있습니다. 예수님께서 그들의 믿음을 보시고 그 중풍 병자에게 "작은 자야, 안심하라. 네 죄가 사함을 받았다"고 말씀하셨습니다.

그 자리에 있던 서기관들은 예수가 하는 말을 들으며 속으로 '어찌 하나님을 모독하는 말을 하는 거지'라고 생각했습니다. 예수님께서는 그들의 생각을 아시고 어찌하여 악한 생각을 하느냐고 책망하시며 '죄 사함을 받았다'는 말과 '일어나 걸어가라'는 말 중 어떤 것이 쉬운지 물으셨습니다.

그런 후에 예수님께서는 죄 사함의 권능이 있으신 것을 보여 주시기 위해 중풍 병자에게 "침상에서 일어나 집으로 가라"고 하셨습니다. 그 중풍 병자는 즉시 침상에서 일어나 집으로 돌아갔습니다. 무리가 예수님이 행하신 권능을 보고 심히 두려워하며 하나님께 영광을 돌렸습니다.

♥ 예수님은 누구십니까?

인간이 결코 해결할 수 없는 죄의 문제를 해결해 주시기 위해서 세상에 오신 전지전능한 하나님이십니다.

♡ 예수님은 병 고침의 권능만 있으신 것이 아니라 그보다 더 중요하고 하나님만이 하실 수 있는 죄 사함의 권능을 가지고 계셨습니다. 이 일을 행하시기 위해 하늘에서 연약한 인간의 육신을 입고 내려오신 것입니다. 우리의 죄를 사해 주시기 위해서 이 땅의 가장 낮은 곳에 임하신 예수님! 십자가의 고난과 희생의 사랑을 하신 예수님. 인간을 위해 아낌없이 자신의 모든 것을 다 내어주신 예수님의 그 사랑을 우리는 다 헤아릴 수 없을 것입니다. 중풍 병자의 친구들은 큰 믿음을 가지고 있었습니다. 그들은 친구의 병을 낫게 하기 위해 침상째로 메고, 지붕을 뚫을 정도로 필사적인 노력을 했습니다. 또 그들은 예수님이 반드시 고치실 것이라는 믿음이 있었습니다.

✝ 기도하기

우리의 병을 고치실 뿐 아니라 더 위대하고 어려운 죄 사함의 은총을 주신 예수님께 너무나 감사합니다. 예수님의 희생으로 얻은 구원의 은총을 늘 감사해야 함에도 잊고 살 때가 많음을 고백합니다. 중풍 병자의 친구들처럼 주님을 적극적으로 믿고 또 주님의 사랑을 전하는 믿음의 사람들이 되기를 예수님의 이름으로 기도합니다. 아멘!

32

마태를 부르시다

너희는 가서 내가 긍휼을 원하고 제사를 원하지 아니하노라 하신 뜻이 무엇인지 배우라 나는 의인을 부르러 온 것이 아니요 죄인을 부르러 왔노라 하시니라

(마태복음 9:13)

마태복음의 저자이자 예수님의 제자가 된 마태는 원래는 로마를 위해 세금을 혹독하게 징수하는 세리로 사람들의 미움과 멸시를 받고 있었습니다. 마태는 가버나움에서 예수님의 가르침을 듣고, 예수님의 기적을 눈으로 목격했습니다. 사람들이 수군거리는 예수님에 대해 마태는 깊은 경외심을 가졌습니다.

그 후 예수님이 갑자기 그의 앞에 나타나셔서 "나를 따르라"고 하셨습니다. 마태는 그 자리에서 예수님의 말씀에 순종하며 따랐습니다. 예수님이 모든 사람들이 경멸하고 미워하고 있는 그를 제자로 삼으신 것은 정말 놀라운 일이었습니다. 또 많은 재산을 버리고 목수 예수님을 따른 마태의 선택은 참으로 놀라운 일이었습니다. 이후 마태는 예수님의 제자가 되어 예수님이 승천하시기 직전까지 예수님을 따르며 예수님의 생애를 기록하여 마태복음이 탄생된 것입니다.

다음 장면은 예수님께서 마태의 집에서 음식을 드실 때의 일입니다. 회심한 마태는 예수님을 위해 잔치를 베풀며 동료인 세리들과 온갖 천한 부류의 죄인들을 초대하였습니다. 바리새인들은 예수님이 천한 사람들과 즐겁게 식사하시는 것을 보고 분개하여 제자들에게 어찌 그런 자들과 함께 식사하는지 비난을 하였습니다.

예수님께서는 그 말을 들으시고 건강한 자에게는 의원이 쓸데없고 병든 자라야 쓸데 있다고 말씀하셨습니다. 또 나는 긍휼을 원하고 제사를 원하지 않는다는 성경 말씀[24]을 인용하시고, "나는 의인을 부르러 온 것이 아니라 죄인을 부르러 왔다"고 하셨습니다.

예수님은 스스로를 의인이라고 생각하고 다른 사람들을 정죄하고 비판하는 바리새인들의 행동을 비판하신 것입니다. 하나님이 보시기에 의인은 하나도 없습니다. 바리새인들은 그들 안에 치명적인 병원균을 품고 있으면서도 의사에게 찾아갈 필요성을 조금도 느끼지 않는 사람들이었습니다.

♥ 예수님은 누구십니까?

한 사람의 죄인을 부르셔서 감추어진 죄를 회개하게 하시고 깨어진 하나님과의 관계를 다시 이어 주시는 그리스도입니다.

♡ 예수님은 바리새인들이 스스로를 의인이라고 생각하는 그 종교적 위선을 간파하시고 진리를 말씀하셨습니다. 예수님은 우리 모두가 죄인임을 아시고 죄인들을 구원하려고 오신 것입니다. 예수님은 우리가 죄인임을 솔직히 인정하고 주님의 다스리심을 받기를 원하십니다. 그런 자들에게는 마태처럼 제자를 삼으시고 긍휼과 축복을 내리십니다. 그러나 교만하고 남을 정죄하며 자신들이 잘났다고 생각하는 사람들에게는 그들의 위선을 날카롭게 들추어내십니다. 하나님이 정말 원하시는 것은 성대한 형식적 예배가 아니라 하나님 앞에 자신이 죄인임을 솔직하게 인정하고 순종하는 것입니다. 또한 낮고 낮은 이웃들과 함께하며 서로 사랑을 나누는 것입니다.

---

24) 호세아 6:6 "나는 인애를 원하고 제사를 원하지 아니하며 번제보다 하나님을 아는 것을 원하노라."

✝ 기도하기

하나님 아버지, 감사합니다. 죄인을 부르러 오신 예수님께 죄인임을 고백할 수 있게 해 주셔서 감사드립니다. 저도 종종 자신을 잊고 '자기 의'에 충만할 때가 많습니다. 항상 하나님 아버지께서 주신 말씀과 성령의 인도하심으로 저의 참된 모습을 바라볼 수 있도록 인도하여 주시기를 예수님의 이름으로 기도합니다. 아멘!

♣ 묵상 나눔

예수께서 모든 도시와 마을에 두루 다니사 그들의 회당에서 가르치시며 천국 복음을 전파하시며 모든 병과 모든 약한 것을 고치시니라(마태복음 9:35)

예수님으로 인해 어둠과 고통 속에 있는 자들이 하나님과의 교제가 열려 기쁨, 평안, 환희, 생명, 사랑, 건강, 힘, 거룩, 하늘 소망의 복을 누리게 되었음을 감사하며 묵상합니다.

33

새 포도주와 낡은 가죽 부대

새 포도주는 새 부대에 넣어야 둘이 다 보전되느니라(마태복음 9:17)

세례 요한의 제자들이 예수님께 와서 "우리와 바리새인들은 금식하는데 어찌 하여 당신의 제자들은 금식하지 않습니까?" 하고 질문했습니다. 예수님께서는 그 대답으로 혼인집에 손님들이 신랑과 함께 있을 때는 금식할 필요가 없고 신랑을 빼앗길 그때 금식하라고 말씀하셨습니다.

낡은 옷의 해진 부분에 빳빳한 생베 조각을 붙여 기우면 기운 것이 그 옷을 당기어 해어짐이 오히려 갈수록 더욱 심해질 것이라고 말씀하셨습니다. 새 포도주와 낡은 가죽 부대도 마찬가지라 하셨습니다. 새 포도주를 낡은 가죽 부대에 넣으면 낡은 가죽 부대는 새 포도주의 거품을 견디지 못하고 심하게 오그라들어 마침내 터질 것입니다.

새 포도주는 새 가죽 부대에 담아야 합니다. 낡은 가죽 부대는 예수님이 가져오시는 새 포도주를 담을 수 없습니다. 옛 규정을 가지고서는 예수님이 가져오시는 용서, 구원, 사랑, 교제, 새로운 기쁨 앞에 설 수 없습니다. 예수님이 율법이시고 선지자이십니다. 성경의 모든 말씀과 율법과 진리는 오직 한 분이신 예수 그리스도를 가리키고 있습니다.

♥ 예수님은 누구십니까?

모든 낡고 형식적으로 해 왔던 구습을 깨끗이 정리하고, 하나님이 주시는 구원의 축복을 받기를 명하시는 그리스도이십니다.

♡ 바리새인들은 예수님과 제자들이 금식을 하지 않는다고 비판하고 책망했습니다. 그들은 그리스도가 바로 앞에 계신데도 전혀 알지 못했습니다. 그것은 그때까지 그들이 해 온 금식은 형식만이 가득한 헛된 것이었음을 증명하는 것이었습니다. 우리는 무엇을 위해 금식 기도를 하는지 생각하지 않을 수 없습니다. 예수 그리스도가 우리에게 오셨으면 그리스도와 함께 잔치를 벌이고 즐거워하는 것이 당연한 일일 것입니다. 눈앞에 계신 그리스도를 알아보지 못하는 바리새인들은 낡은 구습의 전형이었습니다. 예수님이 바로 새 시대의 주인공이십니다. 낡은 구습으로는 예수님이 시작하시는 새 시대를 막거나 방해할 수 없음을 선언하셨습니다.

✝ 기도하기

하나님 아버지, 감사합니다. 오늘 저의 모습 중에 습관적이고 구태의연한 믿음의 요소들이 있는지 돌아볼 수 있기를 기도합니다. 항상 마음을 새롭게 하고, 형식적인 신앙이 아닌 진심을 다해 주님을 따를 수 있기를 기도합니다. 예수님의 이름으로 기도합니다. 아멘!

34

네 믿음이 너를 구원하였다

예수께서 돌이켜 그를 보시며 이르시되 딸아 안심하라 네 믿음이 너를 구원하였다 하시니 여자가 그 즉시 구원을 받으니라(마태복음 9:22)

가버나움의 회당장 야이로는 병들어 죽은 딸을 살리기 위해 예수님께 달려왔습니다. 그는 방금 죽은 딸을 예수님께서 안수하시면 살아날 수 있다고 굳게 믿고 있었습니다. 예수께서 불쌍히 보시고 야이로의 딸을 고치러 가셨습니다.

그때 12년 동안 혈루증[25]을 앓고 있던 한 여자가 예수의 뒤쪽으로 다가와 예수의 겉옷을 만졌습니다. 그 여인은 예수님의 옷자락이라도 만지며 병이 낫기를 간절히 구했던 것입니다. 그러자 예수님께서는 걸음을 멈추시고 그 여인을 돌아보시며 그 여인의 병을 고쳐 주셨습니다.

예수께서 야이로의 집에 가시자 피리 부는 자들과 애곡하는 자들이 소녀의 죽음을 애도하기 위해 모여 있었습니다. 예수님께서 그들을 물러가라고 하시고 소녀가 죽은 것이 아니라 잔다고 하시자 사람들은 비웃었습니다. 무리를 내어보낸 후에 예수님께서는 오직 하나님만이 하실 수 있는 능력으로 그 소녀를 살리셨습니다. 이 소문은 온 땅에 퍼졌습니다.

---

25) 성경에 나오는 일종의 '자궁 출혈'로 레위기에 따르면 혈루증은 부정한 병으로 혈루증에 걸린 사람을 만지는 것도 부정하게 여겼다.

♥ 예수님은 누구십니까?

항상 낮은 곳으로 임하셔서 연약한 자를 외면하지 않으시고 병을 고치시는 사랑이 충만하신 메시아이십니다.

♡ 죽어 가는 딸을 예수님께서 꼭 낫게 해 주실 것이라고 믿고 달려온 회당장 야이로의 믿음은 예수님을 하나님으로 굳게 믿지 않았다면 불가능한 것입니다. 또 혈루증을 12년 동안이나 앓으며 피폐하게 살아온 한 여인이 예수님의 옷자락이라도 만지고자 했던 믿음에 감동합니다. 그 여인은 자신의 불결함으로 야이로처럼 예수님께 감히 만남을 요청할 수도 없는 처지였습니다. 그래서 몰래 예수님의 뒤로 가서 옷자락을 만진 것입니다. 예수님은 그녀의 그 딱한 사연을 다 아시고 '딸아, 안심하라'라고 다정하게 위로하시며 병을 고쳐 주셨습니다.

† 기도하기

병자를 외면하지 않으시고 또 누구든지 가리지 않으시고 오히려 약자의 편에서 항상 그들을 사랑하시고 병을 고쳐 주시는 예수님, 감사합니다. 이 시대에도 정말 예수님이 필요한 사람들이 많습니다. 그런데 그들은 예수님을 잘 모르고 오지 않습니다. 그런 연약한 자들을 위해서 예수님이 오신 것인데 정말 안타깝습니다. 제게도 사명을 주셔서 예수님의 사랑을 전하고, 예수님의 복음을 전할 수 있기를 간절히 기도합니다. 예수님의 이름으로 기도합니다. 아멘!

35

무리를 보시고 불쌍히 여기시다

무리를 보시고 불쌍히 여기시니 이는 그들이 목자 없는 양과 같이 고생하며 기진함이라(마태복음 9:36)

예수님은 다시 맹인 두 사람의 눈을 뜨게 해 주시고, 귀신 들려 벙어리가 된 자를 고쳐 주셨습니다. 말을 못 했던 사람이 말을 하자 무리가 이스라엘 가운데 이런 일을 본 적이 없다고 놀라워했습니다.

예수님은 지상에 계시면서 세 가지 위대한 사역을 하십니다. 곧 회당에서 사람들을 가르치셨으며, 제자들을 데리고 다니시면서 천국 복음을 전파하셨으며, 예수님께 오는 모든 병자들과 모든 영적으로 병든 자들을 치유하셨습니다.

예수님은 무리들이 목자 없는 양 떼들처럼 괴롭힘당하고 고생하며 유리하는 것을 보시고 불쌍히 여기셨습니다. 예수님께서는 그들에게 관심을 가지시고 가르치시고 병을 고쳐 주시며 천국 복음을 전파하셨습니다.

예수님은 제자들에게 추수하는 주인이신 성부 하나님께 일꾼들을 더 보내 주실 것을 요청하라고 권하셨습니다. 추수는 준비되었지만 추수를 마치려면 일꾼들이 더 필요했습니다. 하나님께서는 우리가 기도하고 나아가며 협조하기를 간절히 원하십니다.

♥ 예수님은 누구십니까?

맹인이었던 우리의 눈을 뜨게 하셔서 제자로 삼으셔서 천국 복음을 전할 일꾼으로 파송하시는 그리스도이십니다.

♡ 맹인들이 눈을 고쳐 달라고 예수님께 왔을 때 예수님은 그들에게 내가 눈을 고쳐 줄 수 있는지 믿느냐 먼저 물으셨습니다. 맹인들이 그렇다고 확신을 가지고 말하자 예수님은 너희 믿음대로 되라고 선포하셨습니다. 그러자 맹인들의 눈이 밝아졌습니다. 예수님은 맹인들의 믿음을 보시고 눈을 뜨게 해 주셨습니다. 맹인들은 예수님을 필사적으로 따라오며 자신들을 불쌍히 여겨 달라고 애원했습니다. 믿음은 단지 마음속의 생각이 아니라 행동입니다. 예수님은 치유받기 위해 나올 때 먼저 믿음을 보십니다. 예수님은 우리를 가르치시고 우리의 모든 약한 것들을 고쳐 주시고 우리에게 천국 복음을 전파하셨습니다. 제자들을 데리고 다니시며 복음 전파의 본을 보여 주셨고 제자들에게 가서 행하라고 말씀하셨습니다.

✝ 기도하기

하나님 아버지, 영적으로 혼미한 세상에서 항상 바르고 건강한 믿음의 삶을 살 수 있도록 지켜 주시기를 원합니다. 예수님의 말씀을 항상 기억하고 항상 성령에 의지하여 예수님이 기뻐하시는 삶을 살아가며 많은 사람들에게 예수님의 복음과 사랑을 전하는 사람이 되기를 예수님의 이름으로 기도합니다. 아멘!

36

제자들을 파송하시다

예수께서 그의 열두 제자를 부르사 더러운 귀신을 쫓아내며 모든 병과 모든 약한 것을 고치는 권능을 주시니라(마태복음 10:1)

예수님께서는 열두 명의 제자들을 부르시고 그들에게 각종 병을 고치는 것과 귀신을 내어 쫓는 권능을 주셨습니다. 열두 제자들은 베드로, 안드레, 야고보, 요한, 빌립, 바돌로매, 도마, 마태, 알패오의 아들 야고보, 시몬, 다대오, 가룟 유다였습니다.

예수님은 제자들을 둘씩 짝지어 이스라엘 각처로 보내시며 천국 복음을 전파하도록 파송하셨습니다. 열두 사도가 전해야 하는 메시지는 천국이 가까이 왔음을 사람들에게 알리고, 병든 자를 고치며, 죽은 자를 살리며, 귀신을 쫓아내는 권능을 행하는 일이었습니다.

그들은 전도 여행을 위해서 필요한 물건들을 따로 준비할 필요가 없었습니다. 예수님은 전도의 사명을 맡아 파송되는 제자들이 머물게 되는 곳마다 필요한 모든 것을 공급받을 수 있도록 권능을 부여하셨습니다. 제자들은 파송하여 가는 곳에서 평안을 빌어 주고 환대를 받을 자격이 주어졌습니다.

그러나 그들의 메시지를 거부하고 환영하지 않는 곳에서는 미련 없이 당당히 나오라고 명하셨습니다. 제자들이 전하는 천국 복음을 환영하지 않는 곳은 심판 날에 소돔과 고모라에 임했던 심판보다 더한 심판이 임하게 될 것이라고 말씀하셨습니다.

♥ 예수님은 누구십니까?

예수님은 하나님의 일을 완수하시기 위해서 열두 제자들을 파송하셔서 천국 복음을 전파하도록 하시는 그리스도이십니다.

♡ 예수님의 제자들을 통해 복음이 전파되었고 이스라엘에서 유럽으로 그리고 아시아의 동북에 위치한 한국의 저에게까지 예수 그리스도의 복음이 전해졌습니다. 참으로 생각하면 신기하고 놀라운 일입니다. 예수님의 제자들을 통해서 저를 제자 삼으시고 하나님의 자녀가 된 모든 권세를 주셨습니다. 하나님의 자녀로 택함 받은 은혜에 감사드립니다. 주님의 은혜와 사랑을 정말 넘치게 받은 자로서 저도 남은 시간들을 주님의 복음을 전하며 사랑을 베풀며 하나님의 자녀이자 예수님의 제자로서의 삶을 충실하게 살아가기를 간절히 원합니다. 먼저 가장 가까운 주변의 사람들에게 복음을 전해야 할 것입니다. 땅끝은 지구를 360도 돌고 다시 제자리로 돌아온 바로 제 옆자리의 가족과 친지와 이웃이 될 것입니다. 살아가면서 가장 가깝게 만나는 사람들이 바로 저의 이웃이며 제가 복음을 전하고 사랑을 전할 대상이 될 것입니다. 예수님을 믿고 그리스도인이 된 사람들은 예수님의 제자인 것입니다. 그러므로 제게도 그들에게 복음을 전할 사명을 주신 것입니다. 그런데 복음을 어떻게 전할 것인가 생각해 봅니다. 삶이 곧 선교가 되어야 할 것입니다. 제게도 주신 은사와 권능을 이웃들을 위해 아낌없이 사용하게 되기를 간절히 기도드립니다.

✝ 기도하기

하나님 아버지, 감사합니다. 감히 제게도 예수님의 제자를 꿈꾸며 살아갈 수 있도록 소망을 불어넣어 주심을 너무나 감사드립니다. 저에게 베풀어 주신 많은 축복과 은혜들을 함께 나눌 수 있는 삶이 되기를 간절히 바랍니다. 선을 행하는 제사를 매일 드릴 수 있기를 간절히 바랍니다. 예수님을 주변 사람들에게 전도하여 하나님이 가장 기뻐하시는 일에 동참할 수 있기를 예수님의 이름으로 기도합니다. 아멘!

♣ 묵상 나눔

또 너희가 내 이름으로 말미암아 모든 사람에게 미움을 받을 것이나 끝까지 견디는 자는 구원을 얻으리라(마태복음 10:22)

하나님을 믿고 복음을 전파하는 일은 영적인 전쟁입니다. 그러나 늘 하나님이 함께하시고 끝까지 견디는 자에게 승리를 주시는 하나님이심을 믿습니다.

늘 우선순위가 하나님이 아니었음을 돌이키며 하나님의 사랑에 더 많이 눈이 열리기를 기도합니다.

37

뱀같이 지혜롭고 비둘기같이 순결하라

보라 내가 너희를 보냄이 양을 이리 가운데로 보냄과 같도다 그러므로 너희는 뱀같이 지혜롭고 비둘기같이 순결하라(마태복음 10:16)

예수님은 제자들을 파송하시며 마치 이리 가운데 있는 양들처럼 그들의 사역이 거짓 선지자들로 인해 꽤 힘들 거라고 말씀하셨습니다. 그래서 제자들이 뱀같이 지혜롭고, 비둘기같이 순결해야 한다고 말씀하셨습니다. 즉 위험을 지혜롭게 피하면서도 대적을 너무 강하게 해하지 말도록 하셨습니다.

제자들은 사역을 수행하는 동안 동족인 유대 지도자들 앞에 끌려가 채찍질당하고 또 로마의 총독들과 헤롯 가문의 임금들 앞에 끌려가게 될 것이라 하셨습니다. 그러나 성령이 그들을 위기에서 구해 주실 것이라고 약속하셨습니다.

장차 핍박이 심해져서 가족 간에 배신을 하고 극단적인 미움을 받게 될 때가 이를지라도 끝까지 견디는 자들에게 구원을 약속하셨습니다. 제자들은 이 동네 저 동네를 옮겨 다니며 그들의 사역을 계속하게 되지만 그들은 인자가 오시기 전에는 이스라엘의 모든 동네를 다 다니지는 못할 것이라고 말씀하셨습니다. 주님의 선포는 오순절 이후 교회 내에서 복음을 확산시킨 사도들의 삶 속에서 더욱 충만하게 드러났습니다.

♥ 예수님은 누구십니까?

제자들을 파송하시며 어떤 환난에서도 인내하며 성령의 인도하심으로 지켜 주시는 그리스도이십니다. 예수님을 위해 살아가는 모든 주의 자녀들을 굳건하게 지켜 주시고 구원을 베풀어 주시는 하나님이십니다.

♡ 예수님께서 제자들에게 하신 말씀은 곧 저에게 하시는 말씀이기도 합니다. 아직 예수 그리스도를 알지 못하는 사람들이 예수님을 평생 모르고 살다가 지옥에 간다고 생각하면 정말 슬프고 비통한 일입니다. 예수님 당시의 사도들은 죽음의 위협 속에서도 예수님을 증거하는 일을 주저하지 않았습니다. 미움받고 박해받고 심지어는 고문도 당하고 순교했습니다. 그런 상황에서도 그리스도의 복음을 전했는데 이렇게 좋은 환경에서 복음을 전하지 않는다는 것은 은혜를 저버리는 일입니다. 예수님이 다시 오실 것을 항상 기대하고 소망하며 깨어 있으며 복음을 전하는 자가 되기를 간절히 기도합니다.

✝ 기도하기

하나님 아버지, 감사합니다. 오늘 저에게도 주시는 말씀으로 받습니다. 예수님의 제자들뿐 아니라 예수님을 사랑하고 따르는 제게 주신 사명을 충실히 감당하며 예수 그리스도의 사랑과 구원과 죄 사함의 소식을 전하는 자가 되기를 예수님의 이름으로 기도합니다. 아멘!

38

너희의 머리털까지 다 세고 계신다

누구든지 사람 앞에서 나를 시인하면 나도 하늘에 계신 내 아버지 앞에서 그를 시인할 것이요 누구든지 사람 앞에서 나를 부인하면 나도 하늘에 계신 내 아버지 앞에서 그를 부인하리라(마태복음 10:32-33)

예수님은 제자들에게 종교지도자들이 악한 행동을 할 것을 예언하시며 오직 육체만을 멸할 수 있는 그들을 두려워할 필요가 없다고 하셨습니다. 한 앗사리온[26]에 거래되는 참새 한 마리도 하나님께서 허락하지 않으시면 헛되이 죽는 법이 없는데 그보다 훨씬 더 소중한 너희들을 얼마나 소중하게 여기시겠냐고 하셨습니다. 너희의 머리털 하나까지도 다 세고 계실 정도니 두려워하지 말라 하시며 힘과 용기를 불어넣어 주셨습니다.

또 예수님은 사람 앞에서 나를 충성되게 고백하고 시인할 때에 하늘에 계신 아버지께서도 그를 시인할 것이고, 만약 사람 앞에서 나를 부끄럽게 여기고 시인하지 않으면 하나님 아버지께서도 그 사람을 부인하실 것이라고 말씀하셨습니다.

가룟 유다를 제외한 열한 명의 사도들은 예수님이 말씀하신 대로 충성된 자로 예수님을 시인하고 예수님을 증거하는 삶을 살아 하나님께서 인정하시고 칭찬받는 사도들이 되었습니다.

---

26) 예수님 당시에 참새 한 마리의 값으로 약 5,000원.

♥ 예수님은 누구십니까?

제자들이 하나님의 나라와 그의 의를 구하는 삶을 살 수 있도록 용기와 힘을 불어넣어 주시고 하늘 아버지께 인정받고 충성하게 하시는 중보자이십니다.

♡ 하나님 아버지께서는 우리의 머리털 하나까지 다 세고 계실 정도로 자녀들을 세심하게 사랑하시고 보호하십니다. 저를 낳으신 창조주이신데 저에 대해 모르시는 것이 있을 리가 없습니다. 이 세상 어둠의 주관자들과 사탄이 아무리 저의 몸을 해치고 상하게 하려고 해도 저를 낳으신 하나님 아버지께서 철통같이 비호하시는데 두려울 것이 없습니다. 우리의 육체는 간혹 다치게 할 수 있어도 곧 달려오셔서 싸매 주시고 상처를 치유하시고 회복시켜 주시는 하나님 아버지이십니다. 예수님이 하나님 아버지와 우리 사이의 중보자이시기에 이 모든 것이 가능합니다. 사람들 앞에서 예수 그리스도가 저를 구원하신 구주임을 당당하게 시인하게 되기를 간구합니다.

✝ 기도하기

하나님 아버지, 감사합니다. 정말 예수님이 제게 얼마나 소중하신 분인지를 매일 삶에서 증거하고 시인하며 살아갈 수 있기를 간절히 기도합니다. 사람들 앞에서 예수님을 당당하게 증거하고 시인하는 믿음을 늘 가지기를 예수님의 이름으로 기도합니다. 아멘!

39

화평이 아니요 검을 주러 왔노라

내가 세상에 화평을 주러 온 줄로 생각하지 말라 화평이 아니요 검을 주러 왔노라(마태복음 10:34)

예수님은 세상에 화평을 주러 온 것이 아니라 검을 주러 오셨다고 말씀하십니다. 사람의 원수가 자기 집안 식구라고 선포하십니다. 부모와 자녀를 예수님보다 더 사랑하는 자들은 합당하지 않으며 자기 십자가를 지고 예수님을 따르지 않는 자들도 합당하지 않다고 선포하십니다.

자기 집안 식구가 원수라니, 또 가족들보다 예수님을 더 사랑하지 않는 자는 합당하지 않다고 딱 잘라 말씀하시다니, 이 말씀을 믿지 않는 사람들이 들을 때에는 얼마나 배타적이고 독선적인지 굉장히 반감을 품을 것입니다.

그러나 이 말씀에는 정말 깊은 뜻이 있다고 생각합니다. 사람들은 누구에게 가장 상처를 받으며 살고 있을까요? 바로 자신과 가장 가까운 가족에게 가장 많은 상처를 주고받으며 살아갑니다. 가족은 한 집안에서 매일 부딪치고 감정을 함께 교류하고 나누는 사람들이기 때문에 가장 직접적으로 매일 영향을 받지 않을 수 없습니다. 좋은 것도 있지만 나쁜 것도 있어서 항상 언제 터질지 모르는 시한폭탄을 서로 품고 살아가는 존재이기도 한 것입니다.

♥ 예수님은 누구십니까?

하나님의 자녀들이 먼저 하나님의 나라와 의를 구하는 삶을 살아가기를 명하시며, 누구보다도 하나님을 사랑하는 일을 가장 우선하기를 명하시는 그리스도이십니다.

♡ 하나님 사랑이 먼저일 때 하나님께서는 우리에게 서로 사랑할 수 있는 능력을 보내 주시는 것입니다. 하나님의 사랑이 우리에게 전해져야 우리가 가족들을 포함하여 다른 사람들을 사랑할 수 있는 것입니다. 예수님은 오늘 말씀에서 사랑의 질서와 진리를 우리에게 말씀하신 것이라 생각합니다. 예수님이 우리에게 요구하시는 사랑은 거창하고 대단한 사랑이 아닙니다. 제자의 이름으로 이 작은 자 중의 하나에게 냉수 한 그릇을 건네는 사랑입니다. 그 사람에게는 상을 반드시 주시겠다고 약속하십니다. 우리가 얼마나 작고 연약하고 이기적인 존재인지 아시기에 작은 선행도 기뻐하시며 상을 주시겠다고 약속하시는 예수님의 그 사랑이 오늘 말씀에서 뭉클하게 전해집니다.

✝ 기도하기

하나님 아버지, 감사합니다. 어떠한 반대와 고난 속에서도 주님을 배신하지 않고 주님을 따를 수 있도록 인도하여 주시기를 기도합니다. 또 작은 자들에게 제가 가진 모든 것을 아낌없이 베풀 수 있는 사랑이 충만한 삶을 살 수 있기를 예수님의 이름으로 기도합니다. 아멘!

40

천국에서 더 큰 자

내가 진실로 너희에게 말하노니 여자가 낳은 자 중에 세례 요한보다 큰 이가 일어남이 없도다 그러나 천국에서는 극히 작은 자라도 그보다 크니라(마태복음 11:11)

헤롯왕에 의해 억울하게 감옥에 갇히게 된 세례 요한은 자신의 제자들을 예수님께 보내 물었습니다. "당신이 정말 오시기로 예언된 그 선지자가 맞으십니까? 아니면 우리가 다른 메시아를 기다려야 합니까?" 그는 자신에 대해 아무것도 할 수 없는 예수님이 정말 메시아가 맞는지 의심이 들었습니다.

그 말씀을 들으신 예수님은 '소경이 보고 앉은뱅이가 걸으며 나병 환자가 깨끗함을 받으며 귀머거리가 들으며 죽은 자가 다시 살아나며 가난한 자에게 복음이 전파되는 일'을 요한에게 고하라고 하셨습니다. 그러시면서 나로 말미암아 실족하지 아니하는 자는 복이 있다고 덧붙이셨습니다. 이러한 일들을 행하신 예수님은 진정한 메시아이셨습니다.

예수님은 여자가 낳은 자 중에서는 세례 요한보다 더 큰 자가 없으나 천국에서는 극히 작은 자들도 세례 요한보다는 큰 자가 될 것이라고 말씀하셨습니다. 모든 선지자와 율법이 중심을 이룬 구약의 시대는 세례 요한까지고 이제는 예수 그리스도로 인해 새로운 신약의 시대가 도래했음을 선포하셨습니다.

♥ 예수님은 누구십니까?

예수님을 믿고 영접하는 자들에게 구원을 주시고 천국을 소유할 수 있도록 하시기 위해 세상에 오신 그리스도이십니다.

♡ 세례 요한은 위대한 선지자였지만 구약의 시대의 마지막 선지자였습니다. 예수 그리스도께서 새로운 시대를 여신 후 이제 천국은 그를 믿는 모든 자들에게 열리게 되었습니다. 예수님은 잠시 감옥에서 흔들렸던 세례 요한을 위대한 선지자라고 칭찬하셨습니다. 그러나 예수님을 믿고 영접한 자녀들은 천국에서 세례 요한보다 더 큰 자라고 말씀하셔서 예수님을 영접하고 하나님의 자녀가 되는 것이 얼마나 위대한 축복인지 가르쳐 주셨습니다. 예수님을 영접하고 천국에 있는 자들은 그리스도의 피를 통해 새 언약에 참여하여 더 큰 특권을 갖게 된 것입니다.

✝ 기도하기

살아가면서 믿음이 흔들리고 실족하고 의심하고 믿지 못하던 때가 너무나 많았던 저를 그때마다 오래 참아 주시고 기다려 주셨던 예수님, 정말 감사합니다. 저의 악행과 죄악들을 참지 못하시고 내치셨다면 벌써 저는 흔적조차 없이 가루가 되어 사라져 버렸을 것입니다. 오늘도 여전히 저를 사랑하시고 기대하시는 예수 그리스도께 깊이 감사드리며 예수님의 이름으로 기도합니다. 아멘!

41

이 세대를 무엇으로 비유할까?

우리가 너희를 향하여 피리를 불어도 너희가 춤추지 않고 우리가 슬피 울어도 너희가 가슴을 치지 아니하였다 함과 같도다(마태복음 11:17)

예수님은 당시의 세대를 장터에 앉아서 다른 아이들에게 말하고 있는 어린아이들에 비유하셨습니다. "우리가 너희들을 위해 피리를 불었는데 너희는 춤을 추지 않는다. 우리가 슬픈 노래를 불렀는데 너희는 울지 않는다."

마찬가지로 사람들이 말하기를 세례 요한이 와서 먹지도 않고 마시지도 않으니까 귀신이 들렸다고 하고, 인자 예수는 와서 먹고 마시니까 "보라. 저 사람은 마구 먹고 마시는 자요, 세리와 죄인들의 친구로다" 하며 비난을 했습니다.

비록 사람들이 이런저런 변명을 갖다 붙이며 비난하지만 지혜는 그 행한 일로 인하여 옳다 인정함을 받는 법이라고 예수님께서는 말씀하셨습니다. 세례 요한과 예수님이 취한 방식은 많은 사람들을 천국으로 이끌어 옳다는 증거를 받을 것이라고 말씀하셨습니다. 그들은 예수님이 신분 낮은 무리들과 섞여 산다고 비난하고 비판했지만 예수님이 세상에 오심으로 하나님 나라가 도래하게 되었습니다. 마침내 예수님은 하나님께로 가는 새로운 길을 여셨습니다.

♥ 예수님은 누구십니까?

택함 받은 자녀들을 천국으로 이끌어 주시는 지혜이시며 길이요, 진리요, 생

명이신 하나님이십니다.

♡ 사람들은 예수님을 앞서 증거하러 온 세례 요한의 검소하고 엄격한 생활 방식은 미쳤다고 흉을 보고, 예수님께서 세리와 창기들과 같은 비천한 사람들과 함께 어울리시는 것을 보고도 흉을 보았습니다. 이래서 흉보고 저래서 흉보고 하는 모습을 보니 이 세대 사람들과 다를 바 없음을 깨닫게 됩니다. 그러나 결국 누가 옳은지는 행위로 증명을 하는 것입니다. 성경에 있는 하나님의 말씀을 성취하신 분은 예수님이십니다. 예수님이 세상에 오심으로 하나님 나라가 도래하였습니다. 예수님은 죄로 인해 단절된 인간과 하나님과의 관계를 이어 주시기 위해서 이 세상에 오셨습니다. 우리의 죄를 대신하여 십자가에 달려 죽으셨고, 부활하셨습니다. 그 이상 더 어떻게 옳을 수 있을까요? 예수님의 삶이 곧 지혜이시고 옳음이십니다.

✝ 기도하기

하나님 아버지, 감사합니다. 부활하신 예수 그리스도의 능력과 영광을 믿고 감사드립니다. 우리도 예수님이 부활하신 것처럼 다시 살아날 것을 믿습니다. 예수님을 영접하는 자, 곧 그의 이름을 믿는 자들에게는 하나님의 자녀가 되는 권세를 주셨음을 믿습니다. 예수님의 이름으로 기도합니다. 아멘!

42

수고하고 무거운 짐 진 자들아 다 내게로 오라

수고하고 무거운 짐 진 자들아 다 내게로 오라 내가 너희를 쉬게 하리라 나는 마음이 온유하고 겸손하니 나의 멍에를 메고 내게 배우라 그리하면 너희 마음이 쉼을 얻으리니 이는 내 멍에는 쉽고 내 짐은 가벼움이라 하시니라(마태복음 11:28-30)

예수님은 교만과 위선과 헛된 자기 의로 똘똘 뭉친 이스라엘의 고라신, 벳새다, 가버나움 고을 사람들을 향해 죗값을 받을 것이라 선포하셨습니다. 그러나 겸손히 자신을 낮추고 죄를 회개하며 예수님께 나아오는 자들에게는 누구나 구원을 베풀어 주시겠다고 위대한 초청을 하셨습니다.

예수님은 참된 제자의 길은 어린아이와 같은 믿음으로 나아오는 자가 갈 수 있다고 선언하셨습니다. 하나님은 그의 위대한 비밀들을 당시의 지도자들에게는 숨기시고 어린아이와 같이 순전한 믿음으로 나아오는 자들에게는 나타내셨습니다.

예수님은 무겁고 큰 죄와 멍에의 짐을 지고 가는 사람들을 향해 내게 맡기라고 하시며 내가 너희를 쉬게 하리라고 부르십니다. 그 대신에 예수님이 주시는 쉽고 가벼운 멍에를 지게 되는 것은 예수님의 모든 능력의 혜택을 받는 사람이 되는 것입니다. 온유하시고 겸손하신 예수님을 섬기는 일은 크고 무거운 짐을 덜고 예수님의 영광에 동참하는 일이 될 것입니다.

♥ 예수님은 누구십니까?

모든 수고하고 무거운 짐 진 자들에게 진정한 쉼과 평안을 주시기 위해 이 땅에 오신 그리스도이십니다.

♡ 오늘 말씀에서 정말 큰 위로를 받고 예수님의 따뜻한 사랑이 느껴집니다. 예수님이 우리에게 주시는 멍에는 충분히 견딜 만하고 질 만한 멍에입니다. 그 멍에는 우리가 그리스도인으로서 살아가기에 꼭 필요한 양심과 법과 책임과 같은 것들이 될 것입니다. 예수님께서는 우리가 져야 할, 감당하기 어려운 큰 죄의 짐을 대신 지시고 구주로서의 사명을 다하시기 위해 십자가 고난을 당하셨고, 부활하셨습니다. 그러므로 우리는 더 이상 견디기 힘든 죄의 짐을 지고 인생을 허덕거리며 살 필요가 없습니다. 대신 우리는 기쁨으로 우리에게 주어진 책임과 의무를 다해야 하는 것입니다.

✝ 기도하기

세상에서 지혜 있다고 자부하고 인정받는 사람들에게는 오히려 숨기시고 온유하고 겸손한 어린아이 같은 사람들에게는 복음의 비밀을 알려 주시는 것에 정말 감사드립니다. 항상 어린아이처럼 예수님께 겸손히 나아오는 자가 되게 하여 주시고 주님의 온유와 겸손을 배울 수 있기를 간절히 기도합니다. 무거운 짐을 주님께 맡기고 주님이 제게 주시는 멍에를 메고 매일 주님을 따를 수 있기를 예수님의 이름으로 기도합니다. 아멘!

43

성전보다 더 큰 이

내가 너희에게 이르노니 성전보다 더 큰 이가 여기 있느니라 나는 자비를 원하고 제사를 원하지 아니하노라(마태복음 12:6-7)

안식일에 예수님의 제자들이 밀밭 사이를 지나가다가 시장해서 이삭을 잘라 먹는 모습을 바리새인들이 보게 되었습니다. 그들은 제자들이 안식일에 이삭을 잘라 먹는 노동을 했다면서 예수님께 와서 고발했습니다. 안식일에는 어떤 노동도 해선 안 된다는 율법 조문을 제자들이 어겼다고 꾸짖었습니다.

예수님은 구약 성경에서 다윗이 그와 함께한 자들과 제사장들만이 먹을 수 있는 성전 안의 성물인 진설병을 먹었던 일을 인용하셨습니다.[27] 바리새인들은 다윗의 행동을 감히 죄라고 할 수 없었을 것입니다. 또 안식일에 성전 안에서 제사장들이 곡식단을 묶어서 성전에 바치는 일[28]을 했는데 그 일도 죄라고 하지 않는다고 말씀하셨습니다. 성전보다 더 큰 이이신 예수 그리스도를 알아보지 못하는 바리새인들에게 예수님은 성전보다 더 큰 이가 여기 있다고 하셨습니다.

예수님께서는 "나는 자비를 원하고 제사를 원하지 아니하노라"[29] 하시며 바리새인들의 태도를 꾸짖으셨습니다.

27) 사무엘상 21:1-6 인용.
28) 민수기 28:9-10 인용.
29) 호세아 6:6 인용.

♥ 예수님은 누구십니까?

형식적 제사를 원하지 않으시는, 성전보다 더 크신 분이시며 진실한 사랑과 긍휼을 베풀어 주시는 안식일의 주인이십니다.

♡ 안식일의 참된 의미를 생각해 보게 하는 말씀입니다. 안식일은 조금이라도 노동이 될 만한 일을 하지 않는 날이 아니라 하나님을 거룩하게 하고 마음과 정성과 뜻을 다하여 하나님을 기뻐하는 날입니다. 예수님은 인자이신 예수님이 안식일의 주인이라고 하시면서 정말 중요한 것은 율법에 사람을 맞추는 것이 아니라 사람의 도리와 삶에 율법이 적용되는 것이라고 하셨습니다. 하나님이 진정 원하시는 것은 마음에도 없으면서 억지로 벌 받지 않으려고 형식적인 종교 생활을 하는 것이 아니라 하나님을 진정으로 사랑하고 하나님의 말씀을 지키려는 자발적이고 내적인 신앙을 원하시는 것임을 오늘 말씀을 통해서 다시 깨닫고 그렇게 신앙생활을 하기를 다짐해 봅니다.

† 기도하기

하나님 아버지, 감사합니다. 하나님을 진정 사랑하고 마음에서 우러나오는 섬김과 순종이 되기를 간절히 바랍니다. 믿음의 연한이 계속될수록 더욱 매일 기도와 말씀 읽기를 충실하게 하여 낡고 형식적인 찌꺼기들을 걷어내고 매일 새로운 신앙과 마음으로 예수님을 따라가는 제자의 삶을 살기를 예수님의 이름으로 간절히 기도합니다. 아멘!

44

상한 갈대를 꺾지 않으시는 분

상한 갈대를 꺾지 아니하며 꺼져 가는 심지를 끄지 아니하기를 심판하여 이길 때까지 하리니(마태복음 12:20)

예수님이 안식일에 회당에 도착하셨을 때 바리새인들은 예수님에게 해를 가하기 위해 손 마른 병자를 회당에 데려다 놓았습니다. 그들은 "안식일에 병을 고치는 것이 옳습니까?" 하고 예수님께 물었습니다. 그 질문에 예수님은 "너희 중에 어떤 사람이 양 한 마리가 있어 안식일에 구덩이에 빠졌으면 끌어내지 않겠느냐?" 하시며 그 손 마른 사람의 병을 고쳐 주셨습니다. 예수님의 말씀과 행동은 율법을 전혀 어긴 것이 아니라 오히려 하나님의 말씀을 더욱 깊이 해석하고 실천하신 것입니다.

자신들의 계획이 실패하자 바리새인들은 어떻게 예수를 죽일까 모의했습니다. 이를 아신 예수님은 병자들을 다 고치신 후 사람들에게 자기가 누군지 나타내지 말라 하셨습니다.

일찍이 이사야 선지자를 통해서 말씀하신 것처럼 여호와께서 택한 종 예수 그리스도는 말다툼을 하거나 길가에서 외쳐 대지 않으며, 심판 날까지 상한 갈대를 꺾거나 꺼져 가는 심지를 끄지 않으시는 겸손하시고 긍휼이 풍성하신 분이셨습니다. 그는 이방에 심판을 알리는 자이시며, 이방인들은 예수 그리스도 안에서 소망을 가질 것이라 말씀하셨습니다.

♥ 예수님은 누구십니까?

하나님이 택하신 종으로 상한 갈대를 꺾지 않으시며 꺼져 가는 심지를 끄지 않으시는 긍휼이 풍성하신 하나님이십니다.

♡ 예수님은 어떻게든 해를 가하고 넘어뜨리려는 세력들과 똑같이 폭력적인 방법으로 대응하지 않으셨습니다. 예수님은 하나님이시므로 그들을 꼼짝 못 하게 하는 진리를 가지고 계셨기에 말씀 한마디로 제압하셨습니다. 그리고 오직 하나님 아버지의 뜻을 행하시는 일에만 집중하시며 때가 이를 때까지 스스로 메시아이심을 겉으로 과시하며 나타내지 않으신 참으로 겸손하시고 온유하신 하나님이셨습니다. 약자에게 함부로 하고 약자들을 짓밟고 올라서려 하는 권력자들과는 달리 예수님은 긍휼이 풍성하신 참 좋으신 하나님이셨습니다.

✝ 기도하기

예수님, 감사합니다. 예수님을 대적하는 그 어떤 세력들에게도 결코 굴하지 않으시고 하나님의 권세를 지니신 것을 보여 주시는 예수님께 의지하며 예수님을 찬양합니다. 인간의 약함을 아시고 그것을 오히려 덮어 주시고 사랑으로 품어 주시는 예수님께 정말 감사드립니다. 약자들에게는 한없이 긍휼이 풍성하시지만 하나님을 모독하고 멸시하는 자들에게는 진리로 날카롭게 심판하시는 예수님을 따르기를 원합니다. 예수님의 이름으로 기도합니다. 아멘!

45

스스로 분쟁하는 나라

예수께서 그들의 생각을 아시고 이르시되 스스로 분쟁하는 나라마다 황폐하여 질 것이요 스스로 분쟁하는 동네나 집마다 서지 못하리라(마태복음 12:25)

바리새인들은 눈멀고 벙어리인 병자를 예수님이 고쳐 주신 일을 두고 예수가 귀신의 왕 바알세불의 힘을 빌리지 않았다면 어떻게 이런 일이 일어날 수 있는가 하고 수군거렸습니다. 그들의 생각을 아신 예수님은 말씀으로 권위를 입증하셨습니다.

첫째, 만일 예수님이 사탄을 힘입어 귀신을 쫓아내셨다면 사탄이 스스로 분쟁하는 것이라고 말씀하셨습니다. 둘째, 너희 아들들이 하나님을 힘입어 귀신을 쫓아낸다고 믿는다면 어찌하여 나도 동일한 신적 권능을 소유했다고 믿지 못하느냐고 하셨습니다. 셋째, 귀신을 쫓아내는 것으로 예수님은 사탄보다 그가 크심을 증명하셨습니다. 예수님은 귀신들의 세계(강한 자의 집)에 들어가 전리품들을 탈취해 가지고 나오실 수 있습니다. 만일 그가 사탄의 능력을 힘입어 귀신들을 쫓아내셨다면 그는 결단코 하나님의 나라를 제시하지 못하셨을 것입니다. 그것은 모순되는 일이기 때문입니다. 예수님이 천국을 세우시기 위해 오셨다는 사실은 그가 사탄이 아닌 하나님의 성령에 힘입어 일하시고 있음을 명백히 보여 주시는 일이었습니다.

♥ 예수님은 누구십니까?

모든 사탄의 권세를 누르시고 제압하셔서 하나님의 나라가 이 세상에 도래하게 하신 전능하신 하나님이십니다.

♡ 바리새인들은 예수님을 시기하고 질투하여 예수님이 권능을 행하시는 것을 보고 사탄 바알세불의 힘을 빌려 가지고 온 것이라며 예수님을 모독했습니다. 예수님은 그들의 그 악한 모함에 합리적이고 완벽한 논증으로 대응하셨습니다. 예수님이 하신 일을 사탄의 짓이라고 모함한 바리새인들의 행동은 참으로 성령을 모독하는 용서받지 못할 행동이었습니다. 오늘 말씀을 읽으며 정말 예수님의 말씀에 순종해야 함을 깨닫게 됩니다. 어설프게 자기 능력을 믿고 자기 말이 옳다고 생각하는 어리석음을 저지르지 말아야 하겠다고 다짐합니다. 또 말씀을 말로만 믿을 것이 아니라 삶으로도 예수님의 말씀을 지켜야 온전한 순종이 될 것입니다. 길이요, 진리요, 생명이신 예수님을 따르는 삶이 되기를 오늘도 기도합니다.

✝ 기도하기

하나님 아버지, 말씀에 무지하고 자기 고집대로 살게 되면 불경죄와 성령모독죄를 저지르는 바리새인들과 같이 될 수도 있다는 것을 깨닫게 해 주셔서 감사합니다. 성령의 인도하심이 없으면 단 하루도 제대로 살 수 없는 세상에서 오직 예수님만을 의지하기를 예수님의 이름으로 기도합니다. 아멘!

46

그 열매로 나무를 아느니라

선한 사람은 그 쌓은 선에서 선한 것을 내고 악한 사람은 그 쌓은 악에서 악한 것을 내느니라(마태복음 12:35)

예수님이 귀신의 왕 바알세불의 힘을 빌려 귀신을 쫓아낸다고 빈정거리는 바리새인들에게 누구든지 말로 인자(예수)를 거역하면 사하심을 얻겠지만 말로 성령을 거역하면 사하심을 얻지 못할 것이라고 엄중하게 말씀하셨습니다. 종교지도자들은 예수를 통해 역사한 성령의 권능을 그릇되게 사탄의 힘으로 돌림으로 성령을 훼방하는 죄를 범하려 하고 있었습니다.

백성을 대표하는 지도자들이 예수님이 사탄의 힘을 입어 권능을 행한다고 한다면 그들은 국가적으로나 개인적으로 결코 사함을 받을 수 없는 중죄를 범하게 되는 것입니다. 그 지도자들 때문에 그들을 따르는 백성들에게도 하나님의 심판이 임하게 될 것이기 때문입니다.

좋은 나무에서 좋은 열매가 열리고, 나쁜 나무에서 나쁜 열매가 맺히는 법입니다. 예수님은 바리새인들을 향해 악한 마음 때문에 선한 말을 결코 할 수 없는 독사의 자식들이라고 정죄하셨습니다. 심판 날에 모든 사람들은 그들의 모든 행실과 말에 대해 책임을 지고 정죄를 받거나 심판에서 자유로워질 것입니다.

♥ 예수님은 누구십니까?

하나님의 성령을 훼방하고 거부하고 모독하는 자들을 심판하시는 하나님이십니다.

♡ 바리새인들은 하나님의 아들이신 예수님을 사탄으로 몰아가며 성령을 모독하는 무서운 죄를 저질렀습니다. 예수님이 만약 귀신의 힘을 빌리신 것이면 귀신이 귀신을 내쫓는 것이므로 말이 안 됩니다. 사탄이 사탄을 내쫓는 분쟁은 스스로 자멸하는 일과 같은 것이라고 말씀하십니다. 예수님이 누구신지 모를 수는 있습니다. 그래서 예수님을 소홀히 생각하고 오해할 수는 있습니다. 그러나 하나님의 성령 자체를 무시하고 사탄과 동일시하는 죄는 정말 무서운 죄인 것입니다. 그런 무서운 죄를 범하지 않기 위해서는 진리의 말씀 안에서 분별력을 가져야 할 것입니다. 좋은 나무에서 나쁜 열매가 나올 수 없고, 나쁜 나무에서 좋은 열매가 나올 수 없습니다. 뿌리와 근본부터 나의 신앙이 바로 서 있는지를 항상 말씀과 기도로 돌아볼 수 있어야 함을 오늘 말씀에서 깨닫게 됩니다.

✝ 기도하기

하나님 아버지, 감사합니다. 성령을 모독하는 무서운 죄는 바로 교만함과 자기만 옳다는 착각에서 나온 것이라 생각합니다. 그런 나쁜 죄를 짓지 않도록 저희들을 항상 깨어 있도록 인도하여 주실 것을 예수님의 이름으로 기도합니다. 아멘!

47

솔로몬보다 더 큰 이

심판 때에 남방 여왕이 일어나 이 세대 사람을 정죄하리니 이는 그가 솔로몬의 지혜로운 말을 들으려고 땅끝에서 왔음이거니와 솔로몬보다 더 큰 이가 여기 있느니라(마태복음 12:42)

예수님은 종교지도자들을 향해 악하고 음란한 세대가 표적을 구하지만 요나의 표적 외에는 보여 줄 것이 없다고 하셨습니다. 요나의 표적은 예수님께서 십자가에 못 박혀 죽으시고 사흘 만에 다시 부활하신 것을 말씀하신 것입니다.

남방의 여왕은 이스라엘 솔로몬왕의 지혜를 듣기 위해 먼 곳 아프리카에서 찾아왔습니다. 그러나 요나보다도 솔로몬보다도 더 크신 예수님께서 바로 그 자리에 계시는데도 사람들은 예수님을 영접하지 못하고 배척하고 죽이려 했습니다.

예수님은 그들이 계속 불신앙에 거하게 될 경우 땅 위에서의 상태를 보여 주기 위해 더러운 귀신으로부터 구제받은 적이 있는 사람을 예로 들어 말씀하셨습니다. 그는 귀신에게서 구제를 받아 깨끗해진 후에 자신의 방법으로 삶을 청소하고 나름대로 회복하고자 노력했지만 다시 예전보다 훨씬 더 심각하게 더러운 상태에 빠지고 말았습니다. 그들은 하나님이 보내신 메시아에게 순종하지 않고, 트집을 잡고 실력 행사를 하려다가 역으로 사탄의 커다란 공격 대상이 되어 버린 것입니다.

♥ 예수님은 누구십니까?

십자가에 못 박혀 돌아가시고 사흘 만에 다시 부활하신, 요나보다도 솔로몬보다도 더 크신 메시아이십니다.

♡ 예수님을 거절한 바리새인들과 서기관들은 귀신의 거처가 될 위험이 큰 빈 집과 같은 사람들입니다. 예수님의 말씀의 은혜를 경험하고도, 예수님의 모든 사역을 보고서도 인정하지 않고 결단하지 않는 그들은 오히려 이전의 삶보다 더 형편없어지는 비참한 인생을 살아갈 것입니다. 요나는 하나님의 명령을 거부하다가 물고기 뱃속에서 삼 일을 지낸 선지자였습니다. 오늘 예수님의 말씀을 깊이 새깁니다. 하늘에 계신 아버지의 뜻대로 하는 자가 바로 하나님의 자녀인 것입니다. 이 악한 세대를 본받지 말고 오직 마음을 새롭게 함으로써 변화를 받아 하나님의 선하시고 기뻐하시고 온전하신 뜻이 무엇인지 분별하도록 해야 할 것입니다.

✝ 기도하기

하나님 아버지, 감사합니다. 오늘 제가 믿음에 바로 서 있는지 말씀을 통해 깨우쳐 주셔서 너무나 감사합니다. 단순한 형식적 종교 생활이 아니라 믿음에 항상 바로 서 있고, 예수님의 말씀에 충실히 따르고 순종하는 삶이 되기를 기도합니다. 이 악한 세대를 본받지 않고 오직 하나님의 뜻대로 살아가는 자녀가 될 수 있기를 예수님의 이름으로 기도합니다. 아멘!

48

누가 내 형제요, 자매요, 어머니인가?

누구든지 하늘에 계신 내 아버지의 뜻대로 하는 자가 내 형제요 자매요 어머니이니라 하시더라(마태복음 12:50)

예수님께서 말씀하실 때에 그 모친과 동생들이 와서 예수와 대화하기를 원했습니다. 예수님의 동생들[30]은 예수님이 부활하시기 전까지는 예수가 그리스도이심을 온전히 믿지 못하고 의심했습니다. 또한 그들은 기적을 행하시는 예수님이 자신들의 가족임을 특별히 사람들에게 나타내고 과시하고 싶어 했습니다. 그러나 예수께서는 참된 가족은 오직 하나님 아버지의 뜻대로 순종하는 자들이라고 가르치셨습니다.

"누구든지 하늘에 계신 내 아버지의 뜻대로 하는 자가 내 형제요 자매요 어머니이니라." 앞서서 종교지도자들이 가진 종교와 혈연적인 가족 관계는 하나님 앞에서 공로로 인정받을 수 없다고 말씀하셨습니다. 하나님의 뜻을 행하고 따르는 자만이 하나님께서 인정하는 자라고 말씀하셨습니다.

혈연이 아니라 순종이 아버지의 자녀 됨과 가족 됨의 기준이 됩니다. 하나님의 말씀을 듣고 행하는 자가 하나님 나라의 가족입니다. 순종이 아닌 다른 조건을 내세우며 아직도 주님과의 관계 밖에 서 있는지 돌아보게 하는 말씀입니다.

---

30) 예수 탄생 후에 요셉과 마리아에게서 태어난 예수님의 의붓동생들.

♥ 예수님은 누구십니까?

하늘 아버지의 뜻을 행하시기 위해 이 땅에 오셔서 그를 믿고 따르는 자에게는 하나님의 나라의 가족이 되게 해 주시는 그리스도이십니다.

♡ 우리의 부모나 형제자매들은 우리가 이 세상에서 사랑을 서로 주고받으며 함께 더불어 살아가야 할 존재임은 분명합니다. 그러나 여기서 끝이 아닙니다. 더 나아가 하나님 아버지의 뜻에 따르고 순종하는 자들이 진정한 형제요 자매인 것입니다. 혈연으로 맺어진 부모와 형제자매로 인해서 때로 상처를 받을 때도 있고 상처를 줄 때도 있을 것입니다. 그때마다 우리가 하나님의 사랑과 성령이 없이는 살 수 없는 연약한 존재임을 인정하게 됩니다. 우리는 가장 가까운 가족들과 가장 많이 상처를 주고받는다고 합니다. 항상 가까운 거리에 있으니 영향을 안 받을 수 없을 것입니다. 가족 간에 갈등이 생길 때마다 주 안에서 서로 기도하며 하나님의 뜻대로 살기를 간구해야 할 것입니다.

✝ 기도하기

하나님 아버지, 가족들로 인해 갈등하고 고민하고 섭섭해하고 못마땅해할 때마다 저의 마음을 붙들어 주시고 제가 그들에게 하나님의 뜻을 행하는 자녀이자 부모, 형제자매가 되기를 예수님의 이름으로 기도합니다. 아멘!

49

네 종류의 땅에 뿌려진 씨앗

더러는 좋은 땅에 떨어지매 어떤 것은 백배, 어떤 것은 육십 배, 어떤 것은 삼십 배의 결실을 하였느니라(마태복음 13:8)

예수님께서는 씨를 뿌린 농부에 관해 처음으로 비유를 드셨습니다. 농부가 뿌린 씨는 네 종류의 다른 토양 위에 떨어졌습니다. 첫째로 길가에 뿌려진 씨앗은 새가 와서 그 씨를 먹어 버리고, 둘째, 흙이 얕은 돌밭에 떨어진 씨앗은 싹이 나오다 곧 말라 버리고, 셋째, 가시떨기에 떨어진 씨앗은 가시가 자라서 기운을 막고, 넷째, 좋은 땅에 떨어진 씨앗은 백배, 육십 배, 삼십 배로 결실을 하였다고 무리들에게 말씀하셨습니다.

제자들은 어찌하여 예수님이 비유로 말씀하시는지를 물었습니다. 그 대답으로 예수님은 그리스도를 믿고 영접하는 자에게는 천국의 비밀을 깨닫게 해 주시지만 예수님을 배척하고 불신하는 사람들은 비유의 의미를 깨닫지 못하고 천국의 비밀이 가려졌다고 말씀하셨습니다.

예수님의 제자들은 백성의 지도자들이 들었던 것과 동일한 진리를 들었지만 그들의 반응은 전혀 달랐습니다. 제자들은 보고 믿었으나 지도자들은 보고 배척했습니다. 지도자들은 그들을 비추던 빛으로부터 돌아섰기 때문에 하나님께서는 그들에게 더 이상 빛을 비추시지 않았습니다.

♥ 예수님은 누구십니까?

하나님의 말씀을 듣고 영접하는 자에게는 천국의 비밀을 깨닫게 해 주시지만 배척하고 불신하는 사람들에게는 천국의 비밀이 가려지게 하시는 그리스도입니다.

♡ 길가, 돌밭, 가시덤불, 좋은 땅 네 종류의 밭의 특성을 보면서 저는 어떤 밭일까 묵상해 봅니다. 좋은 땅이 되고 싶지만 저의 믿음의 밭이 변할 수도 있고, 이 네 종류의 밭을 다 포함하는 복합적인 밭일 수도 있다는 생각을 합니다. 그런데 왜 예수님은 그동안 안 하시던 비유를 말씀하셨을까 궁금합니다. 이제는 천국의 비밀을 적극적으로 탐구하고자 하는 소망을 품으라고 하신 말씀이 아닐까 생각해 봅니다. 옥토가 되려고 하는 마음과 노력이 없다면 좋은 땅에 씨앗을 뿌렸다고 해도 씨앗은 자라지 않을 것입니다. 말씀을 읽어도 깨닫거나 고치려는 노력이 없이 무관심하거나 담담하다면 외식을 행하는 종교지도자들과 다름이 없을 것입니다. 정말 좋은 땅이 되려고 노력하고 있는지 자신을 돌아보게 됩니다.

✝ 기도하기

제 마음 밭에 뿌려진 씨앗이 잘 자라 몇 배의 결실을 이루고 있는지, 길가나 돌밭이나 가시덤불처럼 씨앗이 자라기에 적당하지 않은 상태가 된 것은 아닌지 저를 돌아볼 수 있게 되기를 기도합니다. 예수님의 이름으로 기도합니다. 아멘!

50

좋은 땅에 뿌려진 씨앗

좋은 땅에 뿌려졌다는 것은 말씀을 듣고 깨닫는 자니 결실하여 어떤 것은 백배, 어떤 것은 육십 배, 어떤 것은 삼십 배가 되느니라 하시더라(마태복음 13:23)

예수님께서는 씨 뿌리는 자의 비유에 대한 해석을 파종의 네 가지 결과로 말씀해 주셨습니다. 이 네 가지 결과는 천국 메시지에 대한 사람들의 네 가지 반응에 비견하신 것입니다. 첫째, 사람이 천국 메시지를 듣고 깨닫지 못할 때는 마귀(악한 자)가 와서 그 뿌려진 말씀을 빼앗아 간 것입니다. 이는 곧 길가에 뿌려진 씨앗을 말합니다. 둘째, 돌밭에 뿌려져 뿌리가 없이 자란 씨앗은 말씀은 들으나 그 말씀 때문에 환난이나 박해를 당하게 되면 곧 넘어지게 되는 자를 말합니다. 셋째, 가시떨기에 뿌려진 씨앗은 말씀을 듣긴 듣지만 세상의 염려와 재물의 유혹에 말씀이 막혀 결실을 하지 못하는 자를 말합니다.

오직 좋은 땅에 뿌려진 씨앗만이 꾸준히 성장하여 뿌린 것의 삼십 배, 육십 배, 백배에 달하는 수확을 하는 자를 말합니다. 예수님의 말씀을 듣고 깨닫는 자는 더 받아 더 깊이 깨닫게 됩니다. 이러한 결과들의 차이점은 씨앗에 있지 않고 씨앗이 뿌려진 토양에 있습니다. 동일한 천국 복음이 전파되었지만 그 말씀을 들은 개인들은 차이가 있었습니다.

♥ 예수님은 누구십니까?

우리에게 비유를 통해 천국 복음의 비밀을 깨닫게 하시고 좋은 땅에 뿌려진 씨앗으로 자라 삼십 배, 육십 배, 백배의 열매를 맺기를 바라시는 그리스도이십니다.

♡ 길가 밭처럼 말씀을 들어도 관심도 갖지 않고 세상일에만 관심 가져 사탄에게 말씀을 빼앗겨 버린 일도 생각납니다. 그러다가 조금 더 믿음이 성장했지만 돌밭 상태여서 조금 말씀을 듣고 지켜보려 하다가 그것 때문에 시험이 왔을 때 그냥 다시 원점으로 돌아간 적도 있었습니다. 그러고 나서 조금 더 믿음이 자라는 듯했지만 예수님보다 더 좋은 것들을 숭배하고 따르고 신봉하다가 결실을 얻지 못한 일도 많이 있었습니다. 이 나이가 되니 이제야 예수님의 말씀이 얼마나 좋고 생명의 양식이 되는지를 깨닫고 조금씩 열매를 맺고 있는 중이라 생각됩니다. 이런 날이 오기까지 참 부족하고 못된 나를 기다려 주시고 참아 주신 것에 감사드립니다.

✝ 기도하기

하나님 아버지, 감사합니다. 제 마음의 밭을 하나님의 말씀으로 갈고 닦아 옥토를 만들어 삼십 배, 육십 배, 백배의 열매를 맺을 수 있기를 기도합니다. 삶의 열매를 통하여 가족들과 이웃들이 주님께로 돌아오며 주님께 영광을 돌릴 수 있게 되기를 예수님의 이름으로 기도합니다. 아멘.

51

겨자씨 믿음

또 비유를 들어 이르시되 천국은 마치 사람이 자기 밭에 갖다 심은 겨자씨 한 알 같으니(마태복음 13:31)

천국은 겨자씨처럼 아주 작게 시작되었습니다. 모든 식물의 씨 중 가장 작은 겨자 씨앗은 자라게 되면 큰 나무가 되고 잎사귀가 무성하여 새들이 둥지를 틀 수 있게 됩니다.

겨자씨가 아무리 작다고 해도 그 존재가 분명하듯이 하나님의 나라는 예수 그리스도께서 이 땅에 오심으로써 이미 시작되었습니다. 갈릴리 시골 마을에서 선포된 하나님 나라의 복음은 장차 흥왕하여 온 나라와 민족에게 전파되고 온 세상이 하나님 나라의 놀라운 진리 앞에서 무릎을 꿇게 될 것입니다.

천국은 한 여인이 가루 서 말 속에 몰래 감추어 넣은 적은 누룩이 가루를 크게 부풀게 하는 것과 같이 그 끝은 시작과는 비교할 수 없을 만큼 차이가 있을 것입니다. 떠들썩하지 않고 조용하게 시작된 하나님의 나라는 우리 눈에 띄지 않을 만큼 조용히 진행되며 점점 확장되어 나갈 것입니다.

하나님 나라의 확장은 교회의 숫자가 많아지는 것을 말하는 것이 아닙니다. 작은 교회가 개혁과 사회 정의에 미치는 영향력은 숫자만으로 가늠할 수 없습니다. 아무도 예상 못 하고 우리가 확인할 수 없는 순간에도 그 역사는 이어질 것입니다.

♥ 예수님은 누구십니까?

하나님의 나라가 현재에는 미약해 보이지만 미래에는 크게 성장할 것임을 비유로 말씀하셔서 들을 귀가 있는 자들을 깨닫게 하시는 메시아이십니다.

♡ 하나님은 알곡과 같은 신자들을 보호하시기 위해 가라지를 지금 뽑지 않으시는 것입니다. 또 모든 씨앗 중에 가장 작은 겨자씨가 자라서 키가 크고 잎이 무성하여 그늘을 만들 정도의 나무가 되듯이 믿음은 처음 믿을 때는 아주 초라하고 작고 보잘것없어 보이지만 말씀을 듣고 믿음이 계속해서 자라면 크고 풍성하게 될 것입니다. 예수님이 더디 오시는 것은 한 사람이라도 더 구원하시기 위해 심판을 늦추시는 것입니다. 예수님의 그 사역에 아주 작게나마 동참하게 되기를 원합니다. 이웃, 친지, 지인들에게 하나님 나라의 복음을 전하는 일이 가장 기쁜 일이 되기를 기도합니다.

✝ 기도하기

하나님 아버지, 감사합니다. 비유로 말씀해 주시는 예수님의 말씀을 깨달을 눈과 귀를 허락해 주셔서 말씀을 그저 듣기만 하지 말고 깊이 새기며 삶으로 실천할 수 있도록 인도하여 주시기를 바랍니다. 오늘 말씀으로 믿음의 반석이 더욱 단단해져 알곡으로 살아가기를 기도합니다. 예수님의 이름으로 간절히 기도합니다. 아멘!

52

밭에 감추인 보화

천국은 마치 밭에 감추인 보화와 같으니 사람이 이를 발견한 후 숨겨 두고 기뻐하며 돌아가서 자기의 소유를 다 팔아 그 밭을 사느니라(마태복음 13:44)

예수님께서는 천국을 밭에 감추인 보화에 비유하셨습니다. 밭에서 보화를 발견한 사람은 그 보화를 밭에 숨겨 놓고 기뻐하며 돌아가서 전 재산을 팔아 그 밭을 삽니다. 우리에게 그 보화를 주시기 위해 가지고 계신 모든 것으로 밭을 사시는 분이 예수님이십니다.

또 천국은 좋은 진주를 구하는 장사와 같다고 하셨습니다. 조개의 상처가 오랜 세월 동안 자라서 좋은 진주가 되듯이 교회는 그리스도의 죽으심과 희생을 통해 설 수 있습니다. 자기의 소유를 다 팔아 좋은 진주를 산 장사는 죽음을 통해 믿는 자들에게 속전을 제공하신 예수 그리스도를 가리킵니다.

또 천국을 바다에 치고 많은 물고기를 끌어 올리는 그물에 비유하셨습니다. 어부는 물고기가 가득 찬 그물을 물가로 끌어내어 좋은 것은 그릇에 담고 못된 것은 내어 버렸습니다. 이는 세상 끝에 천사들이 의인 중에서 악인을 갈라내는 것이라 말씀하셨습니다. 이 분리는 예수 그리스도가 땅 위에 그의 나라를 세우시기 위해 재림하실 때 일어날 것입니다.

♥ 예수님은 누구십니까?

마지막 날에 심판주로서 오셔서 죄인들은 심판하시고 의인들은 지상 천국으로 들어가 그리스도와 함께 통치하게 하시는 심판주이시며 구속주이십니다.

♡ 씨 뿌리는 자의 비유, 곡식과 가라지 비유, 겨자씨 비유, 누룩 비유, 감추인 보화 비유, 진주 비유, 그물 비유 이 일곱 가지 비유를 통해서 예수님은 제자들에게 새로운 진리들을 제시하셨습니다. 하나님의 나라는 이미 예수님이 세상에 오심으로써 이 땅에 임하였습니다. 우리는 지금 교회의 시대에 살고 있습니다. 비록 교회의 타락과 신자들의 죄로 인해 지금 많은 불신자들의 공격을 받고 있지만 하나님의 뜻은 분명합니다. 교회와 성도들을 진심으로 회개하게 하시고, 다시 회복하게 하시는 것이 하나님의 뜻입니다. 좋은 땅이 되기 위한 방법은 말씀과 기도를 통한 삶의 변화로 전진하는 것입니다. 주님이 주신 보화를 얻기 위해 중단 없는 믿음의 삶을 살아가는 것입니다.

✝ 기도하기

하나님 아버지, 감사합니다. 하나님 나라에 대한 비유를 통해 하나님의 뜻을 깨우쳐 주신 것에 감사드립니다. 주님이 다시 오실 때까지 알곡으로 잘 자라서 마지막 날에 예수님과 함께 지상의 천년왕국을 통치하는 영광을 누리게 될 것을 믿고 예수님의 이름으로 간절히 기도합니다. 아멘!

53

세례 요한의 죽음

이는 세례 요한이라 그가 죽은 자 가운데서 살아났으니 그러므로 이런 능력이 그 속에서 역사하는도다 하더라(마태복음 14:2)

헤롯왕은 예수님이 행하신 놀라운 능력들에 대해 사람들이 말하는 것을 들었습니다. 그는 예수가 자기가 죽인 세례 요한이 살아난 것이라고 생각하고 두려워했습니다. 그는 얼마 전 자기 동생 빌립의 아내 헤로디아를 가로채 왕비를 삼은 일을 가지고 그 일이 옳지 않다고 비판한 세례 요한을 옥에 가둔 일이 있었습니다. 헤롯은 요한을 죽이려 했지만 백성들이 그를 선지자로 존경하기에 차마 죽이지는 못하고 옥에 가둔 것입니다. 그런데 헤롯의 생일에 헤로디아의 딸인 살로메가 춤을 추어 헤롯왕을 기쁘게 하자 헤롯은 그 딸에게 무엇이든지 원하는 것을 들어주겠다고 소원을 말하라고 했습니다. 그 딸이 자기 어머니 헤로디아의 시킴을 받고 요한의 목을 원한다고 했습니다. 헤롯왕은 근심했지만 사람들 앞에서 한 약속을 지키기 위해 할 수 없이 세례 요한의 목을 베고 소원을 들어주었습니다.

요한의 제자들은 요한의 시체를 장사한 후 예수께 보고했습니다. 헤롯의 행위는 예수께 대한 또 하나의 배척 행위였습니다. 헤롯은 왕이신 예수 그리스도를 증거하러 온 요한을 죽임으로써 그 뒤에 오신 왕 예수 그리스도를 배척한 것입니다.

♥ 예수님은 누구십니까?

세례 요한이 증거한 대로 우리의 죄를 사하시기 위해 십자가에 못 박혀 죽으시고 사흘 만에 부활하신 그리스도입니다.

♡ 역사책에는 헤롯이 세례 요한뿐 아니라 자신의 부모, 형제, 자식들, 친인척들도 마음에 들지 않으면 잔인하게 죽였다고 기록되어 있습니다. 헤롯의 친척으로 사느니 차라리 그가 소유한 암퇘지로 사는 것이 더 살 확률이 높다는 속담까지 있었다고 합니다. 세례 요한은 헤롯에 의해 억울하게 순교했을지 모르지만 예수님을 증거하기 위해 먼저 세상에 온 그의 삶은 길이길이 남을 것입니다. 예수님을 배척하고 평생을 포악하게 산 헤롯과 예수님을 증거하다가 순교한 세례 요한에 대한 평가는 후대의 역사가 증명해 줍니다. 세례 요한 같은 특별한 사명자도 있지만 대부분은 예수님께 무거운 짐을 다 내려놓고 주님이 주시는 쉽고 가벼운 멍에를 메고 예수님이 주시는 은총의 삶을 살아갑니다. 오늘도 주님의 날개 아래에 평안하게 쉬고 있음을 감사드립니다.

✝ 기도하기

하나님 아버지, 예수님의 희생으로 제게 주신 이 평안과 은혜에 아주 작게나마 보답하고자 하오니 저의 인생도 받아 주셔서 주님을 증거하고 주님을 기쁘게 해드리는 삶을 살아가기를 예수님의 이름으로 기도합니다. 아멘!

54

오천 명을 먹이시다

떡 다섯 개와 물고기 두 마리를 가지사 하늘을 우러러 축사하시고 떡을 떼어 제자들에게 주시매 제자들이 무리에게 주니(마태복음 14:19)

세례 요한이 죽었다는 소식을 들으신 예수님께서는 그때부터 십자가 사역을 염두에 두시고 주로 제자들을 가르치셨습니다. 그러나 사람들은 예수님을 찾아서 갈릴리 바다의 북변 연안을 따라 예수님께로 왔습니다. 예수님은 그들을 불쌍히 여기시고 찾아온 병자들을 고쳐 주셨습니다.

저녁 식사 때가 되자 제자들은 모인 사람들을 마을로 보내 먹을 것을 사 먹게 하려고 했습니다. 그곳은 외진 빈 들판이라 많은 사람들을 먹일 만한 식량이 없었기 때문입니다. 그런데 주님은 "갈 것 없다. 너희가 먹을 것을 주라"고 하셨습니다. 그러나 그들이 가진 것은 떡 다섯 개와 물고기 두 마리뿐이었습니다. 이것들을 예수님께로 가져왔을 때 기적이 일어났습니다. 떡과 물고기가 끊임없이 늘어나서 사람들이 다 배불리 먹고도 열두 바구니에 남은 음식을 가득 채웠습니다. 약 오천 명의 남자와 수많은 어린아이들과 여자들이 이 식사에 참여했는데 모두 합해서 아마도 만 오천 명에서 이만 명 정도는 족히 되었을 것입니다. 이 기적은 유월절 직전에 벳새다에서 일어났습니다.

♥ 예수님은 누구십니까?

하나님의 자녀들에게 구원을 베풀어 주실 뿐 아니라 오병이어의 기적을 행하시는 사랑과 자비의 하나님이십니다.

♡ 떡 다섯 개와 물고기 두 마리가 소년의 손에 있을 때에는 매우 작고 보잘것없어 보였습니다. 그러나 일단 주님의 손에 들리자 오천 명이 먹고도 남는 역사가 일어나게 되었습니다. 예수님은 혼자서도 오천 명의 무리들을 먹이실 수 있었지만 제자들에게 너희가 먹을 것을 주라고 먼저 말씀하셔서 제자들이 예수님의 기적에 동참하게 하십니다. 소년의 작고 보잘것없는 도시락과 제자들의 노력이 예수님께로 가서 기적이 되는 것처럼 우리가 가지고 있는 것이 아무리 보잘것없어도 그것을 주님께 드리면 놀라운 일이 일어날 것입니다. 작은 노력을 붙들고 함께하면 기적이 일어날 것입니다. 우리가 모든 것을 다해 예수님을 신뢰하고 그분이 주실 것을 믿는다면 그분의 손안에서 기적이 일어날 것입니다.

✝ 기도하기

하나님 아버지, 예수님께서 함께하신다면 작은 나눔의 실천이 큰 기적의 시작이 될 수 있음을 오늘 말씀을 통해서 알게 해 주셔서 감사합니다. 오병이어의 기적은 지금도 일어날 수 있음을 믿고 예수님을 온전히 신뢰하며 살아가기를 예수님의 이름으로 기도합니다. 아멘!

55

“안심하라, 나니 두려워하지 말라”

예수께서 즉시 이르시되 안심하라 나니 두려워하지 말라(마태복음 14:27)

예수님은 자신이 행하신 기적을 보고 제자들이 동요하지 않도록 배를 태워 바다 건너편으로 가게 하고 홀로 기도하시러 산에 올라가셨습니다. 그러나 제자들이 탄 배가 바다 가운데에서 풍랑을 만나 밤새 힘겹게 노를 저으며 두려움에 떨게 되었습니다. 그때 예수께서 바다 위로 약 십여 리쯤 걸어서 제자들에게 오셨습니다. 제자들이 유령을 만난 것으로 생각하고 소리 지르자 예수님께서 “안심하라, 나니 두려워하지 말라”고 제자들을 안심시키셨습니다.

베드로는 정말 주님이신지 의심이 되었습니다. 그는 ‘만일 주시라면 나를 명하사 물 위로 걸어오라고 명하소서’ 하고 청했습니다. 주님은 “오라”고 하셨습니다. 베드로는 배에서 내려 주님을 향해 걸어갔지만 출렁이는 파도를 만나자 그만 공포에 질려 버렸습니다. 그는 물에 빠져 들어가면서 주님께 “나를 구원하소서” 하고 소리쳤습니다. 주님은 그를 즉시 붙잡아 주시며 “믿음이 작은 자여, 왜 의심하였느냐” 하셨습니다. 예수님께서 배에 이르시자 풍랑은 잦아들었고 놀란 제자들과 배에 있던 사람들은 예수가 진실로 하나님의 아들이심을 고백하였습니다.

♥ 예수님은 누구십니까?

바람과 파도를 잠잠케 하시듯이 인생의 폭풍을 잠잠하게 하시며 물 위를 걸어오셔서 우리를 구원하시는 메시아 하나님이십니다.

♡ "안심하라, 나니 두려워하지 말라." 우리를 어떤 상황에서도 지켜보시고 안심시켜 주시는 예수님! 제게는 예수님이 계십니다. 저를 지옥 끝까지도 찾아가셔서 다시 데려오실 예수님! 바다 깊숙한 곳에까지도 내려가서 다시 건져 올리실 예수님! 그 예수님을 제가 저의 구주로 모시며 주님의 제자를 자처하며 따르고 있는 것이 얼마나 든든하고 기쁜 일인지 오늘 말씀에서 깨닫게 됩니다. 그러나 베드로처럼 예수님을 그냥 감정적으로 믿게 된다면 예수님이 전능하신 하나님이신 것에 대한 확신이 부족할 것입니다. 말씀으로 오신 진리의 하나님이심을 흔들림 없이 믿기를 원합니다. 우리에게 길이요, 진리요, 생명이신 예수님을 알게 해주는 말씀을 더욱 깊이 알기를 원합니다.

✝ 기도하기

하나님 아버지, 제가 예수님을 믿고 따르기를 원하는 것 자체가 기적이라 생각합니다. 예수님이 저를 구원하신 구원자이시며 영생을 주시는 하나님이심을 믿게 하신 것에 깊이 감사드리며 주 예수 그리스도를 매일의 저의 삶 가운데 사랑하고 따르게 되기를 예수님의 이름으로 기도합니다. 아멘!

56

고르반 드림

입으로 들어가는 것이 사람을 더럽게 하는 것이 아니라 입에서 나오는 그것이 사람을 더럽게 하는 것이니라(마태복음 15:11)

바리새인들과 서기관들은 예수님의 제자들이 떡을 먹을 때 손을 안 씻는 것을 보고 어찌 장로들의 전통을 범하고 있는지 예수님께 따졌습니다. 그러자 예수님께서는 그들이 철저히 지키고 있는 '고르반 드림'의 전통으로 하나님의 계명을 어기고 있는 것을 책망하셨습니다. 그들은 하나님께 예물을 드렸다고 핑계를 대며 그들의 부모를 제대로 봉양하지 않고 있었습니다. 이는 겉으로는 하나님께 드리는 영적인 행위로 보이지만 실상은 자기 소유를 부모에게 주지 않으려는 꼼수였습니다. 그들의 행위에 대해 이사야는 오래전에 이미 예언했습니다.

"이 백성이 입술로는 나를 공경하지만 마음은 내게서 멀다. 사람의 계명으로 교훈을 삼아 가르치니 나를 헛되이 경배하는 것이다."[31)]

예수님은 그들의 위선적인 행위를 정죄하셨습니다. 부모를 부양해야 하는 책임을 교묘하게 회피하는 것은 십계명 중 5계명[32)]을 의도적으로 범한 것과 같은 것이었습니다.

예수님은 바리새인들이 하나님 아버지께서 심지 않으셨으므로 뽑힐 것이라고 덧붙이셨습니다. 그들은 스스로 멸망의 길을 택한 것이므로 그냥 두라고 하셨습

31) 이사야 29:13의 인용.

32) 네 부모를 공경하라.

니다. 그들은 눈먼 백성을 인도하는 눈먼 안내자들이었으며 결국은 모두 구덩이에 빠질 것입니다.

베드로는 예수님이 가르치시는 것을 더 자세하게 설명해 달라고 요청했습니다. 예수님께서는 이 말씀을 확대하여 사람의 불결함은 밖에서 시작되지 않는다고 하시며 밖에서 입으로 들어가는 것은 단순히 소화기관을 통하여 뒤로 내버려지지만 입에서 나오는 것들이야말로 사람의 마음속 실존을 대변하고 사람을 더럽게 한다고 말씀하셨습니다. 악한 생각과 살인과 간음과 음란과 도둑질과 거짓 증언과 비방이야말로 사람의 악한 마음에서 나오며 이것들이야말로 영적으로 불결한 것들이지 씻지 않은 손으로 먹는 것이 더러운 것이 아니라고 말씀하셨습니다.

♥ 예수님은 누구십니까?

인간의 악한 본성을 꿰뚫어 보시고 그 악함을 드러내시며 진리를 가르쳐 주시는 그리스도이십니다.

♡ 오늘 말씀에서 바리새인들과 서기관들이 자신들의 전통을 앞세워 자기들의 눈에 거슬리는 예수님의 제자들의 행동을 따지고 공격하는 그 위선과 거짓의 모습을 읽게 됩니다. 예수님은 그들의 공격에 직접 대응하지 않으시고 그들이 범하는 '고르반 드림'에 대해 예를 드셨습니다. 그들의 고르반 풍습은 재산과 성물을 성전에 바치기로 맹세하는 풍습이었습니다. 그런데 사실은 정말 바치고 싶어서 하는 맹세가 아니라 늙은 부모를 위해 물질을 사용하기 아까워서 '고르반 드림'이 되었다며 계속 자기 소유로 묶어 놓는 행동이었습니다. 예수님은 그들의 위선을 날카롭게 지적하신 것입니다. 그들은 자신들의 전통을 지킨다는 명분으로 사실은 하나님의 뜻을 무시하고 무효화하며 외식하는 위선자들이었습니다.

오늘 말씀을 묵상하며 제게도 그런 고르반 드림이 있는지 자신을 돌아보고 회개하게 됩니다. 정성과 진심이 담기지 않은 형식적 신앙, 남들에게 보이기 위한 믿음, 그런 것으로는 하나님을 기쁘게 해 드릴 수 없다는 것을 알게 됩니다. 하나님이 기쁘게 받으시는 예배는 저의 온 마음과 진심과 정성을 담아 하나님을 사랑하고 이웃을 사랑하는 것임을 깨우쳐 줍니다.

† 기도하기

하나님 아버지, 악한 것밖에 들어 있지 않은 인간의 마음을 꿰뚫어 보시면서도 그를 믿고 따르는 이들에게 용서와 자비를 보여 주시며 변화된 삶을 살도록 인도하시는 주님의 그 사랑에 깊이 감사드립니다. 형식적, 위선적인 믿음이 되지 않기를 간절히 기도합니다. 하나님의 말씀을 매일 삶에서 지켜 행하여 하나님 사랑과 이웃 사랑을 실천하기를 예수님의 이름으로 기도합니다. 아멘!

57

"여자여, 네 믿음이 크도다"

여자가 이르되 주여 옳소이다마는 개들도 제 주인의 상에서 떨어지는 부스러기를 먹나이다 하니(마태복음 15:27)

예수님께서 두로와 시돈 지방에 들어가시니 한 가나안 여자가 예수께 나아와 귀신 들린 자신의 딸을 고쳐 달라고 애원하였습니다. 제자들이 그 이방 여자를 쫓아 버리라고 예수께 청을 하자 예수님은 그 여자에게 냉담한 어조로 '나는 이스라엘의 잃어버린 양 외에는 다른 데로 보내심을 받지 않았다'고 하시며 그 여자를 시험하셨습니다.

그러나 여자는 예수님의 냉정한 거절에도 개의치 않고 예수께 와서 절하며 다시 간청했습니다. 그때 예수님께서는 더욱 차갑게 '자녀들의 떡을 취해 개들에게 던짐이 마땅하지 않다'고 여자를 개 취급을 하셨습니다.

"예수님, 옳습니다. 그렇지만 개들도 주인의 상에서 떨어지는 부스러기를 먹습니다." 여자는 자신을 개 취급하는 예수님께 그 말씀이 맞는다고 하며 그러나 자비를 베풀어 주셔서 주인의 상에서 떨어지는 부스러기라도 먹게 해 달라고 자신을 지극히 낮추었습니다.

예수님은 "여자여, 네 믿음이 크도다. 네 소원대로 되리라" 하고 그 여자를 크게 칭찬하시며 딸의 병을 고쳐 주셨습니다.

♥ 예수님은 누구십니까?

겸손히 예수님 앞에 무릎 꿇고 자비를 구하는 모든 자들을 기쁘게 보시고 생명을 얻는 구원과 한없는 축복을 베풀어 주시는 그리스도이십니다.

♡ 이 가나안 여자는 자신의 딸의 병을 고침받기 위해 개 취급을 당해도 개의치 않고 예수님께 간청했습니다. 자신은 어떻게 취급받든 오직 딸의 병 고침을 위한 일이라면 무엇이든 감수하며 딸을 살리겠다는 여자의 믿음과 낮아짐이야말로 세상에서 가장 아름다운 모습이라 생각합니다. 예수님은 이 가나안 여인의 믿음이 크다고 칭찬하셨습니다. 자기를 낮추고 죽기까지 복종하신 예수님께서는 우리를 사랑하기 위해서 지옥까지도 불사하신 그 사랑을 보여 주셨습니다. 궁극적으로는 십자가에서 그 사랑의 진수를 다 나타내셨습니다. 예수님의 인간에 대한 사랑과 낮아지심을 오늘 더욱 깊이 깨닫고 감사드립니다.

✝ 기도하기

예수님, 감사합니다. 가나안 여인의 자기를 낮추고 또 낮추는 모습을 본받기를 원합니다. 늘 교만하고 높아지려고 하는 저의 심성을 고쳐 주시고 낮음과 겸손으로 살아갈 수 있기를 원합니다. 예수님의 낮추시고 죽기까지 복종하신 사랑을 오늘 다시 되새기며 가족들 및 이웃들을 늘 사랑하고 돌볼 수 있기를 예수님의 이름으로 기도합니다. 아멘!

58

요나의 표적

악하고 음란한 세대가 표적을 구하나 요나의 표적밖에는 보여 줄 표적이 없느니라 하시고 그들을 떠나가시니라(마태복음 16:4)

바리새인들과 사두개인들은 계속 예수님을 시험하기 위해 트집을 잡았습니다. 이번에는 예수님이 하나님의 아들이시라면 하늘로부터 온 표적을 나타내 보이라고 합니다. 그러나 예수님께서는 그들의 검은 속을 간파하시고 요나의 표적밖에는 보일 것이 없다고 잘라 말씀하셨습니다. 요나의 표적은 요나가 물고기 뱃속에 삼 일을 갇혀 있다가 구원받은 사건으로 이는 예수님께서 십자가에 달려 돌아가시고 사흘 만에 부활하실 것을 표적으로 말씀하신 것입니다.

예수님은 제자들에게 바리새인들과 사두개인들의 누룩을 주의하라고 말씀하셨습니다. 이는 그들이 주장하는 교훈을 삼가고 듣지 말라 하신 말씀입니다. 그들은 하나님의 진리를 깨닫지 못하고 종교적 세계에 갇혀 외식하는 자들이었습니다.

그들의 교훈은 마치 전염성이 어마어마하게 높은 누룩과 같아서 백성들의 마음을 파고들어 점점 부패시키는 것을 주의하라고 말씀하신 것입니다. 그들은 고의적으로 빛을 거부하고 오히려 그것을 어둠이라고 우기고 주장하는 악한 성향을 가진 사람들이었습니다.

♥ 예수님은 누구십니까?

요나가 사흘 밤낮 물고기 뱃속에 있다가 구원받은 것처럼 예수 그리스도는 우리의 죄를 구속하시기 위해 십자가에 못 박혀 돌아가시고 사흘 만에 부활하신 그리스도이십니다.

♡ 종교지도자들은 예수님이 수많은 기적을 행하시는 것을 목격하고도 예수님을 계속 믿지 못하고 시험하였습니다. 오병이어와 칠병이어의 기적으로 풍성한 식탁으로 만드시고, 이스라엘 지파를 상징하는 '열둘'과 온 민족에 전해질 복음을 상징하는 '일곱' 광주리를 남기십니다. 예수님이 지금껏 보이신 기적은 그분이 그리스도이심을 증명하기에 충분했습니다. 누룩이란 존재에 대해 생각해 봅니다. 적은 누룩이 퍼져 얼마나 크게 빵을 부풀릴 것인가를 상상해 봅니다. 바리새인들과 사두개인들의 악은 백성들과 제자들의 마음을 파고들어서 어느덧 자기도 모르게 오염되고 자라 나중에는 걷잡을 수 없이 세를 확장해 나가게 되었습니다. 예수님은 제자들에게 그들과 같이 되지 않도록 영혼이 깨어 있으라고 당부하셨습니다.

✝ 기도하기

바리새인들과 사두개인들의 누룩은 이 시대에도 저희들을 유혹하고 시험하고 있습니다. 그래서 더욱 말씀과 예배와 기도로 전신 갑주를 입고 대장 되신 예수님을 따르는 병사로 살아갈 수 있기를 예수님의 이름으로 간절히 기도합니다. 아멘!

59

베드로의 고백

시몬 베드로가 대답하여 이르되 주는 그리스도시요 살아 계신 하나님의 아들이시니이다(마태복음 16:16)

예수께서 빌립보 가이사랴에 이르러 제자들에게 사람들이 나를 누구라고 하느냐고 물으셨습니다. 제자들은 어떤 사람은 세례 요한이라고, 어떤 사람은 엘리야라고, 어떤 사람은 예레미야나 선지자 중의 한 사람이라고 한다고 대답했습니다. 이 말은 다 틀린 말이었습니다. 사람들은 예수님이 누군지 몰랐습니다.

이때 예수님께서 제자들에게 다시 물으셨습니다. "너희들은 나를 누구라 하느냐, 내가 누구라고 너희들은 알고 있느냐?" 그때 베드로가 "주는 그리스도시요 살아 계신 하나님의 아들이십니다"라고 대답했습니다. 베드로는 예수님을 똑바로 알았습니다. 예수님은 베드로와 같은 믿음을 가진 사람들이 모여서 예수님의 교회가 세워질 것을 말씀하시며 내가 천국 열쇠를 주겠다고 말씀하셨습니다. 이 천국 열쇠는 무엇이든지 땅에서 매면 하늘에서도 매이고 땅에서 풀면 하늘에서도 풀리는 권능을 말씀하신 것입니다. 예수님의 제자인 우리는 예수님께 천국 열쇠를 받은 사람들입니다. 제자들은 오랫동안 주 예수님을 관찰하고 예수님의 기적들을 목격하며 예수님의 말씀을 들어온 끝에 이러한 결론에 도달하게 된 것입니다.

♥ 예수님은 누구십니까?

하나님이 택하신 구원자, 곧 기름 부음을 받은 하나님의 아들로서 하나님의 인간을 향하신 모든 약속을 이루신 그리스도이십니다.

♡ 오늘 베드로의 그 유명한 고백을 들으며 예수님이 그리스도이시며 하나님의 아들로서 이 세상에 오셔서 우리를 구원하신 구속주이심을 다시 마음에 새깁니다. 저는 그리스도로 인해 새 생명을 부여받은 하나님의 자녀이며 그리스도의 제자로 살도록 부르셨습니다. 제게 주신 사명은 저의 삶을 통해 하나님의 살아계심을 증거하는 것입니다. 그리스도의 사랑의 복음을 이웃에 전하며 주님이 제게 주신 사랑을 나누는 일입니다. 주는 그리스도이시며 살아 계신 하나님의 아들이십니다. 이 믿음 외에 무엇이 더 필요하겠습니까? 예수님이 이 땅에서 제자들에게 주신 사명을 능히 감당하며 매일의 삶에 부족함이 없는 제자로 살아갈 수 있도록 인도해 주시기를 간절히 기도합니다.

✝ 기도하기

하나님 아버지, 감사합니다. 주는 그리스도이시며 살아 계신 하나님의 아들이시라는 진리를 믿게 된 것에 진심으로 감사드립니다. 예수님이 이 땅에서 저에게도 주신 사명을 능히 감당하며 살아갈 수 있기를 원합니다. 매일 주님과 동행하는 삶이 되기를 예수님의 이름으로 기도합니다. 아멘!

60

반석 위에 내 교회를 세우리라

내가 천국 열쇠를 네게 주리니 네가 땅에서 무엇이든지 매면 하늘에서도 매일 것이요 네가 땅에서 무엇이든지 풀면 하늘에서도 풀리리라(마태복음 16:19)

주님은 베드로의 대답을 칭찬하셨습니다. 예수님이 누구신지를 분명하게 말한 베드로에게 복 있는 자라고 말씀하셨습니다. 그러나 예수님은 베드로가 그의 능력이나 다른 사람의 능력으로 한 말이 아니라 하늘에 계신 하나님께서 그에게 계시하신 것이라고 하셨습니다. 예수님은 베드로를 처음 만나셨을 때 시몬을 베드로(반석)로 부르신 적이 있습니다.

예수님은 반석 위에 교회를 세우실 것이라고 선포하셨습니다. 예수님은 음부의 권세도 이 계획을 이기지 못할 것임을 선포하셨습니다. 이는 앞으로 예수님이 죽으실 것과 부활하실 것을 통해 죽음을 이기실 승리를 예언하신 것입니다.

예수님은 베드로에게 천국 열쇠가 주어질 것임을 말씀하셨습니다. 또 베드로가 땅에서든 하늘에서든 사람들을 매고 풀 수 있는 능력을 가질 것이라고 선포하셨습니다. 베드로가 땅에서 매고 풀 수 있는 특권은 오순절 날 성령이 역사하셨을 때 잘 나타났습니다. 베드로의 설교로 하루에 삼천 명을 전도하는 예수님이 말씀하신 놀라운 능력이 나타났습니다.

♥ 예수님은 누구십니까?

그를 믿는 자에게 천국 열쇠를 주시며 교회의 머리가 되셔서 음부의 권세가 절대로 이길 수 없도록 지켜 주시고 보호해 주시는 그리스도이십니다.

♡ 주는 그리스도시요, 살아 계신 하나님의 아들이심을 고백한 베드로는 부활하신 예수님을 만나서 완전히 변화되어 그 이름대로 반석이 되었습니다. 베드로는 예수님의 수석 제자로서 사람을 낚는 어부가 되어 하루에 삼천 명, 오천 명을 전도하는 위대한 사도가 되었습니다. 예수님이 베드로에게 주신 천국 열쇠는 무엇이든지 땅에서 매면 하늘에서도 매이고 땅에서 풀면 하늘에서도 풀리는 권능을 말씀하신 것입니다. 예수님의 제자인 우리는 예수님께 천국 열쇠를 받은 사람들입니다. 저도 베드로처럼 매일의 삶에서 예수님이 그리스도이시며 살아 계신 하나님의 아들이심을 믿고 예수님을 따르며 살기를 오늘 말씀을 통해서 다짐합니다.

✝ 기도하기

하나님 아버지, 감사합니다. 시몬에게 베드로라는 이름을 붙여 주시고 네가 복이 있다고 말씀해 주신 예수님께서는 오늘 제게도 말씀하십니다. 반석 위에 집을 짓는 자가 되라고 하십니다. 저를 천국 백성으로 삼아 주신 것을 너무나 감사드리며 예수님의 이름으로 간절히 기도합니다. 아멘!

61

제자도

이에 예수께서 제자들에게 이르시되 누구든지 나를 따라오려거든 자기를 부인하고 자기 십자가를 지고 나를 따를 것이니라(마태복음 16:24)

이때로부터 예수님은 제자들에게 예루살렘으로 올라가 거기서 종교지도자들에게 많은 고난을 받고 끝내 죽임을 당하시고 제삼 일에 죽은 자들 가운데서 다시 살아나야 할 것을 말씀하셨습니다. 베드로는 주님께 항변하며 절대로 그런 일이 일어나지 않게 될 것이라 장담했습니다. 베드로는 메시아이신 예수님이 어떻게 종교지도자들에게 죽임을 당하는지 도무지 이해할 수 없었습니다.

그러나 베드로의 말을 들으신 예수님은 "사탄아, 물러가라. 너는 나를 넘어지게 하는 자로다" 하시며 베드로를 책망하셨습니다. 베드로는 예수님이 죽지 않기를 바라는 인간적인 생각을 했지만 사실 예수님의 죽음이야말로 예수님이 세상에 오신 가장 중요한 이유였습니다. 이에 예수님은 누구든지 나를 따라오려면 자기를 부인하고 고난과 슬픔의 십자가를 지고 따라야 한다고 하시며 제자가 행해야 할 도에 대해 말씀하셨습니다. 참된 제자의 도는 어떤 길로 인도하든지 그리스도를 따르며 그분의 뜻을 행하는 것임을 말씀하셨습니다.

♥ 예수님은 누구십니까?

우리를 구원하시기 위해 십자가에 못 박혀 죽으시고 사흘 만에 부활하신 것

을 믿고 따르는 자들을 제자로 삼으시는 그리스도입니다.

♡ 예수님은 이 땅에 영광을 받으시기 위해 오신 것이 아니라 십자가에서 고난당하시고 죽으시기 위해 오신 것입니다. 예수님은 그 길을 조금도 부끄러워하지 않으셨습니다. 예수님이 우리를 구원하러 오신 것은 정치적인 해방을 하러 오신 것이 아니라 죽음과 부활을 통해 하나님의 뜻에 순종하러 오신 것입니다. 따라서 자기 목숨을 얻고자 하는 사람은 영생을 잃게 될 것이고 주님의 복음을 위해 자기를 희생하는 사람은 영생을 얻게 될 것입니다. 예수님을 제가 믿게 된 것은 하나님께서 저를 선택하셔서 믿게 된 것입니다. 진정한 제자의 길은 예수님이 가신 길을 따라가는 것입니다. 저도 끝까지 인내할 때 영생의 삶을 주실 것입니다. 예수님은 그리스도이십니다.

✝ 기도하기

예수님께서 제자들에게 제자도에 대해 말씀해 주신 것은 오늘 예수님을 따르고 사랑하는 모든 이들에게도 말씀해 주신 것이라 생각하고 감사드립니다. 제 생명보다 예수님을 따르고자 하는 사명을 더 소중히 여기려 애를 쓰며 살게 되기를 예수님의 이름으로 기도합니다. 아멘!

62

변화산과 십자가

그들 앞에서 변형되사 그 얼굴이 해같이 빛나며 옷이 빛과 같이 희어졌더라(마태복음 17:2)

엿새 후에 예수님께서는 베드로, 야고보, 요한을 데리시고 변화산에 가셨습니다. 그때 산에 오르신 예수님께서 옷이 광채가 나고 더할 수 없을 만큼 희게 되시며 제자들 앞에서 변형되셨습니다. 예수님의 좌우에는 모세와 엘리야가 신령하게 서 있었습니다. 이는 예수님께서 영광스럽게 미래에 변모하실 모습을 미리 보여 주신 사건이었습니다. 메시아 시대가 앞으로 도래할 것임을 제자들 앞에서 보여 주신 것입니다.

아무것도 모르는 베드로는 그 모습에 열광하며 예수, 모세, 엘리야를 기리는 초막을 짓겠다고 제안하였습니다. 베드로는 그저 영광된 순간을 기리고 싶었던 것입니다. 베드로가 말하고 있는 동안 빛나는 구름으로부터 하나님의 음성이 들려왔습니다. "이는 내 사랑하는 아들이요 내 기뻐하는 자니 너희는 그의 말을 들으라." 하나님의 말씀을 듣고 제자들은 두려워 엎드렸습니다. 그때 예수님이 제자들더러 일어나라고 안심시키시자 모세와 엘리야는 떠났고 오직 예수님 외에는 아무도 보이지 않았습니다. 예수님은 아직 때가 이르지 않았으니 변화산 사건을 사람들에게 드러내지 말라 이르셨습니다.

♥ 예수님은 누구십니까?

하늘에 계신 하나님이 아들이심을 확증하신 분이시며 구약의 선지자인 모세와 엘리야를 통해 증명받으신 메시아이십니다.

♡ 갈보리산의 십자가 고난이 없이는 변화산의 영광도 없습니다. 베드로처럼 우리는 예수님이 주시는 영광만을 받으려고 합니다. 십자가는 지기 싫어하면서 면류관을 받고 싶어 합니다. 제가 살고 있는 이 시대에 저의 환경, 형편과 처지를 충분히 인식하며 오늘 이 자리에서 제가 지고 가야 할 십자가가 무엇인지 자기 부인이 무엇인지를 분명하게 알고 가야 할 것임을 오늘 말씀을 묵상하며 더욱 다짐합니다. 그러나 예수님은 우리가 결코 감당하기 힘든 무거운 짐과 멍에를 주시지 않습니다. 주님이 주시는 멍에는 쉽고 가벼운 것이라고 하십니다. 그리고 대신에 제가 져야 할 짐과 멍에를 주님이 대신 져 주신다는 것을 잊지 말아야 할 것입니다.

✝ 기도하기

예수님, 감사합니다. 늘 저희들이 지고 가야 할 짐을 대신 짊어지시고 묵묵히 십자가를 향하여 걸어가셨던 예수 그리스도의 그 사랑을 잊지 않기를 기도합니다. 저희가 져야 할 무거운 멍에 대신 저희에게 주신 쉽고 가벼운 십자가를 지고 기쁨으로 예수님을 따르기를 원합니다. 예수님의 이름으로 기도합니다. 아멘.

63

믿음의 기도

이르시되 너희 믿음이 작은 까닭이니라 진실로 너희에게 이르노니 만일 너희에게 믿음이 겨자씨 한 알 만큼만 있어도 이 산을 명하여 여기서 저기로 옮겨지라 하면 옮겨질 것이요 또 너희가 못 할 것이 없으리라(마태복음 17:20)

예수님이 변화산에서 영광을 받으시는 동안 산 아래에서 멀찍이 떨어져 있던 다른 제자들은 간질병에 걸린 아이 하나를 고치지 못하며 전전긍긍하고 있었습니다. 변화산에 올라가신 예수님의 부재로 인해 제자들은 어느덧 믿음을 잃어버렸던 것입니다.

예수님께서는 제자들의 믿음 없음을 책망하시며 귀신에게 명하여 그 아이에게서 나오라고 꾸짖으셨습니다. 그러자 귀신이 소리 지르고 경련을 일으키며 그 아이에게서 나왔습니다. 예수님께서 죽은 것같이 처져 있는 아이의 손을 잡아 일으키시자 곧 그 아이가 일어나서 섰습니다.

제자들은 왜 자신들은 그 아이를 치료할 수 없었느냐고 예수님께 물었습니다. 그러자 예수님은 제자들이 믿음이 없기 때문이라고 그 이유를 말씀하셨습니다. 예전에 만나신 로마의 백부장이나 가나안 여인과 같은 믿음이 제자들에게는 없었기 때문입니다. 예수님은 겨자씨만큼의 아주 작은 믿음이라도 있다면 큰 산을 옮기기에 족하다고 말씀하셨습니다. 이는 믿음의 기도로 예수님과 연합할 때에 하나님의 뜻이 제자들에게 임하여 제자들의 사역이 성취될 수 있음을 말씀하신 것입니다.

♥ 예수님은 누구십니까?

모든 질병을 고치시고 귀신의 세력을 꺾으시는 하나님의 아들이시며, 제자들과 연합하셔서 하나님의 뜻을 이루시는 그리스도이십니다.

♡ 예수님의 제자가 되기 위해서 반드시 필요한 두 가지는 믿음과 기도입니다. 예수님을 따라다니던 제자들이 소년의 병을 고치지 못한 것은 그들에게 겨자씨만 한 작은 믿음도 없었기 때문입니다. 제자들은 예수님이 옆에 계실 때는 안심하고 평안한 마음으로 주님의 능력을 힘입어 발휘하지만 옆에 안 계실 때는 흔들리고 의심하고 자신 없어 하고 두려워했습니다. 예수님이 옆에 계시든 안 계시든 확고한 확신과 믿음이 있다면 예수님의 능력이 제자들에게도 나타날 수 있었을 것입니다. 또 제자들은 기도가 부족했습니다. 예수님께서 마지막 잡히시기 전 감람산에서 홀로 기도하실 때에도 세 명의 제자들은 자고 있었습니다. 제자들만 그런 것이 아닙니다. 오늘의 제 모습도 비슷합니다. 기도해야 할 절박한 일이 생기면 열심히 새벽에 일어나 기도하며 충만한 하루를 보내다가도 일이 해결되어 마음이 편해지면 금방 늦잠을 자고 일어나 절실히 기도하지 않고 건성으로 기도할 때가 종종 있습니다. 그런 믿음은 겨자씨만큼도 없는 믿음이라고 말씀하십니다. 그동안 제 믿음에 대해 과대평가하고 있었는지도 모릅니다. 흔들리지 않는 확고한 믿음을 갖기를 오늘 말씀을 통해서 다짐합니다.

† 기도하기

하나님 아버지, 저의 믿음을 과대평가하지 않기를 기도합니다. 그동안 저는 저의 믿음을 얼마나 크게 부풀려 생각해 왔는지 부끄럽습니다. 오늘 말씀을 계기로 저를 냉정하게 바로 보고 저의 믿음 없음을 인정하고 성령에 의지하여 믿음을 지닐 수 있기를 간구합니다. 또 믿음을 가지기 위해서는 하나님 아버지의 말씀과 기도로 나아갈 수 있기를 예수님의 이름으로 기도합니다. 아멘!

♣ 묵상 나눔

우리는 믿음이 작다고 큰 믿음을 달라고 구하지만 예수님은 겨자씨 한 알만큼의 믿음만 있어도 못 할 일이 없다고 하십니다. 그만큼 우리가 생각하는 믿음은 주님이 말씀하시는 믿음과는 다른 것임을 깨닫습니다. 예수 그리스도를 믿는 우리의 믿음이 아니라 예수 그리스도의 믿음을 얻기를 간절히 구합니다.

아멘! 저도 제가 생각하는 믿음이 아니라 예수 그리스도의 믿음을 얻기를 간절히 구합니다. 예수 그리스도의 믿음을 얻어 참된 구원을 얻는 것이 참믿음입니다.

64

제삼 일에 다시 살아나리라

예수께서 제자들에게 이르시되 인자가 장차 사람들의 손에 넘겨져 죽임을 당하고 제삼 일에 살아나리라 하시니 제자들이 매우 근심하더라(마태복음 17:22-23)

예수님은 두 번째로 제자들에게 그가 배반을 당하여 악한 사람들에게 죽임을 당하실 것이고 제삼 일에 다시 살아나리라고 말씀하셨습니다. 제자들은 이번엔 예수님의 죽으심에 대해 반대하지 않았습니다. 그러나 주님의 말씀에 그들은 심히 근심했습니다.

예수님과 제자들이 가버나움에 이르자 세리들이 예수님이 세금을 아직 납부하지 않았다며 베드로에게 내라고 채근했습니다. 그들이 주님이 세금을 미납한 것에 대해 따져 물은 것은 예수님이 율법을 범했다는 것을 폭로하고자 한 것입니다.

왕이신 예수님은 세금을 낼 필요가 없었지만 주님은 이 작은 일을 문제 삼지 않기로 하시고 베드로에게 바다에 가서 낚시를 하여 가장 먼저 잡히는 물고기의 입을 열어 돈 한 세겔을 꺼내 그들에게 갖다주라고 명하셨습니다. 베드로는 예수님의 말씀대로 하여 물고기를 낚아 돈을 꺼내어 세금으로 납부하였습니다. 예수님은 모든 만물을 다스리는 권세를 보여 주셨습니다.

♥ 예수님은 누구십니까?

하나님과 동등하시기에 초자연적인 기적을 행하시며 우리의 죄를 대신하시

기 위해서 십자가에 못 박혀 돌아가시고 제삼 일 만에 부활하신 그리스도이십니다.

♡ 예수님이 두 번째로 십자가의 죽음과 부활을 말씀하셨을 때 제자들은 매우 근심했습니다. 제자들은 그때까지도 예수님이 십자가에서 못 박히시고 사흘 만에 부활하시게 될 것을 잘 알지 못했습니다. 제자들은 그저 예수님이 그들을 로마의 압제에서 해방시켜 주실 정치적 메시아로서 로마를 능가하는 기적과 능력을 가지신 하나님의 아들이라고만 생각했을 것입니다. 그런데 예수님이 고난당하시고 죽임까지 당하신다니 이해할 수가 없었던 것입니다. 그러나 제자들은 예수님이 부활하신 후 오순절 성령이 강력하게 임하여 놀라울 만큼 강하고 담대하게 변화되었습니다. 그 뒤부터 예수님의 제자들은 모두 예수님을 담대히 증거하고 용감하게 따르는 삶을 살았습니다.

✝ 기도하기

하나님 아버지, 감사합니다. 예수님의 십자가 죽음과 제삼 일에 살아나신 부활이 있었기에 제가 지금 이렇게 주님을 믿고 축복받으며 살고 있음을 감사드립니다. 매일 성령이 충만하도록 말씀과 기도와 경건한 삶으로 인도하여 주시기를 예수님의 이름으로 간절히 기도합니다. 아멘!

65

천국에서는 누가 가장 큽니까?

이르시되 진실로 너희에게 이르노니 너희가 돌이켜 어린아이들과 같이 되지 아니하면 결단코 천국에 들어가지 못하리라(마태복음 18:3)

제자들이 예수님께 질문했습니다. "천국에서는 누가 가장 큽니까?" 제자들은 여전히 지상 천국을 대망하면서 그들이 어떤 고위직을 맡게 될 것인지 궁금해하고 있었습니다. 예수님은 그 대답으로 율법에 아무 권리도 갖지 못한 한 어린아이를 부르셔서 그들 가운데 세우셨습니다. "누구든지 이 어린아이와 같지 아니하면 결단코 천국에 들어가지 못하리라." 예수님은 천국에서의 위대함은 어린아이와 같은 겸손함에 있다고 말씀하셨습니다. 제자들은 예수님께 천국에서 자신들이 받을 지위에 대해서 물었지만 예수님은 천국 공동체의 본질은 어린아이처럼 자기를 낮추는 데 있다고 하신 것입니다.

예수님은 예수님을 믿는 작은 자 중 하나를 실족게 하는 자들에 대해 엄히 경고하셨습니다. "실족게 한다"의 뜻은 "감정을 상하게 한다", 혹은 "넘어지게 한다"의 뜻입니다. 어떤 사람이 작은 자 중 한 명을 넘어지게 하는 일이 생긴다면 차라리 연자 맷돌을 그 사람의 목에 달고 깊은 바다에 빠지는 게 더 낫다고 엄중하게 말씀하셨습니다. 어린아이와 같은 겸손함으로 자기를 낮추는 자가 천국에서 큰 자라고 말씀하셨습니다.

♥ 예수님은 누구십니까?

세상에 있는 작은 자들을 존중하시며 그들을 통해서 천국에서 큰 자가 어떤 자인지를 가르쳐 주시는 구세주이십니다.

♡ 오늘 말씀을 통해 어떠한 가치와 방향으로 살아가야 하는지 생각하게 됩니다. 예수님은 어린아이와 같은 겸손함을 가지라고 명하십니다. 또 예수님은 작은 자들을 실족하게 하는 자에게는 큰 심판이 있을 것이라고 말씀하십니다. 뉴스를 보면 이런 일들이 세상에서 비일비재하게 일어나고 있습니다. 예수님께서는 작은 자들을 실족하게 하는 자는 화가 올 것이라 하십니다. 작은 자들을 한 명도 업신여기지 말라 하십니다. 그들은 늘 하늘에 계신 하나님의 얼굴을 보는 자들이라고 하십니다. 스스로 자신을 낮추고 하나님께서 귀하게 여기시는 것이 무엇인지를 분별하며 어린아이와 같은 자가 되기를 다시 결심합니다. 예수님은 가난하고 비천하고 스스로를 낮추고 죄인이라고 생각하는 자들에게 오신 구세주이십니다. 반면에 자기를 높이고 재물과 지위를 과시하고 의지하며 교만한 사람들에게는 반드시 심판이 따른다는 것을 분명하게 말씀하십니다.

† 기도하기

하나님 아버지, 감사합니다. 늘 어린아이처럼 자기를 낮추고 어린아이와 같이 작은 자들을 사랑하고 존귀하게 여기는 삶을 살아가기를 예수님의 이름으로 기도합니다. 아멘!

66

만일 네 눈이 너를 범죄하게 하거든

만일 네 눈이 너를 범죄하게 하거든 빼어 내버리라 한 눈으로 영생에 들어가는 것이 두 눈을 가지고 지옥 불에 던져지는 것보다 나으니라(마태복음 18:9)

예수님은 실족게 하는 일에 대해서 계속 말씀하셨습니다. "만일 네 손이나 네 발이 너를 범죄하게 하거든 찍어 내버리라. 장애인이나 다리 저는 자로 영생에 들어가는 것이 두 손과 두 발을 가지고 영원한 불에 던져지는 것보다 나으니라." 이 말씀은 정말 손이나 발을 자르고 눈을 뽑으라고 하신 뜻이 아니라 무엇이든지 실족하게 하는 원인을 제거해야 한다고 비유하여 하신 말씀입니다. 손발을 자르고 눈을 뽑는다고 실족의 근원인 마음이 고쳐지지는 않기 때문입니다.

실족게 하지 않으려면 종종 급진적인 변화가 필요합니다. 내 손이 나를 죄 짓게 하는지, 내 발이 가서는 안 되는 곳으로 나를 인도하고, 내 눈이 봐서는 안 될 것을 보게 하는지, 눈으로 보고 만족함이 없이 계속 소비하게 하는지 그리스도와 동행하는 데 걸림돌이 되는 것이 있다면 무엇이든지 살펴보고 그 원인을 제거하라고 말씀하십니다. 어린아이들에게 사랑과 정성을 기울이시는 이유는 그들이 단순하고 순수한 마음으로 예수님께 나아오기 때문이라고 말씀하셨습니다.

♥ 예수님은 누구십니까?

우리가 세상에 살면서 실족하지 않도록 항상 어린아이와 같은 겸손과 순수함

을 잃지 않기를 기도해 주시는 구주이십니다.

♡ 살아갈수록 이 세상에서 유혹하는 많은 것들이 있습니다. 눈으로 보는 것, 손으로 만질 수 있는 것, 발로 찾아갈 수 있는 수많은 세상의 것들에게서 구별된 삶을 살기를 강력하게 말씀하십니다. 예수님의 말씀은 권고 수준이 아니라 아예 손발과 눈을 빼 버리라고 하실 정도로 철저하게 지켜야 한다고 명령하십니다. 몸으로 짓는 죄들을 잔뜩 붙이고 영생에 들어갈 수 없기에 그럴 바에는 차라리 불구가 되라는 말씀이신 것입니다. 예수님은 어린아이의 삶을 좋은 본보기로 드셨습니다. 어린아이들은 복잡하게 머리 굴리고 이해타산을 생각하지 않습니다. 어린아이와 같은 단순하고 순수하고 겸손한 마음을 지니라고 하십니다. 항상 그런 마음과 삶을 유지할 수 있도록 노력하기를 다짐합니다.

✝ 기도하기

차라리 장애인이 되어 천국에 가는 것이 두 손, 두 발 가지고 영원한 지옥 불에 던져지는 것보다 낫다고 하신 것을 기억합니다. 죄를 저질렀으면 벌을 받더라도, 욕을 얻어먹더라도 철저하게 회개하고 손해를 보더라도 돌이키라고 하신 것을 마음에 새기며 잊지 않기를 예수님 이름으로 기도합니다. 아멘!

67

잃어버린 양 한 마리

이와 같이 이 작은 자 중의 하나라도 잃는 것은 하늘에 계신 너희 아버지의 뜻이 아니니라(마태복음 18:14)

예수님은 "만일 어떤 사람이 양 백 마리가 있는데 아흔아홉 마리만 있다는 것을 알았다면 그 잃어버린 양 한 마리를 찾기 위해 떠나지 않겠느냐?" 하시며 이와 같이 하나님께서는 소자 중 하나라도 잃기를 원하지 않으신다고 말씀하시며 실족하게 하는 일을 정말 주의해야 한다고 말씀하셨습니다.

이 잃어버린 양의 비유는 죄인 하나가 회개하면 하늘에서는 큰 기쁨이 있다는 것을 말씀하시기 위한 것입니다. 예수님이 다른 아흔아홉 마리 양들이 중요하지 않다고 말씀하시는 것이 아닙니다. 오히려 예수님께서는 품을 떠난 양 한 마리가 어린아이와 같이 실족당하기 쉬운 약자임을 말씀하시는 것입니다. 예수님은 하나님이 보내 주신 자 중 하나라도 잃어버리지 않도록 하시려는 하나님의 뜻을 온전히 순종하신 분이셨습니다.

예수님은 제자들에게 무엇이든지 땅에서 매면 하늘에서도 매이고 무엇이든지 땅에서 풀면 하늘에서도 풀리는 능력을 부여하셨습니다. 또 두세 사람이 합심하여 무엇이든지 기도하면 이루어 주실 것이고, 두세 사람이 주님의 이름으로 모인 곳마다 예수님이 그들과 함께하시겠다고 약속하셨습니다.

♥ 예수님은 누구십니까?

어린아이처럼 순수하고 겸손한 자를 찾으시고 사랑하시며 하나도 잃어버리지 않으시고 구원하시는 그리스도이십니다.

♡ 길 잃은 한 마리의 양을 찾기 위해 위험을 무릅쓰고 밤에 온 산속을 찾아 헤매시는 목자이신 예수님의 모습이 그려집니다. 무엇이든 숫자로 모든 것을 판단하고 계산하는 세상에서는 백 마리 중 한 마리가 늑대에게 물려갔다면 그 한 마리를 찾기 위해 밤중에 늑대를 찾아 산속을 헤매는 일 같은 건 결코 하지 않을 것입니다. 깜깜한 밤에 늑대와 승냥이 떼와 온갖 사나운 짐승들이 목숨을 위협할지 모르는 곳에 그 한 마리를 위해 자신을 내던져 희생하려 하지 않을 것입니다. 그러나 예수님은 그러지 않으셨습니다. 아흔아홉 마리도 잘 있도록 관리를 단단히 해 놓으시고 이제 팔을 걷어붙이시고 한 마리의 양을 찾으시기 위해서 온 산속을 헤매시는 분이 바로 예수님이십니다.

✝ 기도하기

예수님, 감사합니다. 저는 그 길 잃은 한 마리의 양이었습니다. 그런데 온 밤을 헤매시고 주님이 저를 찾아오신 것입니다. 늑대에게 물려 온몸에 상처 난 저를 싸매 주시고 치료해 주시고 새살이 돋게 해 주셔서 아물게 해 주신 예수님의 그 사랑에 감사와 영광과 찬양을 올려 드립니다. 예수님의 이름으로 간절히 기도합니다. 아멘!

68

일만 달란트와 오백 데나리온

베드로가 나아와 이르되 주여 형제가 내게 죄를 범하면 몇 번이나 용서하여 주리이까 일곱 번까지 하오리이까 예수께서 이르시되 네게 이르노니 일곱 번뿐 아니라 일곱 번을 일흔 번까지라도 할지니라(마태복음 18:21-22)

그때에 베드로가 예수님께 "주여, 형제가 제게 죄를 범하면 몇 번이나 용서해 주어야 합니까?" 물었습니다. 전통적인 가르침에는 세 번까지만 용서하라고 되어 있었지만 베드로는 더욱 관대한 마음으로 일곱 번까지 용서해야 할지를 생각했습니다.

그러나 예수님께서는 베드로에게 일곱 번뿐 아니라 일곱 번을 일흔 번까지라도 용서해 주라고 말씀하셨습니다. 예수님은 용서에는 횟수의 제한이 있어서는 안 된다는 말씀을 하신 것입니다. 예수님은 용서의 개념을 온전히 설명하시기 위해 비유를 하나 드셨습니다.

한 종이 주인에게 일만 달란트나 되는 거액의 빚을 졌습니다. 이는 천문학적인 숫자에 이르는 큰돈이었습니다. 주인은 그 종에게 아내와 자식들과 모든 소유를 다 팔아 갚으라 했습니다. 그 종이 갚을 시간을 달라고 와서 간곡하게 애원을 하자 주인은 그를 불쌍히 여겨 그 많은 빚을 탕감해 주고 그를 놓아주었습니다. 그런데 그 종이 얼마 후 나가서 자신에게 백 데나리온[33]을 빚진 자를 만나자 그의 목을 잡고 당장 빚을 내놓으라고 하며 갚을 능력이 없는 그를 옥에 가두어 버렸습니다. 옥에 갇힌 이의 동료들이 딱하게 여겨 주인에게로 가 그 일을 알렸습니다.

33) 일 데나리온은 노동자 하루 품삯에 해당하는 돈.

이에 화가 난 주인이 그 종을 불러다가 “이 악한 종아. 네가 내게 진 빚을 불쌍하게 여겨 다 탕감해 주었거늘 너는 그 종을 불쌍히 여기지 않고 어찌 그런 악한 짓을 하느냐”고 엄히 꾸짖고 그 종에게 빚을 다 갚으라고 하고 옥에 가두어 버렸습니다. 이 비유를 말씀하시고 예수님께서는 너희가 진심으로 형제를 용서하지 않는다면 하늘의 아버지께서도 똑같이 하실 것이라고 덧붙이셨습니다.

♥ 예수님은 누구십니까?

우리의 죄를 한없이 용서해 주시며, 우리도 서로를 진심으로 용서하라고 말씀하시는 자비와 긍휼의 하나님이십니다.

♡ 은혜를 모르는 종의 이야기는 하나님께 용서받은 자가 은혜를 저버리고 다른 사람에게 악한 일을 저지르는 이야기입니다. 그 종은 주인에게 일만 달란트의 빚이 있었습니다. 일만 달란트는 도저히 그 종이 갚을 수 없는 금액이었습니다. 종이 그 큰돈을 갚는 것은 불가능하여 주인에게 호소하자 주인은 긍휼히 여기고 그 큰 빚을 다 탕감해 주었습니다. 그런데 그 종은 그 많은 빚을 주인에게 탕감받고 나서 자기에게 백 데나리온을 빚진 자를 만나게 되었습니다. 일만 달란트가 16만 년 일해야 벌 수 있는 돈이라면 백 데나리온은 백 일 정도 일하면 벌 수 있는 품삯이었습니다. 그 돈을 달라고 종의 목을 잡고 추궁하고 그 종이 갚을 길이 없어 애원하자 옥에 가두어 버렸습니다. 그의 동료들이 딱해서 주인에게 가서 이 사실을 얘기하자 주인이 악한 종을 불러다가 내가 너를 불쌍히 여겨 자비를 베풀었는데 너는 어떻게 그렇게 악하냐고 노하여 그 종이 빚을 다 갚을 때까지 옥에 가두어 버렸습니다. 일만 달란트의 빚을 탕감받았던 그 종은 백 데나리온의 빚을 받으려다가 다시 옥에 갇혀 심판받게 된 것입니다.

아무 조건 없이 저의 죄를 다 용서해 주신 하나님 아버지의 자비와 긍휼과 사랑을 악한 종처럼 배반해서는 안 될 것입니다. 저에게 조금이라도 잘못한 사람이 있을 때 당연히 제가 용서받은 것을 생각하고 자비와 긍휼을 베풀어야 할 것입니다. 더 나아가 이웃의 약자들을 사랑하고 섬기는 일도 소홀히 하지 말아야 할 것임을 오늘 말씀을 통해 더욱 깨닫고 다짐합니다.

✝ 기도하기

예수님의 가르침은 정말 인간의 가르침과는 비교할 수 없는 사랑의 원리임을 깨닫게 하여 주심을 감사드립니다. 제가 하나님 아버지의 자녀라면 세상 자녀와는 정말 다른 삶을 살아야 할 것임을 결단하며 이웃을 진심으로 사랑하고 용서하는 삶을 살 수 있기를 예수님의 이름으로 기도합니다. 아멘!

III

심판, 십자가와 부활

(마태복음 19-28장)

69

모세의 이혼 증서

내가 너희에게 말하노니 누구든지 음행한 이유 외에 아내를 버리고 다른 데 장가드는 자는 간음함이니라(마태복음 19:9)

예수님은 마지막 여정으로 갈릴리에서 떠나 요단강 동편 유대 지경을 통해 예루살렘으로 향하셨습니다. 늘 그랬듯이 큰 무리가 예수님께로 모여들자 예수님은 그들의 병을 고쳐 주셨습니다. 그러나 그곳에서도 어떤 바리새인들이 예수님을 시험하기 위해 질문을 했습니다. "사람이 어떤 이유가 있다면 아내를 버리는 것이 옳습니까?"

예수님은 하나님이 남자와 여자를 만드시고 결혼을 통해 그 부모를 떠나서 그 둘은 뗄 수 없는 관계가 되는 것을 말씀하시며 하나님이 짝지어 주신 것을 사람이 나누지 못한다고 답하셨습니다.

예수님이 결혼의 영구함을 말씀하신 것을 알아차리고 바리새인들은 다시 예수님께 모세가 그러면 왜 이혼 규정을 만들어 아내를 버릴 수 있게 했는지를 물었습니다. 예수님께서는 아내를 쉽게 버리는 인간의 완악함 때문에 이혼 증서를 만든 것임을 설명하시며 본래 하나님의 뜻은 음행한 연고 외에는 남편과 아내가 영원히 함께 살도록 하신 것이라 말씀하셨습니다.

이 말씀을 들은 제자들은 이혼의 사유란 있을 수 없으므로 차라리 장가들지 않는 것이 낫다고 말하자 예수님께서는 모든 사람이 다 똑같은 것이 아니라 어떤 사람들은 사람의 손으로 그렇게 되며, 또 어떤 사람들은 하늘나라를 위해 스스로 결혼하지 않는다고 하시며 모든 사람들이 다 한 가지 역할만 하는 것이 아님을 말씀하셨습니다. 그러나 대다수의 사람들은 결혼을 하여 하나님의 일을 세상에서 확장해 나감으로 하나님의 뜻을 수행해 나간다고 덧붙이셨습니다.

♥ 예수님은 누구십니까?

약자들을 사랑하시고 보호하시며 긍휼을 베풀어 주시며 하나님의 창조 질서를 세우시고 보존하시고 다스리시는 성자 하나님이십니다.

♡ 바리새인들은 예수님이 자신들의 유도 심문에 걸렸다고 속으로 고소해하며 그러면 모세가 이혼 증서를 써 주어서 아내를 버려도 좋다고 한 것은 무엇이냐고 따져 묻습니다. 그때 예수님께서는 모세가 너희의 완악함 때문에 아내를 버릴 수 있는 합법적인 이유들을 열거하고 아내를 버릴 수 있게 한 것임을 말씀하십니다. 사실은 모세의 율법도 함부로 아내를 버리려고 하는 남자들의 악한 행동을 규제하기 위한 것임을 말씀하신 것입니다. 예수님은 모세의 율법보다 더 나아가셔서 아내가 음행한 연고 외에는 그 어떤 이유로도 아내를 버릴 수 없고 그 사람이 아내를 버리고 장가를 들면 간음한 것이라고 하십니다.

예수님이 얼마나 약자들을 사랑하시고 배려하시고 존중하시는지 오늘 말씀에서 절실하게 느껴집니다. 당시에 남성 중심 사회에서 여자의 권리와 자유가 억압되고 무시되는 것에 대한 예수님의 의로운 말씀이셨습니다. 예수님은 정말 약자들을 너무나 사랑하시는 분입니다. 세리, 창기, 죄인들과 늘 함께 가까이하시며 그들을 변화시키시고 그들에게 새 생명을 주셨던 예수님이셨습니다. 세금을 착취하던 세리 마태, 일곱 귀신 들렸던 막달라 마리아 등이 예수님을 만나서 완전히 인생이 바뀌어 예수님의 제자가 되었습니다. 저도 예수님을 만나서 제 인생은 어둠과 저주와 사망에서 빛과 생명과 구원으로 옮겨진 인생이 되었습니다. 얼마나 감사하고 감사한 일인지 모릅니다.

✝ 기도하기

하나님 아버지, 주님을 만난 것은 제 일생일대의 최대의 사건이었습니다. 어둠에서 광명을 찾게 해 주신 은혜에 감사드립니다. 저의 남은 삶을 통해 더욱더 주님께 영광을 돌리는 삶을 살아가기를 간절히 예수님의 이름으로 기도합니다. 아멘!

♣ 묵상 나눔

예수님께서는 어린아이를 사랑으로 감싸 안아 주시고 예수님에게 오는 것을 금하지 않으시며 아픈 자를 치료하시며 어린아이에게 축복을 주셔서 안수하고 떠나시며 그 기쁨을 누릴 수 있게 하십니다.

70

"그리고 와서 나를 따르라"

예수께서 이르시되 네가 온전하고자 할진대 가서 네 소유를 팔아 가난한 자들에게 주라 그리하면 하늘에서 보화가 네게 있으리라 그리고 와서 나를 따르라 하시니(마태복음 19:21)

관직에 있던 어떤 부유한 청년이 예수님께 와서 무슨 선한 일을 해야 영생을 얻을 수 있는지를 물었습니다. 예수님은 그 청년이 하나님의 나라에 들어갈 수 있을지 확신이 없어 물은 질문임을 아시고 그 청년에게 선한 이는 오직 하나님 한 분밖에 없고 영생을 얻으려면 계명들을 지키라고 하셨습니다.

그 청년은 어떤 계명들을 지켜야 하는지를 곧 물었습니다. 예수님은 십계명 중에서 '네 부모를 공경하라'는 제5계명부터 살인, 간음, 도둑질 그리고 거짓 증거를 금하는 제9계명까지를 열거하셨습니다. 또 네 이웃을 네 몸과 같이 사랑하라는 제10계명과 같은 뜻의 말씀도 하셨습니다.

청년은 이 모든 것을 다 지켰다고 생각했지만 여전히 부족함을 느끼고 있었습니다. 그러나 사실 그가 정말 그 계명들을 다 지켰는지는 하나님만이 아시는 일임을 그는 몰랐습니다. 그는 자기가 그 계명들을 다 지켰다고 생각하며 그러면서도 삶에 뭔가가 빠져 있음을 느꼈습니다. 예수님은 그의 문제의 정곡을 찌르셨습니다. "가서 네 소유를 팔아 가난한 자들에게 주라. 그러면 하늘에서 보화가 네게 있으리라. 그리고 와서 나를 따르라."

예수님은 가난한 자들에게 자비를 베푸는 일을 '의의 기준'으로 말씀하신 것입니다. 만일 그가 의로운 사람이었다면 그는 가난한 자들에게 재물을 나누어 주고 예수님을 따라야 했습니다. 그러나 그는 재물이 많으므로 고통스러울 정도로 슬퍼하고 근심하며 예수님을 떠나고 말았습니다.

자기 재산을 포기하기 싫어한 그 청년의 태도는 그가 이웃을 자기 몸과 같이 사랑하지 않았다는 것을 보여 준 것입니다. 따라서 그는 모든 계명을 지키지 못했고, 믿음을 갖지 못했음을 인정해야 했습니다. 그는 하나님보다 돈을 더 사랑했고 따라서 첫 번째 계명마저 범한 것입니다.

♥ 예수님은 누구십니까?

우리의 마음을 훤히 꿰뚫어 보시며 우리가 하나님의 자녀로서 온전하게 살아가기를 인도하시는 그리스도이십니다.

♡ 그 부자 청년이 처음부터 예수님에게 와서 자신이 모든 계명을 다 지키고 의로운 흠 없는 사람임을 자처했던 것이 문제였음을 오늘 말씀에서 깨닫게 됩니다. 언뜻 생각하면 가진 재물을 팔아 가난한 이들에게 주고 나를 따르라는 예수님의 말씀은 누가 들어도 어려운 말씀으로 들립니다. 그 부자 청년이 만약 저였다고 해도 저도 주저하고 따르지 못했을 것입니다. 그런데 예수님은 우리를 괴롭히고 지킬 수 없는 것을 무리하게 억압하시는 분이 절대 아니라고 생각합니다. 예수님은 그 부자 청년의 자고함과 교만과 오만함을 훤히 들여다보신 것입니다. 모든 계명을 다 지키고 살고 있다고 착각하는 그에게 이웃 사랑의 계명도 지키지 못하고 하나님보다 돈을 더 사랑하므로 그가 제1계명도 어긴 것을 보여 주신 것입니다. 처음부터 그 청년이 예수님이 하나님이심을 고백하고 예수님께 와서 무릎을 꿇었다면 예수님은 이런 곤란한 결단과 선택을 하도록 말씀하지 않으셨을 것입니다. 그러나 오늘 말씀은 제게도 많이 찔리는 말씀입니다. 세상의 모든 것

보다 예수님을 항상 언제나 가장 사랑하고 있는지를 제게도 물으시는 것 같아 마음이 찔립니다. 그 부자 청년의 재물 사랑이 하나님 나라의 걸림돌이 되었듯이 저의 삶에 어떤 것이 걸림돌이 될지 주님보다 더 사랑하는 것을 내려놓기를 기도합니다.

✝ 기도하기

하나님 아버지, 하나님을 사랑하고 이웃을 사랑한다고 말로는 고백하면서 저를 훨씬 더 사랑하고 늘 저를 위해 아낌없이 노력하며 살았음을 고백합니다. 그 사랑을 저에게서 하나님과 이웃으로 옮겨 가기를 진심으로 기도드립니다. 예수님께 대한 전적인 신뢰와 의존의 태도로 예수님이 열어 주신 하나님 나라를 받아들이기를 원합니다. 그렇게 되기를 간구하며 제 마음이 변하지 않도록 인도하여 주시기를 예수님의 이름으로 기도합니다. 아멘!

71

“그렇다면 누가 구원을 얻겠습니까?”

예수께서 그들을 보시며 이르시되 사람으로는 할 수 없으나 하나님으로서는 다 하실 수 있느니라(마태복음 19:26)

젊은 청년 관원과의 일이 있은 후 예수님께서는 낙타가 바늘귀로 들어가는 것이 부자가 천국에 들어가는 것보다 더 쉽다고 비유하셨습니다. 제자들은 놀라서 ‘그렇다면 누가 구원을 얻겠습니까?’ 하고 예수님께 반문했습니다. 당시 사람들은 부유함을 하나님이 주신 은혜의 표시로 인식해 왔기 때문에 부유한 사람이 천국에 들어가지 못한다면 아무도 천국에 들어갈 수 없다고 여겨졌습니다. 예수님께서는 사람은 할 수 없지만 하나님은 하실 수 있다고 말씀하시며 구원은 사람의 일이 아니라 전적으로 하나님의 사역이라고 말씀하셨습니다.

그 청년이 떠난 후 베드로는 예수님께 모든 것을 버리고 주님을 따랐는데 무엇을 얻게 되는지를 물었습니다. 청년 관원과는 달리 모든 것을 버리고 주님을 따른 베드로는 하나님께서 그와 다른 제자들에게 축복해 주실 것이라 믿었습니다.

예수님께서는 세상이 새롭게 중생하게 될 날이 올 것이라고 말씀하셨습니다. 그 나라는 영적으로, 정치적으로, 지리적으로, 물리적 영역에 이르는 모든 영역에서 새로운 재창조와 함께 도래할 것이라고 말씀하셨습니다. 그때 그리스도는 자기 영광의 보좌에 앉을 것이라 하셨습니다. 또 주님을 위하여 집이나 가족을 떠난 모든 자들은 그들이 잃은 것보다 훨씬 큰 보상을 영생과 함께 받을 것이라 하셨습니다. 지금은 그들이 모든 것을 포기하여 나중 된 듯하지만 결국 모든 것을 영원히 보상받아 먼저 될 것입니다. 역으로 현재에 모든 것을 가진 것 같은 먼저 된 자들은 훗날에는 모든 것을 잃게 되는 나중 된 자들이 될 것이라고 말씀하셨습니다.

♥ 예수님은 누구십니까?

먼저 하나님의 나라와 그의 의를 구하는 자에게는 영생과 함께 이 모든 것을 더하여 주시는 그리스도이십니다.

♡ 재물은 우리를 이기적이고 물질적으로 만들며 하나님과 이웃에게서 멀어지게 하여 자신의 부를 모으는 일에만 전념하게 하는 면이 있습니다. 또 사람을 자만하게 하고 하나님을 의지하기보다 돈을 믿고 의지하게 하는 면도 있습니다. 그런 면에서 재산이 많다는 것은 점점 더 하나님께 가는 길을 멀어지게 할 수 있습니다. 그러나 오늘 예수님의 말씀의 핵심은 그 어떤 사람도 인간의 노력으로는 구원받을 수 없다는 것을 말씀하시려고 한 것이라 생각합니다. 그 젊은 청년은 예수님이 어떤 분인지 어느 정도 알고 찾아왔지만 구원이 예수님께 있음을 믿지 못하고 재산을 잃게 될까 봐서 근심하며 돌아가 버렸습니다. 그 청년은 구원이 자신의 재물과 율법을 지키는 삶에 있다고 믿었던 것입니다. 자신이 가진 재물 때문에 하나님께 선택받은 사람이라고 생각했던 것입니다. 예수님께서는 그 청년이 잘못 생각하고 있음을 지적하신 것입니다. 구원은 전적으로 하나님께 있고 소유의 많고 적음이 기준이 아닙니다. 하나님이 그 사람에게 물질을 풍요롭게 주셨다면 그 사람만 잘살도록 주신 것이 아니라 어려운 이웃과 나누고 하나님 나라를 위해 쓰라고 주신 것이라 생각해야 할 것입니다. 또 물질이 없어 가난하게 되었다면 그만큼 천국과 가까워진 것이라는 마음을 갖고 필요한 것을 하나님께 구

한다면 어찌 안 주실 수가 있겠는가 생각해 봅니다. '나를 가난하게도 마옵시고 부하게도 말게 해 달라'는 잠언 말씀이 떠오릅니다.

예수님을 믿은 연한이 길다고 해서 믿음이 비례하는 것이 아님을 먼저 된 자가 나중 되고 나중 된 자가 먼저 된 자가 된다는 말씀으로 깨닫게 하십니다. 매일 새롭게 새 영과 새 마음으로 거듭난 자인지 스스로 물으며 구원받았기 때문에 더욱 예수님을 닮아가는 거룩한 삶을 살아야 한다는 것을 명심하고 노력해야 할 것임을 오늘 다시 다짐해 봅니다.

✝ 기도하기

하나님 아버지, 감사합니다. 구원은 오직 예수님께 있음을 다시 깨닫게 해 주셔서 감사합니다. 물질보다는 영적인 구원의 삶에 더욱 관심을 갖기를 구합니다. 또한 제게 주신 물질을 가장 선하게 쓸 수 있는 믿음과 지혜를 허락해 주시기를 간절히 예수님의 이름으로 기도합니다. 아멘!

72

오후 다섯 시에 온 품꾼들

이와 같이 나중 된 자로서 먼저 되고 먼저 된 자로서 나중 되리라(마태복음 20:16)

예수님께서는 앞서 말씀하신 교훈의 연장으로 천국은 하루 동안 일할 품꾼들을 고용하려고 이른 아침에 나간 포도원 주인과 같다고 말씀하셨습니다. 그는 자기 포도원에서 한 데나리온을 주기로 하고 일꾼을 고용했습니다. 제삼시[34]에 주인이 다시 나가 보니 장터에 놀고 서 있는 사람들이 있어 일한 것을 상당하게 보상해 주기로 하고 그들을 일꾼으로 채용했습니다. 제육시와 제구시에도 나가 일꾼들을 고용했습니다. 제십일시에도 나가 일이 없어 놀고 있는 일꾼들의 사정을 듣고 포도원에 고용을 했습니다.

날이 저물어 품삯을 지불할 시간이 되어 주인은 가장 나중에 온 자들부터 시작하여 가장 먼저 온 품꾼들까지 모두 한 데나리온씩을 품삯으로 주었습니다. 그러자 하루 종일 일하며 더위와 수고를 견딘 먼저 온 품꾼들은 오후 다섯 시에 와서 한 시간밖에 일하지 않은 사람들과 똑같이 품삯을 받은 것에 화가 나서 집주인을 원망하며 항의를 했습니다.

집주인은 원래 계약한 금액을 정확히 지불했으니 나는 아무 잘못한 일이 없다고 했습니다. 사실은 맨 처음에 온 일꾼 외에는 모든 일꾼이 받아 마땅한 몫 이상을 받은 것입니다. 집주인은 "나중 온 사람에게 주는 것은 나의 선한 뜻이니라.

---

34) 삼시 오전 9시, 육시 낮 12시, 구시 오후 3시, 십일시 오후 5시.

내 것을 가지고 선을 베풀고자 하는데 왜 나를 탓하느냐?" 하면서 먼저 된 자가 나중 되고 나중 된 자가 먼저 될 것이라는 말을 덧붙였습니다.

♥ 예수님은 누구십니까?

인간의 공로와 능력이 아닌 전적인 하나님의 뜻으로 구원을 베풀어 주시며 특별히 약자들에게 자비를 베풀어 주시는 그리스도이십니다.

♡ 예수님은 제자들에게 오직 선하신 하나님 아버지의 선하신 뜻으로만 천국에 들어갈 수 있다고 말씀하십니다. 베드로와 제자들은 모든 것을 버리고 주님을 따른 것에 보상을 얻기를 바랐지만 천국의 높은 자리에 앉는 것은 인간의 노력이나 공으로 정해지는 것이 아니라고 말씀하셨습니다. 예수님의 제자는 자신의 가치를 타인의 업적이나 희생과 비교하여 평가해서는 안 되며 하나님의 은혜에 응답하여 감사의 마음으로 섬기는 데 집중해야 합니다. 오랜 시간 신자로서 신앙생활을 해 왔다고 해서 그 공로와 기간으로 천국을 가거나 천국에서 좋은 자리에 앉게 되는 것이 결코 아니라는 사실입니다. 인생의 말미에 자랑할 만한 것이 아무것도 없고 오직 구원해 주신 것만으로도 너무나 감사해하는 품꾼들이 오히려 하나님 아버지께 큰 기쁨을 드릴 수 있었습니다. 정말 겸손한 믿음과 보상을 바라지 않는 순수하고 순박한 믿음을 하나님이 기뻐하시는 것임을 오늘 말씀에서 깨닫게 됩니다. 예수님은 천국에서 상급의 차이가 있음을 부정하시지는 않지만 하나님의 관대하심은 어느 누구의 예상보다도 풍성할 것이라고 단언하십니다.

† 기도하기

하나님 아버지, 감사합니다. 스스로를 이른 아침부터 포도원으로 일하러 간 품꾼으로 생각할 때가 많이 있음을 고백합니다. 다른 사람들과 비교하며 제가 가지고 있는 것을 이것저것 재고 따지고 할 때도 있습니다. 하나님께 받고 있는 것들을 당연하게 생각하고 있을 때도 많았습니다. 이른 아침부터 오후 다섯 시까지 품꾼들을 찾아다니시는 아버지의 마음을 헤아리지 못했습니다. 그저 저를 구원해 주신 것에 감사하며 예수님과 동행하는 그 자체에 만족하며 기뻐하는 순수한 삶을 살기를 간절히 예수님의 이름으로 기도합니다. 아멘!

♣ 묵상 나눔

우리는 우리의 옳고 그름의 판단이 어쩌면 하나님보다 더 옳다고 생각하며 원망하거나 억울하게 여기는 일이 많습니다. 그러나 내 생각과 뜻을 내려놓고 크신 하나님의 뜻을 따라 순종하며 살아갈 수 있기를 기도합니다.

73

섬기러 오신 분

인자가 온 것은 섬김을 받으려 함이 아니라 도리어 섬기려 하고 자기 목숨을 많은 사람의 대속물로 주려 함이니라(마태복음 20:28)

예수님은 이제 십자가를 지셔야 할 때가 온 것을 아시고 열두 제자들과 함께 예루살렘으로 올라가시면서 세 번째로 자신이 수난당하실 것을 제자들에게 말씀하시며 처음으로 십자가에 못 박힐 것을 말씀하셨습니다.

제자들은 예수님이 자신이 죽임당하실 것이라는 예고를 세 번이나 하셨지만 전혀 준비가 되어 있지 않았습니다. 그때에 세베대의 아들의 어머니가 그 아들들인 야고보와 요한을 주님께 데려와 주의 나라에서 하나는 주의 우편에 하나는 주의 좌편에 앉을 수 있게 해 달라는 간청을 하였습니다. 그녀는 예수님의 제자들인 야고보와 요한이 하늘 보좌에서 가장 높은 자리인 예수님의 좌우편에 앉기를 소망했던 것입니다.

예수님은 제자들이 구하고 있는 것이 예수님이 하시려는 것과 전혀 다른 뜻이 있음을 간파하시고 너희들이 구하는 것을 알지 못한다고 말씀하시며 내가 마시려는 잔을 너희도 마실 수 있느냐 물어보셨습니다. 야고보와 요한은 무슨 뜻인지도 모르면서 마실 수 있다고 장담했습니다. 예수님께서는 그들이 그 잔을 마시기를 축복하시며 그 자리는 하나님께서 정하시는 것이라 말씀하셨습니다.

야고보와 요한은 그때까지 예수님이 가시고자 하는 길이 세상 나라의 왕들이 행하는 것과 다를 바 없는 길을 가시는 것이라 믿었을 것입니다. 그래서 자신들도 예수님을 등에 업고 한자리 얻기를 바랐을 것입니다. 다른 제자들도 잘 모르기는 마찬가지였습니다. 그들은 두 형제에 대해 분하게 여기고 질투하고 시기했습니다.

그때 예수님은 제자들을 부르셔서 "누구든지 너희 중에 크고자 하는 자는 너희를 섬기는 자가 되고, 누구든지 머리가 되고자 하는 자는 너희의 종이 되어야 하리라. 내가 온 것은 사람들의 섬김을 받으러 온 것이 아니라 오히려 사람들을 섬기려 하고 내 목숨을 많은 사람의 대속물로 주려 함이라"고 말씀하셨습니다.

♥ 예수님은 누구십니까?

자기 목숨을 많은 사람의 대속물로 주시기 위해 십자가에 못 박혀 죽으시고 사흘 만에 부활하신 그리스도이십니다.

♡ 오늘 말씀에서 제가 바로 여기 제자들과 똑같은 모습이라 생각이 됩니다. 저도 주님의 고난과 인류에 대한 사랑과 희생과 섬기심에 대해서는 별로 생각하지 않고 주님을 믿을 때 따라오는 영광과 기쁨과 평강만을 생각해 왔기 때문입니다. 주님이 제게 주시는 축복과 평강은 바로 주님의 희생과 섬김과 고난을 통해서 이루어진 것임을 잊어버릴 때가 많습니다. 십자가의 희생이 있었기에 부활의 영광이 있고 구원의 축복과 사죄의 은혜가 있게 된 것을 항상 간과하고 잊어버리는 저의 연약한 모습을 회개하게 됩니다.

예수님께서는 제자들에게 너희 중에 누구든지 크고자 하는 자는 너희를 섬기는 자가 되고 으뜸이 되고자 하는 자는 너희의 종이 되어야 한다고 역설적인 진리를 말씀하십니다. 바로 예수님이 그 길을 가신 것입니다. 다른 사람들의 죄를 대속하시기 위해 스스로 십자가의 길을 걸으셨고 그 길은 가시밭길이었습니다.

세상 나라의 왕들과는 전혀 반대의 방법으로 오히려 자신을 비우고 죽기까지 하나님의 뜻에 복종하신 섬김의 모습이셨습니다. 예수님이 죄 많은 땅에 오신 것은 한 알의 밀알이 되셔서 땅에 떨어져 썩어 많은 열매를 맺기 위해 오신 것입니다. 모든 사람의 종이 되셔서 대속물로 자기 목숨을 주시고 섬기러 오신 것입니다.

† 기도하기

예수님, 감사합니다. 부활하신 예수님을 오늘도 제 마음과 영혼과 제 삶에 모시고 주님과 동행하게 해 주신 은혜를 감사드립니다. 제가 대접받고 섬김받기보다 섬기는 삶으로 사람들에게 다가가서 세상에서 가장 귀한 일인 주님이 오신 소식을 전하는 주의 제자로 살아갈 수 있기를 꿈을 꾸며, 꿈이 현실이 되기를 간절히 예수님의 이름으로 기도합니다. 아멘!

74

“주여, 우리를 불쌍히 여기소서”

이르되 주여 우리의 눈 뜨기를 원하나이다 예수께서 불쌍히 여기사 그들의 눈을 만지시니 곧 보게 되어 그들이 예수를 따르니라(마태복음 20:33-34)

예수님께서는 예루살렘에 들어가시기 위해 마지막으로 여리고성에 이르셨습니다. 이제 이곳을 통과하시면 골고다 언덕을 향해 십자가의 길을 걷게 되실 것입니다.

그곳에는 맹인 두 사람이 길가에 앉아 있다가 예수님이 지나가신다는 소식을 듣고 예수님을 기다리고 있었습니다. 예수님이 마침내 그 길을 지나가시자 그들은 크게 소리 지르며 도와달라고 간청했습니다.

그들은 예수님이 다윗의 후손으로 오신 메시아이심을 알고 불쌍히 여겨 주시기를 호소했습니다. 무리가 그들을 꾸짖으며 조용히 하라고 했지만 그들은 더욱 크게 소리를 지르며 예수님께 자신들을 불쌍히 여겨 주시기를 간청했습니다. 예수님께서 맹인들을 보시고 무엇을 원하느냐고 물으시자 그들은 눈 뜨기를 원한다고 대답했습니다.

예수님께서 그들을 불쌍히 여기사 다윗의 자손 메시아의 권능으로 그들을 곧 고쳐 주셨습니다. 맹인들은 예수님께서 베풀어 주신 자비와 은혜로 고침을 받게 되었습니다.

♥ 예수님은 누구십니까?

눈이 먼 자를 고치셔서 눈을 뜨게 하셔서 새 생명을 찾아 주시는 그리스도입니다.

♡ 예수님은 십자가의 길을 걸으시기 위해 예루살렘을 가시기 직전까지도 맹인들과 같은 병들고 소외되고 불쌍한 인생을 살아가는 사람들에게 지대한 관심과 사랑을 베풀어 주셨습니다. 언제나 낮은 곳에 임하시는 예수님을 찬양합니다. 왕이신 하나님이셨지만 하늘 영광을 다 마다하시고 가장 낮은 곳으로 이 땅에 임하신 예수님은 우리의 죄를 사하시고 구원하시기 위해 오신 구주이셨습니다. 맹인들은 무리들이 만류하고 책망했어도 전혀 굴하지 않고 예수님께 필사적으로 매달렸습니다. 예수님께서 자신의 병을 고쳐 주실 것을 굳게 믿고 자신들을 불쌍히 여겨 달라고 소리쳤습니다. 예수님은 예루살렘에 입성하실 때 겪을 백성들의 배척과 배신에도 불구하고 계속해서 곤경에 처한 자들에게 긍휼을 베풀어 주시는 자비의 하나님이셨습니다.

✝ 기도하기

예수님, 병들고 소외된 자들에게 한없는 관심과 사랑을 보여 주시는 그 따뜻한 사랑에 너무나 감사하고 찬양을 드립니다. 곤경에 처한 자들에게 자비를 베풀어 주시는 주님만 바라보고 살아갈 수 있기를 예수님의 이름으로 기도합니다. 아멘!

75

예루살렘 입성

시온 딸에게 이르기를 네 왕이 네게 임하나니 그는 겸손하여 나귀, 곧 멍에 메는 짐승의 새끼를 탔도다 하라(마태복음 21:5)

예수님과 제자들은 동쪽 여리고로부터 예루살렘을 향해 오고 있었습니다. 예수님은 두 제자들을 보내시며 나귀와 나귀 새끼를 찾아 데리고 오도록 명하시며 누가 그 이유를 묻거든 주가 쓰시겠다고 하라고 대답하게 하셨습니다. 이 사건은 '그는 겸손하셔서 나귀 곧 나귀 새끼를 타고 백성들에게 오시는 왕이시라'[35]고 성경에서 예언한 것을 이루신 것입니다. 이스라엘의 왕들은 예루살렘에 입성할 때 말을 타고 화려하게 등장하지만 예수님은 나귀를 타시고 겸손하게 오신 것입니다.

제자들은 그 짐승들을 데려다가 그 위에 자기들의 겉옷을 얹어 안장을 삼았고 큰 무리는 겉옷과 나뭇가지를 길에 폈습니다. 대부분의 사람들은 유월절을 지내기 위해 갈릴리로부터 예루살렘을 향하던 순례자들이었습니다. 그들은 예수님이 갈릴리에서 행하신 많은 기적들을 잘 알고 있었습니다. 사람들은 예수님을 앞서거니 뒤서거니 하면서 순례자들의 시편을 노래했습니다. "찬송하리로다. 주의 이름으로 오시는 이여." 예수를 향해 그들은 "호산나.[36] 다윗의 자손이여"라고 외쳤습니다.

35) 스가랴 9:9 인용.

36) 시편 118:25에 나오는 히브리어로 뜻은 "기원하노니 우리를 구원하소서".

비록 무리가 이 사건의 의미를 다 깨달은 것은 아니지만 그들은 이분이야말로 그들에게 구원을 베푸시기 위해 오신 약속된 다윗의 씨라는 사실을 깨달았던 것 같습니다. 그들은 그 성에 들어오셔서 왕으로서 공적인 신분을 드러내신 예수님께 열광했습니다.

♥ 예수님은 누구십니까?

인류를 구원하시기 위해 공의와 구원과 겸손의 왕으로 나귀 새끼를 타시고 우리에게 오신 그리스도이십니다.

♡ 오늘 왕이신 예수님이 예루살렘에 입성하시는 아름답고 평화로운 장면을 읽고 감동합니다. 세상의 왕들은 말이 끄는 화려한 마차를 타고 수하에 가득 신하들을 대동하고 금으로 장식한 옷을 입고 위압감을 느끼게 하며 행진하는 모습을 보이겠지만 만왕의 왕이신 예수님은 정말 그런 화려함과 위압감과는 거리가 먼 작은 나귀 새끼를 타시고 군중들이 깔아 준 겉옷 자락과 월계수 나뭇잎을 밟으시고 군중들의 환호와 호산나 찬미를 받으며 평화롭게 예루살렘에 입성하셨습니다. 군중들은 예수님이 예루살렘에 오신 이유를 알지 못했지만 자신들이 찾던 호산나이심을 노래하며 십자가에 죽으시러 오신 예수님에 대해 아무것도 알지 못하고 환호했습니다. 사실 이 군중들은 예수님이 잡히시자 갑자기 돌변하여 예수님을 죽이라고 소리치는 성난 군중들로 바뀌었습니다. 예수님은 앞으로 그들이 그렇게 변할 것도 다 아시고도 군중들의 환호를 기쁘게 받으시며 예루살렘으로 입성하신 것입니다. 평화의 왕이신 예수님!

✝ 기도하기

예수님, 감사합니다. 곧 예수님께서 받으실 고난의 미래를 다 아시면서도 성경에서 예언한 메시아이심을 알리시기 위해, 만왕의 왕이심을 드러내시기 위해 나귀를 타고 오신 예수님께 감사와 영광과 찬양을 올려 드립니다. 힘이 아닌 온유와 겸손으로 다스리시는 왕이신 예수님! 세상은 힘으로, 권력으로 사람들을 지배하려고 하지만 예수님은 군림이 아닌 섬김으로, 죽임이 아닌 죽음으로 평화의 나라를 세우신 구세주이심을 마음에 깊이 새기며 늘 예수님을 끝까지 따르고 순종하는 제자가 되기를 예수님의 이름으로 기도드립니다. 아멘!

♣ 묵상 나눔

말씀대로 예언대로 순종하시며 예수님이 메시아이심을 나타내 보이시지만 구약 성경을 너무나 잘 알고 외우는 바리새인들과 서기관들은 메시아로 오신 예수님을 알아보지 못하고 자신의 고집과 판단에 사로잡혀 있음을 봅니다. 그리고 그것이 우리의 본성임을 깨닫고 오직 성령의 깨닫게 하심이 없이는 불가능함을 알고 하나님의 은혜에 감사하며 주님을 의지하고 살아갑니다.

76

성전을 깨끗하게 하시다

기록된바 내 집은 기도하는 집이라 일컬음을 받으리라 하였거늘 너희는 강도의 소굴을 만드는도다 하시니라(마태복음 21:13)

예수님께서 예루살렘 성전으로 들어가셨을 때 기도하는 집이어야 할 성전이 장사꾼들의 거래와 흥정으로 바뀌어 있는 모습을 보시고 분노하셨습니다. 성전 안에서는 성전 화폐로 환전하여 돈을 벌려는 상인들과 이윤을 남기려고 값을 비싸게 매긴 비둘기들을 파는 사람들이 성전을 더럽히며 흥정을 하고 있었습니다. 그러한 착취 행위는 성전에서 예배를 드리는 목적과는 완전히 거리가 먼 악한 행위였습니다. 예수님은 그들의 상과 의자들을 엎으셨습니다. 하나님의 아들이신 예수님께서는 아버지의 집인 성전을 그들이 더럽히는 것에 참을 수 없는 분노를 느끼셨습니다.

그때 맹인들과 다리를 저는 장애자들이 예수께 나아오자 예수님께서는 그들을 고쳐 주셨습니다. 아이들은 예수님을 "호산나, 다윗의 자손이여" 하며 찬양했습니다. 대제사장들과 서기관들은 이 모습을 보고 화를 냈습니다. 예수님께서는 "어린아이들과 젖먹이들의 입에서 나오는 찬미를 온전케 했다"[37]는 말씀을 인용하시며 그들의 찬양을 기쁘게 받으셨습니다.

---

37) 시편 8:2 인용.

♥ 예수님은 누구십니까?

오직 거룩하시고 완전하신 성부 하나님만을 높이시며 그분의 영광을 위해 사시는 성자 하나님이십니다.

♡ 하나님께 진심을 다해 경배하고 예배드려야 할 성전은 예배하러 오는 사람들이 가져온 돈을 비싼 성전 화폐로 바꾸고 다시 성전의 제물을 사야 하는 이중적인 착취로 그야말로 강도의 소굴이 되어 있었습니다. 아버지의 집을 그렇게 바꾸어 버린 것을 보신 예수님께서 상을 엎으시고 상인들을 내쫓으신 것은 하나님의 아들로서 마땅한 일이었습니다. 교회는 예수님의 말씀대로 기도하는 곳이어야 하는데 이 시대의 교회들은 어떤 모습인지 생각해 봅니다. 너희 몸이 성전이라고 하신 예수님의 말씀을 마음 깊이 새깁니다. 제 몸이 성전인데 저는 제 몸을 어떻게 관리하고 있는가 생각하니 지나온 삶이 부끄럽습니다. 그럼에도 불구하고 저를 끝까지 사랑하셔서 오래오래 참으시는 주님 때문에 제가 아직도 건재하고 있음을 고백하게 됩니다.

✝ 기도하기

하나님 아버지, 오늘 말씀에서 믿음 위에 바로 서 있는지를 되돌아보게 해 주심에 감사드립니다. 영과 진리이신 예수님을 진심으로 따르는 제자가 되기를 원합니다. 어린아이와 같은 순수하고 겸손한 마음으로 매일 주님과 동행하기를 간절히 바랍니다. 예수님의 이름으로 기도합니다. 아멘!

77

잎만 무성한 무화과나무

너희가 기도할 때에 무엇이든지 믿고 구하는 것은 다 받으리라 하시니라(마태복음 21:22)

예루살렘 성으로 돌아오는 길에 몹시 시장하셨던 예수님은 길가에서 한 무화과나무를 보셨지만 아무런 열매 없이 잎사귀만 무성해 있음을 아셨습니다. 무화과나무는 먼저 열매를 맺은 후에 잎이 나오거나 잎과 열매가 동시에 나오게 되어 있습니다. 잎사귀가 무성하므로 당연히 열매도 있어야 했습니다.

예수님이 열매 없는 무화과나무에게 이제부터 영원히 열매를 맺지 못하리라고 하시자 곧 무화과나무가 말라 버렸습니다. 제자들은 무화과나무가 마른 것에 놀라 예수님께 여쭈었습니다. 예수님은 진실로 믿음이 있다면 믿음으로 구한 것은 다 이루어질 것이라고 말씀하셨습니다.

열매 없이 잎만 무성한 무화과나무는 겉으로는 멀쩡해 보이지만 아무런 열매를 맺지 못하고 있던 이스라엘의 종교지도자들을 가리키신 것입니다. 그들은 으스대고 교만했지만 아무 열매도 맺지 못하고 있었습니다. 예수님은 이스라엘의 종교지도자들이 아무 열매도 맺지 못할 것을 예언하셨습니다. 이 일이 있은 지 며칠 후에 그들은 예수님을 십자가에 매달고 말았습니다. 이 일은 결국 그 세대에 대한 심판을 초래했습니다.

♥ 예수님은 누구십니까?

겉으로는 번지르르하지만 위선과 거짓으로 가득 차 있는 자들에게는 심판주가 되시며 죄를 회개하고 용서와 자비를 구하는 이들에게는 구속주가 되십니다.

♡ 종교지도자들은 겉으로는 번듯하고 자신의 존재감을 드러내며 잘난 척했지만 사실은 그 속은 거짓과 위선으로 가득 차고 교만하여 하나님과 사람들에게 해를 끼치는 자들이었습니다. 예수님이 잎만 무성한 무화과나무를 저주하시자 곧 말라 버렸습니다. 이는 마지막 날에 심판받을 것을 예고하신 것입니다. 예수님은 믿음이 있고 의심하지 않으면 어떤 기도라도 다 이루어질 것이라고 말씀하셨습니다. 믿음이 있고 의심하지 않으면 어떤 기도도 응답해 주시겠다고 하신 말씀에 오늘 힘을 얻고 기도드립니다. 기도는 하나님의 은혜의 젖줄과 같습니다. 항상 기뻐하라, 쉬지 말고 기도하라, 범사에 감사하라. 이는 그리스도 예수 안에서 너희를 향하신 하나님의 뜻이니라. 아멘!

✝ 기도하기

예수님, 감사합니다. 무엇이든지 믿고 구한 것은 다 받은 것이라고 하셨습니다. 주님께 모든 것을 믿고 의심 없이 주님만 의지하고 살기를 간절히 간구합니다. 믿음으로 구하고 있는 것들을 이루어 주실 줄 믿습니다. 예수님의 이름으로 기도합니다. 아멘!

78

“요한의 세례가 누구로부터 왔느냐?”

예수께 대답하여 이르되 우리가 알지 못하노라 하니 예수께서 이르시되 나도 무슨 권위로 이런 일을 하는지 너희에게 이르지 아니하리라(마태복음 21:27)

예수님께서 성전 안으로 들어가셔서 가르치실 때 대제사장과 장로들이 “네가 무슨 권세로 이런 일을 하느냐? 누가 이 권세를 주었느냐” 물으며 공격했습니다. 종교지도자들은 예수님이 메시아로서 행하신 일들이 하나님으로부터 받은 권세임을 인정하지 않았기에 그렇게 물은 것입니다.

그들의 질문에 대한 답으로 예수님은 “요한의 세례가 어디로부터 왔느냐. 하늘로부터냐, 사람으로부터냐?” 물으셨습니다. 이 질문은 종교지도자들 사이에 논쟁을 일으켰습니다. 그들이 만일 요한의 세례가 하늘로부터 왔다고 하면 요한이 증거하고 있는 예수를 왜 믿지 않느냐 추궁할 것 같았습니다. 또 만일 요한의 세례가 사람에게서 온 것이라고 비하하면 요한을 존경하고 있는 백성들이 분노할 것을 두려워했습니다. 그들은 예수님의 질문에 잘 모르겠다고 얼버무렸습니다. 예수님은 나도 대답하지 않겠다고 잘라 말씀하셨습니다. 종교지도자들이 번번이 예수님을 궁지에 몰아넣으려고 할 때마다 예수님은 그들이 아무 말도 할 수 없도록 논리적으로 완전히 제압하셨습니다.

♥ 예수님은 누구십니까?

길이요, 진리요, 생명이신 예수님은 인간의 생각을 초월하시고 압도하시는 오직 하나님과 동등하신 그리스도이십니다.

♡ 진리이신 예수님은 그 어떤 종교지도자들의 공격에도 막힘이 없으셨습니다. 하나님의 아들이 아니면 행할 수 없는 예수님의 놀라운 기적들과 가르치심을 시기하고 질투하며 어떻게든 걸고넘어지려고 하는 종교지도자들은 예수님의 날카로운 질문 앞에서 꼼짝 못 하고 매번 당하고 말았습니다. 예수님은 그들의 뱃속을 훤히 들여다보시고 세례 요한에 관한 질문을 던지신 것입니다. 당시 세례 요한은 자신을 주님이 오실 길을 예비하는 자라고 소개하며 많은 사람들에게 예수님이 메시아이심을 증거한 선지자였습니다. 요한이 준 세례를 인정한다면 당연히 요한이 증거한 예수님을 메시아로 인정해야 했습니다. 예수님의 권세는 하나님이 주신 것이었기에 자가당착에 빠진 그들에게 예수님은 답변할 필요가 없으셨습니다.

✝ 기도하기

하나님의 아들이신 예수님은 하나님 아버지로부터 권위를 받으시고 이 땅에 우리를 구원하러 오신 그리스도이심을 감사드립니다. 진리이신 예수님의 가르치심을 믿고 예수님을 항상 의지하며 따르며 살아갈 수 있기를 예수님의 이름으로 기도합니다. 아멘!

79

“누가 아버지의 뜻대로 하였느냐?”

둘째 아들에게 가서 또 그와 같이 말하니 대답하여 이르되 싫소이다 하였다가 그 후에 뉘우치고 갔으니(마태복음 21:30)

예수님을 공격하기 위해 질문을 한 종교지도자들이 예수님의 질문에 한마디 대답도 못 하자 예수님도 그들의 질문에 답하기를 거절하시고 대신 비유를 하나 드셨습니다.

‘어떤 한 사람이 두 아들에게 포도원에 가서 일을 하라고 지시했다. 맏아들은 아버지의 말에 그 즉시 가겠다고 대답하고는 후에 가지 않았다. 둘째 아들은 아버지의 지시에 즉시 싫다고 거절했지만 후에 뉘우치고 포도원에 일을 하러 갔다.’

예수님이 “누가 아버지의 뜻대로 하였느냐?” 물어보시자 그들은 둘째 아들이라고 했습니다. 예수님은 이 비유를 즉시 종교지도자들에게 적용하셔서 너희들의 행위는 첫째 아들과 같이 요한의 말을 받아들이는 척했지만 거부했고, 반면에 세리와 창기들은 요한의 설교를 받아들여 하나님의 뜻을 따르고 변화되었다고 하셨습니다. 죄를 뉘우치고 믿은 세리와 창기들은 위선과 거짓으로 행한 종교지도자들과 달리 하나님 나라에 들어갈 것입니다. 세리와 창기들과 같이 부도덕하고 멸시당하던 자들이 천국에 들어가고 종교지도자들은 천국에서 거부당할 것이라는 예수님의 말씀에 그들은 큰 충격과 모욕을 느꼈습니다.

♥ 예수님은 누구십니까?

예수님을 믿고 순종하는 사람들의 삶을 완전히 변화시키시고 천국 백성으로 만들어 주시는 전능하신 하나님이십니다.

♡ 오만하고 위선으로 가득한 종교지도자들은 예수님의 말씀으로 실체가 드러나고 정죄를 당했지만 멸시받던 세리들과 창기들은 예수님을 만나 인생이 완전히 변화되었습니다. 손가락질당하던 그들을 제자로 삼으시고 그들의 어둠을 물리쳐 주셔서 새 사람으로 변화하게 해 주신 분은 바로 예수님이셨습니다. 비유로 말씀하신 둘째 아들은 비록 처음엔 싫다고 거절하고 허랑방탕한 인생을 살았지만 예수님을 만나 변화되고 뉘우쳐서 아버지의 품으로 돌아온 후 포도원으로 일하러 간 것입니다. 반면에 맏아들은 말만 번지르르하게 하고는 아버지가 안 보는 사이에 슬쩍 자기 할 일을 하러 아버지를 속이고 나간 것입니다. 맏아들은 교만과 위선으로 가득한 당시의 제사장들, 바리새인들, 서기관들과 같은 지도자들이었습니다.

✝ 기도하기

주님을 알기 전 회심하기 전에 저는 둘째 아들과 같이 주님께 반항하고 뜻을 거부했었습니다. 그러나 주님을 만난 후 예수님은 저의 인생을 변화시켜 주셨습니다. 이제 오직 주님만 따르기를 간절히 원하며 주님이 기뻐하시는 일만 하기를 원합니다. 예수님의 이름으로 기도합니다. 아멘!

80

포도원의 농부들

예수께서 이르시되 너희가 성경에 건축자들이 버린 돌이 모퉁이의 머릿돌이 되었나니 이것은 주로 말미암아 된 것이요 우리 눈에 기이하도다 함을 읽어 본 일이 없느냐(마태복음 21:42)

한 포도원 주인이 포도가 결실을 잘 맺을 수 있도록 울타리를 두르고 즙 짜는 틀을 세우고 망대를 세우는 등 많은 비용을 투자한 후에 농부들에게 세를 주고 경작하게 한 후에 자기는 타국으로 일을 보러 갔습니다. 열매를 거둘 때가 되자 그는 자신의 포도원에서 추수한 열매를 받기 위해 자기 종들을 농부들에게 보냈습니다. 주인은 마땅히 추수한 열매를 받을 수 있는 합법적인 요구를 농부들에게 한 것입니다. 그런데 소작인들은 그 종들을 박대하며 하나는 심히 때리고, 하나는 죽이고, 하나는 돌로 쳤습니다. 다시 다른 종들을 보냈으나 결과는 마찬가지였습니다.

마지막으로 주인은 자기 아들을 보내면서 그들이 자기 아들만큼은 공경하리라 기대했습니다. 그러나 농부들은 그들이 아들을 죽이면 그 포도원이 자기의 소유가 될 것이라고 계산하고 아들을 잡아 포도원 밖으로 내쫓아 죽여 버리고 말았습니다. 말씀을 하신 후 예수님은 청중들에게 그 주인이 그 농부들을 어떻게 하겠느냐고 물으셨습니다. 청중들은 주인이 포도원을 그 농부들의 손에서 빼앗아 제 때에 열매를 바칠 만한 다른 농부들에게 줄 것이라고 대답했습니다.

포도원 농부들은 하나님이 보내신 사자들과 선지자들을 잡아 가두고 죽이고 때리고 마지막엔 아들이신 예수 그리스도마저 죽이게 될 이스라엘의 종교지도자들임을 말씀하셨습니다. 이어서 예수님은 시편 말씀[38]을 인용하시면서 건축자의 버린 돌이 하나님의 손에서 건축물 전체를 떠받치는 모퉁이의 머릿돌이 되었다고 말씀하십니다.

하나님께서는 종교지도자들이 옳다고 한 것을 뒤집으시고 예수 그리스도가 메시아 구세주이심을 밝히 증거하신 것입니다. 유대교 지도자들은 하나님의 나라에서 쫓겨나고 예수가 그리스도이심을 믿는 사람들이 참된 믿음의 열매를 받을 것이라고 경고하셨습니다. 대제사장과 바리새인들은 예수님이 하신 말씀이 자신들을 향해 하신 말씀인 줄 알고 예수님을 잡으려 안간힘을 썼습니다. 그러나 그들은 예수님을 선지자로 알았던 무리들이 무서워 행동으로 옮기지는 못했습니다.

♥ 예수님은 누구십니까?

건축자들이 버린 돌이 머릿돌이 되었듯이 사람들에게 배척당하고 죽임당하셨지만 하나님의 뜻을 이루시고 십자가에서 부활하신 메시아 구세주이십니다.

♡ 자신의 기득권을 주장하고 지키기 위해 또 자신들의 불의와 악을 감추기 위해 예수님께 온갖 모함을 하고 오히려 죄인 취급을 하며 배척으로 일관했던 종교지도자들은 돌 위에 돌 하나도 남기지 않고 완전히 멸망당하고 말았습니다. '자기를 높이는 자는 낮아지고 자기를 낮추는 자는 높아지리라.' 진리이신 예수님은 오늘 제게 어떻게 살아야 할지 가르쳐 주십니다. 오늘 저는 열매를 맺는 삶을 살고 있는지 또한 깊이 반성하고 회개합니다. 자기의 영광을 추구하고 세상의 부귀와 영화를 추구한다면 그 삶은 돌 위에 떨어지는 삶이 될 것입니다. 열매는커녕 가루가 되어 형체도 안 남는 비참한 삶이 될 것입니다. 믿음이란 예수 그리스

38) 시편 118:22 인용.

도를 주님으로 받아들이고 예수님과 예수님이 하신 모든 말씀을 받아들이며 자신의 삶을 온전히 주님께 바치고 순종하는 삶일 것입니다. 믿음은 단지 예수님이 주님이심을 아는 것이 아니라 예수님을 따르며 예수님께 자신의 모든 삶을 드리는 것입니다. 자기 의를 버리고 주님의 의를 받아들이고 주님을 따르는 삶이 되기를 기도합니다.

✝ 기도하기

주님! 포도원의 농부는 바로 저였습니다. 그렇게 많은 은혜를 베풀어 주셨음에도 열매를 맺기는커녕 주님을 기만하는 죄를 수없이 저질렀습니다. 저의 머릿돌이신 예수 그리스도께 회개하며 주님을 다시 의지하기를 원합니다. 저의 삶을 받아 주시기를 기도합니다. 주님을 따르고 주님께 순종하며 살아가기를 예수님의 이름으로 기도합니다. 아멘!

81

천국의 혼인 잔치

청함을 받은 자는 많되 택함을 입은 자는 적으니라(마태복음 22:14)

예수님은 천국을 아들을 위하여 혼인 잔치를 베푼 어떤 임금에 비유하셨습니다. 관례에 따라 임금은 잔치에 초대할 하객들에게 종들을 보내어 잔치에 참석하도록 했습니다. 그들은 임금의 초청에 와야 했지만 여러 가지 이유로 가기를 싫어했습니다. 임금은 다시 다른 종들을 보내어 소와 살진 짐승을 잡고 모든 것을 갖추었으니 잔치에 오라고 간청했지만 그들은 거절하고 각자 자기 일을 보기 위해 흩어졌고 심지어 보낸 종들을 잡아 모욕하고 죽이기까지 했습니다. 임금은 노하여 군대를 보내 그 살인한 자들을 진멸하고 동네를 불살랐습니다. 임금은 다시 종들에게 일러 준비된 혼인 잔치에 다른 사람들을 불러오라고 명하였습니다. 종들이 길에 나가 악한 자나 선한 자나 만나는 대로 모두 데려오니 혼인 잔치에 손님들이 가득했습니다. 임금이 한 사람에게 어떻게 예복도 입지 않고 들어왔냐고 물었습니다. 그는 혼인 잔치를 하찮게 생각하고 입던 옷을 그대로 입고 온 사람이었습니다. 그가 아무 말도 못 하자 임금은 그를 내쫓으라고 명령했습니다. 예수님은 혼인 잔치에 청함 받은 사람은 많지만 택함을 받은 사람은 적다고 말씀하셨습니다.

♥ 예수님은 누구십니까?

자격 없는 사람들에게 오직 은혜로 천국 잔치에 초대하셔서 하나님과 영원한 교제를 맺도록 하시는 왕이십니다.

♡ 천국의 혼인 잔치에 초대를 받았어도 응하지 않으면 잔치에 참여할 수 없듯이 복음을 들어도 믿고 받아들이지 않으면 구원받지 못할 것입니다. 하나님은 우리 모두에게 천국에 갈 수 있는 기회를 주셨는데 어떤 사람은 혼인 잔치를 거절합니다. 거절의 이유는 자기 밭을 지키러 가거나 사업을 위해서 등등 자기가 정한 더 중요한 이유로 다양했습니다. 심지어는 일을 방해한다는 이유로 보낸 종들을 모욕하고 죽이기까지 했습니다. 하나님 나라보다 더 우선하는 가치가 없는 사람만 그 나라의 백성이 될 것입니다. 예복을 안 입은 사람은 잔치를 우습게 생각하고 자기 옷이면 충분하다고 생각하는 오만한 사람이었습니다. 하나님이 준비하신 잔치를 사소하게 생각하고 거절하거나 준비 없이 가게 되지 않기를 기도합니다.

✝ 기도하기

하나님 아버지, 오만하고 교만한 종교지도자들의 불의를 통해서 저의 불의함을 보게 해 주셔서 감사합니다. 안이하고 오만한 삶을 살지 않도록 항상 저를 살피고 회개하고 다시 돌이켜 주님께 온전히 순종하는 제자가 되기를 간절히 예수님의 이름으로 기도합니다. 아멘!

82

가이사의 것은 가이사에게

그런즉 가이사의 것은 가이사에게, 하나님의 것은 하나님께 바치라 하시니(마태복음 22:21)

예수님이 계속 권위 있는 말씀으로 바리새인들을 제압하시자 그들은 헤롯 당원들과 서로 모의하여 어떻게 하면 예수님을 말의 올무에 걸리게 할까 의논했습니다. 바리새인들은 정치적, 종교적으로 헤롯 당원들과 원수지간이었지만 예수님을 함정에 빠트리기 위해서는 서로 의기투합하고 영합하였습니다. 바리새인들은 제자들을 헤롯 당원과 함께 예수님께 보내어 가이사[39]에게 세금을 바치는 것이 '옳은가' 아니면 '옳지 않은가'를 물었습니다.

이들은 이 질문으로 자신들이 예수님께 올가미를 씌웠다고 생각했습니다. 만약 예수님이 옳다고 하면 예수님은 이스라엘을 거슬러 로마 편을 드는 것이 되므로 매국노로 여길 판이었습니다. 만약 옳지 않다고 하면 로마의 권위를 거스른 반역자로 기소될 수도 있고 헤롯 당원들의 반발을 사게 될 것이었습니다.

예수님은 그들의 위선을 가장한 접근과 함정에 빠트리려는 질문의 그 검은 속셈을 아셨습니다. 예수님은 그들에게 "외식하는 자들아. 어찌 나를 시험하느냐?"라고 말씀하시고 세금 납부용 데나리온 동전을 가져오게 하셨습니다. 가이사의 형상이 새겨진 로마 화폐 데나리온에는 '가이사 아우구스투스'라는 글귀가 새겨져 있었습니다. 동전에 새겨진 형상과 문구는 로마의 통치 아래 있음을 분명히

39) 로마 황제를 가리키는 칭호.

해 주어 세금을 바쳐야 했습니다. "가이사의 것은 가이사에게 바치라." 주님은 또한 하나님께 속한 영역에 대해서도 말씀하셨습니다. "하나님의 것은 하나님께 바치라." 사람들은 하나님의 권위에도 예속되어 있습니다. 사람은 정치적인 의무와 영적인 의무를 함께 가지고 있습니다.

다시 말하면 예수님은 정부는 사람들의 생활 속에 차지하는 정당한 위치가 있으며, 사람이 정부와 하나님께 동시에 예속될 수 있다는 사실을 입증하신 것입니다. 예수님의 대답에 놀란 바리새인들과 헤롯 당원들은 입을 다물고 말았습니다.

♥ 예수님은 누구십니까?

예수님을 꺾으려는 세상의 어떤 음모와 의도에도 조금도 굴하지 않으시고 완전한 진리를 행하시는 하나님의 아들이시며 그리스도이십니다.

♡ 오늘도 명쾌한 예수님의 진리의 말씀을 듣고 감사드립니다. 예수님은 진실로 진리의 하나님이십니다. 로마의 지배하에 살고 있는 유대인들이 평화를 유지하기 위해서는 로마 정부에 바쳐야 할 세금을 내는 것이 마땅하다고 예수님은 지혜롭게 말씀하셨습니다. 예수님은 황제에게 대항하는 정치적인 왕국을 세우고 계신 것이 아니기 때문입니다. 그런데 로마를 비롯한 모든 인간을 다스리시는 분은 하나님이시므로 하나님께 성전세를 내는 것 또한 당연하다고 하셔서 가이사보다 더 크신 하나님 아버지를 증명하신 것입니다. 예수님은 사람들이 억지 논리를 가지고 덤벼들 때마다 세금이나 세속 권력에 대한 바른 태도를 설명하는 기회로 삼으셨습니다. 궁극적으로는 로마 황제의 영역과 하나님의 영역이 따로 있는 것이 아닙니다. 세속 정부를 세워 질서를 유지하는 하나님의 섭리를 인정하되 궁극적인 통치자는 하나님이심을 기억하라는 것입니다. 우리 역시 세속 권력에 대

해 불법을 요구할 때는 단호히 저항하고, 그렇지 않다면 세상보다 더 철저하게 법을 지켜야 할 것입니다.

✝ 기도하기

주님. 감사합니다. 완전하신 예수님께서 이 땅에 오셔서 우리에게 진리를 가르치시며 우리의 무지와 죄를 깨우쳐 주심을 감사드립니다. 우리의 죄를 대속하시기 위해 십자가 고난을 당하시고 죽임당하셨습니다. 사흘 만에 부활하셔서 우리도 이 세상의 죽음을 이기고 영생의 삶을 살 수 있도록 지금 하나님 보좌 우편에서 우리를 위해 성령을 보내시며 우리를 기다리고 계십니다. 항상 주님의 기쁨 되는 삶을 살기를 예수님의 이름으로 기도합니다. 아멘!

83

사두개인들의 질문

부활 때에는 장가도 아니 가고 시집도 아니 가고 하늘에 있는 천사들과 같으니라(마태복음 22:30)

이번에는 사두개인들이 예수님께 와서 예수님을 시험하는 질문을 던졌습니다. 그들은 부활이나 천사들이나 영들이 없다고 주장하는 종교적 자유주의자들이었습니다. 그들은 고의적으로 수혼법[40]과 관련된 모세법을 들고 와서 예수님을 곤경에 빠뜨리고자 했습니다.

이들은 '칠 형제가 있었는데 차례대로 다 죽어서 수혼법에 따라 첫째 형의 아내가 차례대로 동생들과 결혼하고 마지막으로 그 아내도 죽었는데 부활 때에는 그럼 그 아내는 누구의 아내가 되느냐'고 예수님께 질문을 했습니다.

예수님은 사두개인들의 그 질문이 성경도 하나님의 능력도 알지 못하기 때문에 오해하는 것이라 말씀하셨습니다. 사두개인들은 백성들의 지도자이면서 백성들을 잘 가르치기 위해 성경을 잘 알아야 했습니다. 하나님은 성경에서 부활을 가르치셨고 능히 사람을 부활시키실 수 있는 분임을 먼저 말씀하셨습니다.

그런 다음 예수님은 사두개인들의 두 가지 그릇된 개념을 시정해 주셨습니다. 첫째는 하늘에서의 삶은 단순히 지상에서의 삶의 연장이 아니라고 말씀하셨습니다. 영원한 삶이 계속되는 천국에서 결혼은 불필요할 것입니다. 영화(榮化)된 몸을 입은 후에는 결혼의 기본 목적 중 하나인 자식을 더 이상 낳을 필요가 없을 것

40) 장자가 죽으면 동생이 형수에게 장가들어 그 집안의 대를 잇는 법.

입니다. 영화된 몸을 입은 신자들은 그러한 면에서 천사들과 같이 될 것인데 천사들은 그들끼리 자식을 낳지 않기 때문입니다. 그러나 예수님은 사람들이 천사들이 된다고 하신 것은 아닙니다.

둘째, 사두개인들이 제기한 보다 중요한 문제는 부활에 관한 것이었습니다. 만일 그들이 구약 성경을 읽었다면 내생(來生)이 분명히 있으며 사람이 죽은 후에도 계속 존재함을 알았을 것입니다. 사두개인들은 부활이 우스꽝스럽게 들렸는데 이는 사람의 존재가 죽음과 함께 끝나는 것이라 믿었기 때문입니다.

예수님은 광야에 있는 불타는 떨기나무에서 하나님이 모세에게 나타나셔서 하신 말씀을 인용하셨습니다. "나는 아브라함의 하나님이요, 이삭의 하나님이요, 야곱의 하나님이로라(**I am** the God of your father, the God of Abraham, the God of Isaac and the God of Jacob.)."

만일 아브라함과 이삭과 야곱이 죽어서 어디에도 존재하지 않았다면 '나는 ~이노라(I am)'라는 말 대신 '나는 ~이었노라(I was)'라고 표현하셨을 것입니다. 현재 시제의 사용은 하나님이 여전히 그 족장들의 하나님이심을 암시했는데 이는 그들이 하나님과 함께 살아 있으며 장차 의인들의 부활에 동참할 것이기 때문입니다. 예수님은 사두개인들을 깨끗하게 물리치셨습니다. 무리는 예수님의 가르치심에 더욱 놀랐습니다.

♥ 예수님은 누구십니까?

우리를 구원하시기 위해 십자가에 죽으시고 부활하시어 하나님 보좌 우편에 계시며 다시 오셔서 하나님의 택하신 자녀들을 생명의 부활에 참여하게 하시는 그리스도이십니다.

♡ 예수님이 말씀하셨듯이 우리는 이 세상에서 죽은 마지막 모습을 가지고 천국에 가는 것이 아니라 살아 있을 때 주님과 동행하고 교제할 때의 주님을 만나는 것입니다. 그렇다고 해서 육신의 모습이 그대로 하늘에 올라간다는 뜻은 아닐 것입니다. 부활하신 예수님을 만난 제자들도 처음에는 잘 알아보지 못했지만 시간이 흐르자 예수님을 알아보았습니다. 부활의 몸은 분명 세상에 육신으로 있을 때와는 다르지만 살아 있을 때의 모습과 관련이 있을 것입니다. 예수님께서 사두개인들에게 하신 말씀이 부활에 대한 전부는 아닐 것입니다. 구원받은 사람은 예수님이 부활하신 것처럼 부활의 소망을 가지고 이 세상에서 그에게 주신 소명의 삶에 최선을 다하며 살아야 할 것입니다.

✝ 기도하기

하나님 아버지, 감사합니다. 오늘 부활에 대한 구체적인 그림을 그려 볼 수 있게 해 주셔서 감사합니다. 하나님은 살아 있는 저를 영원히 인도하시는 분이십니다. 이 세상에서 주신 사명도 소홀히 하지 말고 충성을 다할 수 있도록 인도하여 주시기를 바랍니다. 예수님의 이름으로 기도합니다. 아멘!

84

가장 크고 첫째 되는 계명

예수께서 이르시되 네 마음을 다하고 목숨을 다하고 뜻을 다하여 주 너의 하나님을 사랑하라 하셨으니 이것이 크고 첫째 되는 계명이요 둘째도 그와 같으니 네 이웃을 네 자신과 같이 사랑하라 하셨으니 이 두 계명이 온 율법과 선지자의 강령이니라(마태복음 22:37-40)

사두개인들이 예수님의 질문에 아무 대답을 하지 못했다는 소식을 듣고 이번에는 바리새인들이 찾아왔습니다. 그중의 한 율법사가 예수님을 시험하여 질문을 던졌습니다. "계명 중에 어느 계명이 가장 큰 계명입니까?" 이것은 당시 종교 지도자들 사이에서 논란이 되어 왔던 문제로서 여러 다양한 계명들이 서로 가장 중요한 계명인 양 주장하며 논란을 일으키고 있었습니다.

예수님은 즉시 십계명을 요약하셨습니다. 가장 크고 첫째 되는 계명은 "사람이 마음을 다하고 목숨을 다하고 뜻을 다하여 주 너의 하나님을 사랑하는 것이다." 이는 신명기 6장 5절 말씀을 인용하신 것입니다. 다음으로 둘째 되는 계명은 "이웃을 네 자신같이 사랑하는 것이다"고 말씀하셨습니다. 이것은 레위기 19장 18절의 말씀을 인용하신 것입니다.

첫 번째 계명은 십계명의 첫 돌판에 적힌 1계명에서 4계명까지를 요약하신 것이고 두 번째 계명은 십계명의 두 번째 돌판에 적힌 5계명에서 10계명까지를 요약하신 것입니다. 이 두 계명이 선지자의 강령이라고도 말씀하셨는데 이는 구약성경 전체가 이 두 사항, 즉 하나님과 그의 형상에 따라 창조된 이웃들을 사랑하는 것을 발전시키고 확대시키는 것이었습니다.

마가복음에서는 그 율법사가 예수님의 말씀이 옳고 번제나 희생 제사를 드리는 일보다 하나님과 이웃을 사랑하는 일이 더 중요하다고 말하고 있습니다. 예수님은 그 율법사에게 하나님의 나라에서 멀지 않다고 칭찬해 주셨습니다. 그리고 그 후에는 감히 묻는 자가 없었다고 마가는 덧붙이고 있습니다.

♥ 예수님은 누구십니까?

우리를 구원하시기 위해 하나님의 아들이시며 인간의 모습을 입고 세상에 오셔서 하나님 사랑과 이웃 사랑의 율법을 완성하신 그리스도이십니다.

♡ 예수님은 네 마음을 다하고 목숨을 다하고 뜻을 다하여 주 너의 하나님을 사랑하는 것이 첫째 계명이고 네 이웃을 네 자신과 같이 사랑하는 것도 첫째와 같다고 하시며 이 두 계명이 바로 율법이요 선지자라고 말씀하십니다. 즉 이 두 계명은 구분할 수는 있지만 분리될 수 없는 하나의 계명이라고 하신 것입니다. 주 하나님을 사랑하지 않는 사람은 이웃도 사랑할 수 없을 것입니다. 역으로 주 하나님을 전심으로 사랑하는 사람은 이웃을 사랑하지 않을 수 없을 것입니다. 이 두 계명의 관계는 뗄 수 없는 상호침투적인 관계임을 오늘 말씀에서 다시 되새기게 됩니다. 하나님을 사랑하는 것은 곧 이웃을 사랑하는 길임을 알게 됩니다. 예수님은 가장 큰 계명은 하나님과 이웃을 사랑하는 것이라고 하십니다. 바울 사도도 고린도전서에서 내가 천사의 말을 하고 사람의 방언을 말하여도 사랑이 없으면 소리 나는 구리와 울리는 꽹과리와 같다고 하였습니다. 산을 옮길 만한 믿음이 있고 예언하는 능력이 있어서 모든 지식과 비밀을 안다고 해도 사랑이 없으면 나는 아무것도 아니라고 하였습니다. 내게 있는 모든 것으로 구제하고 내 몸을 불사르게 내줄지라도 사랑이 없으면 내게 아무 유익이 없다고 하였습니다. 하나님 사랑과 이웃 사랑을 실천하며 살아가는 하나님의 자녀이자 그리스도의 제자

가 되기를 기도합니다.

✝ 기도하기

하나님 아버지, 감사합니다. 가장 큰 두 계명을 말씀해 주셔서 하나님 사랑과 이웃 사랑이 제가 평생 살면서 지켜야 할 계명임을 말씀해 주셨습니다. 억지로 의무적으로 지키는 것이 아니라 정말 마음을 다하고 뜻을 다하고 힘을 다하여 진심으로 사랑할 수 있기를 간절히 예수님의 이름으로 기도합니다. 이 두 계명은 사실은 하나라고 말씀하십니다. 제가 하나님을 사랑한다면 이웃을 사랑하지 않을 수 없을 것입니다. 가족, 친구, 동료, 제자, 교회 성도들, 또 잘 모르는 이웃들까지 사랑의 영역을 더욱 확장해 나가며 사랑하고 봉사하고 물심양면으로 돕고 베푸는 삶을 살 수 있기를 예수님의 이름으로 기도합니다. 아멘!

85

주께서 내 주에게 이르시되

다윗이 그리스도를 주라 칭하였은즉 어찌 그의 자손이 되겠느냐 하시니(마태복음 22:45)

예수님께 더 이상 바리새인들이 질문을 하지 못하자 이제 예수님께서는 주도적으로 그들에게 질문을 하셨습니다. "너희는 그리스도에 대해서 어떻게 생각하느냐? 그는 누구의 자손이냐?" 그들은 메시아가 다윗의 계보에서 올 것을 알았으므로 즉시 대답했습니다. "다윗의 자손입니다." 예수님은 이 대답에 이어서 다시 시편 110편 1절을 인용하시며 물으셨습니다.

"주(하나님)께서 내(다윗) 주(그리스도)에게 이르시되 내(하나님)가 네(그리스도) 원수를 네(그리스도) 발아래에 둘 때까지 내(하나님) 우편에 앉아 있으라."

다윗은 오실 메시아가 다윗의 혈통인 인간일 뿐 아니라 자신의 주가 되실 것이라고 말했습니다. 바리새인들은 이 시편을 다윗이 하나님께 영감을 받아 메시아를 예언한 것으로 받아들이고 있었습니다. "다윗이 그리스도를 주라고 칭하였는데 어찌 그의 자손이 되겠느냐?" 예수님의 이 질문에 어느 누구도 나서서 대답하거나 반박할 수 없었습니다. 대제사장들과 장로들, 바리새인들과 헤롯 당원들과 사두개인들에 이르기까지 예수님의 모든 대적들은 잠잠해졌습니다.

♥ 예수님은 누구십니까?

태초부터 계시고 하나님의 율법과 선지자들이 증거하는 하나님의 아들 그리스도이십니다.

♡ 예수님은 하나님의 아들로서 태초부터 하나님과 함께하신 분입니다. 인간으로 오셨을 때는 다윗의 후손으로 오셨지만 원래 예수님은 하나님과 동등하신 분이십니다. 예수님의 신성과 무한하신 능력을 느끼게 됩니다. 저의 죄를 사해 주시고 영원한 삶을 약속해 주신 그리스도이시니 당연한 것이라 생각합니다. 예수님의 능력과 신성을 의심하거나 믿지 못하면 믿음이 흔들리게 될 것입니다. 믿음의 확신은 예수님이 누구신가를 아는 데에 있다고 생각합니다. 예수님이 누구신지 알아야 믿음이 자랄 것입니다. 매일 성령이 이끌어 주시는 말씀을 묵상하고 연구하고 실천하기를 기도합니다.

✝ 기도하기

예수님, 감사합니다. 오늘 예수님이 하나님이시고 다윗의 주이실 뿐 아니라 저의 주님이심을 고백하며 감사드립니다. 하늘 영광을 버리시고 인간을 구원하시기 위해서 낮고 낮은 이곳으로 임하신 다윗의 주이시자 저의 주님이신 예수 그리스도를 따르고 사랑하기를 간절히 원합니다. 다윗처럼 늘 성령에 감동이 되어 그리스도를 나의 주로 고백하며 주님의 성품을 닮아 갈 수 있도록 예수님의 이름으로 기도합니다. 아멘!

86

랍비[41]라 칭함 받지 말라

누구든지 자기를 높이는 자는 낮아지고 누구든지 자기를 낮추는 자는 높아지리라(마태복음 23:12)

논쟁을 마치신 후에 예수님은 말씀을 듣고 있던 무리들과 제자들에게 바리새인들과 서기관들은 율법을 가르치면서 지키지는 않는 사람들이라고 하셨습니다. 그들이 말하는 내용은 행하고 지키되 그들의 행위는 본받지 말라고 말씀하셨습니다.

그들은 자기들은 손가락 하나 움직이려 하지 않으면서 무거운 율법의 짐을 묶어서 다른 사람의 어깨에 짊어지게 하여 죄책감과 패배감에 짓눌려 살게 만드는 자들이었습니다. 또 사람들에게 과시하기 위해 화려한 귀족의 옷을 잘 차려입고 회당에서나 잔치 자리에서나 가장 상석에 앉으며 시장에서는 사람들의 절을 받고 랍비라 불리는 것을 좋아했습니다.

예수님은 제자들과 무리들에게 랍비라 칭함 받지 말라 하십니다. 너희는 다 형제들이라 하십니다. 지도자는 오직 한 분 그리스도시라 하십니다. 너희 중에 큰 자는 너희를 섬기는 자가 되어야 한다고 하십니다. 누구든지 자기를 높이는 자는 낮아지고 자기를 낮추는 자는 높아진다고 하십니다.

41) 히브리어로 유대교에서 율법학자 또는 존경받는 선생을 일컫는 호칭.

♥ 예수님은 누구십니까?

우리를 구원하시기 위해서 하늘 보좌를 버리시고 이 땅에 오셔서 오로지 섬기는 삶을 살다가 십자가에 못 박혀 죽으시고 부활하신 그리스도이십니다.

♡ 서기관과 바리새인들은 하나님께 진정으로 순종하고 하나님 앞에 서기 위해 의롭게 되려는 것이 아니라 사람들 앞에서 겉으로 의롭게 보이는 것만을 바랐습니다. 그들은 겉으로만 경건한 척하는 위선과 거짓의 탈을 쓴 자들이었습니다. 사람들에게 잘 보이려고 하는 것은 참된 신앙의 모습이 아니라 거짓이고 연기입니다. 자기를 높이는 길은 곧 하나님께서 낮추는 삶으로 들어가는 길이라 말씀하십니다. 선생님이라 칭할 수 있는 분은 오직 그리스도 한 분이십니다. 하나님의 자녀라면, 그리스도의 제자가 되고자 한다면 가장 먼저 자신을 낮추고 섬김의 삶을 배우는 일이 우선되어야 할 것이라 말씀하십니다.

✝ 기도하기

하나님 아버지, 오늘 주신 말씀을 깊이 새기고 자기를 낮추는 자로 살기를 기도합니다. 섬김을 받기보다는 섬기는 자로 살기를 간절히 기도합니다. 정말 힘들고 어려운 길이 되겠지만 예수님께서 할 수 있다고 하십니다. 성령이 도와주실 것이라 하십니다. 예수님이 기뻐하시는 삶을 살아가기를 예수님의 이름으로 간절히 기도드립니다. 아멘!

87

화 있을진저 1

화 있을진저 외식하는 서기관들과 바리새인들이여 너희는 천국 문을 사람들 앞에서 닫고 너희도 들어가지 않고 들어가려 하는 자도 들어가지 못하게 하는도다(마태복음 23:13)

예수님은 서기관과 바리새인들이 지금과 같이 계속 악을 저지른다면 앞으로 닥치게 될 멸망에 대한 경고로서 일곱 가지 '화'를 선포하셨습니다. 이 저주들은 거짓된 종교가 하나님 앞에서 철저하게 심판당하게 될 것을 선포하신 것입니다.

첫 번째 화는 바리새인들과 서기관들이 천국 문을 막고 그 앞에서 자기도 들어가지 않으면서 다른 사람들도 못 들어가게 하는 외식을 향해 화를 선포하셨습니다. 그들은 자기도 예수님을 믿지 않으며 그들을 지도자로 생각하고 따라오는 사람들에게까지 예수님을 믿지 못하게 한 죄를 지었습니다.

두 번째 화는 그들의 열성적인 포교 행위에 화를 선포하셨습니다. 그들은 교인 하나를 얻기 위해서 온 나라를 찾아다녀 데려온 후에 개종을 시키고 진리를 어둡게 하는 율법을 강요하여 자기들보다 배나 더 악한 지옥 자식을 만들고 있었습니다.

세 번째 화는 그들의 간교하고 교활한 맹세에 대해 화를 선포하셨습니다. 그들은 맹세할 때 자기들의 맹세가 무효가 될 수 있도록 기준을 만들어 조작해 놓았습니다. 즉 사람이 성전으로나 제단으로 맹세하는 건 아무 의미가 없다고 했습니다. 그러나 성전에 있는 금이나 제단의 예물로 맹세했다면 그것은 맹세가 되어 반드시 지켜야 한다는 것입니다. 이는 그들이 성전이나 제단에 드리는 예배에는 관심이 없고 성전의 금과 예물에만 관심을 두고 있음을 보여 주는 것입니다.

네 번째 화는 박하와 회향과 근채의 십일조까지 엄격하게 따져 드리면서 율법의 중요한 정신인 정의와 긍휼과 믿음은 전혀 행하지 않는 그들에게 화를 선포하셨습니다. 예수님은 그 둘 다 행하고 버리지 말라 하십니다. 그들은 하루살이와 같이 작은 일들에는 시비를 따지면서 걸러내고 낙타와 같이 큰일에는 그냥 넘어가는 이율배반적인 삶을 사는 자들이었습니다.

♥ 예수님은 누구십니까?

외식하는 위선자들의 마음속에 있는 악한 속마음을 꿰뚫어 보시고 그 악을 들추어내어 심판하시는 심판주이십니다.

♡ 예수님은 수많은 무리들과 제자들에게 산상수훈 등 천국 복음을 많이 말씀하시고 수많은 병자들을 치료하시고 천국 복음을 가는 곳마다 전파하셨습니다. 그러나 위선과 거짓으로 똘똘 뭉쳐 전혀 회개할 마음이 없는 바리새인들과 서기관들에게는 일곱 가지 화를 선포하십니다. 그들은 사람들에게 자신들이 정말 선하고 고상하고 존경받을 만한 인품이 있는 사람처럼 가장하고 보이려 했지만 예수님을 속일 수는 없었습니다. 그들의 그 외식 행위는 그야말로 포장이었던 것입니다. 자신들의 포교 행위를 위해서, 또 지도자로 계속 군림하기 위해서 어리석은 백성들을 사지로 몰고 있었던 것입니다. 또 탐욕을 부리며 하나님의 성전의 예물과 돈에만 관심을 쏟고 예배와 제사는 형식일 뿐이었던 것입니다. 그들의 거짓과 위선을 보면서 그들의 부패한 모습이 이 시대에도 만연해 있음을 무거운 마음으로 느끼게 됩니다. 오늘 화를 선포하신 예수님께서 바리새인들과 서기관들의 어떤 모습을 그렇게 심각하게 질타하시는지 다시 찬찬히 읽어 보게 됩니다.

저에게는 이런 모습들이 없는지 스스로 물어보게 됩니다. 전혀 없다고 할 수 없습니다. 아니, 늘 이런 모습들이 제게 있었습니다. 다만 하나님께서 가려 주시고 오래 참아 주시고 용서해 주신 것이 다를 뿐입니다. 그러나 끝까지 회개하지 않고 악을 되풀이한다면 오늘 화를 선포하신 바리새인들과 다를 바 없을 것임을 명심하고 두렵고 떨리는 마음으로, 신실한 믿음으로 살아야 할 것임을 오늘 말씀을 통해 다시 다짐합니다.

✝ 기도하기

하나님 아버지, 감사합니다. 오늘 화를 선포하신 예수님의 그 강력하신 말씀이 그들에게만 적용되는 것이 아니라 저에게도 적용됨을 고백합니다. 그럼에도 불구하고 한없이 용서해 주시고 화를 내리지 않으시며 무한히 참아 주시는 하나님 아버지의 긍휼하심에 너무나 감사드리고 회개하여 다시 돌이키는 삶을 살기를 예수님의 이름으로 기도합니다. 아멘!

88

화 있을진저 2

화 있을진저 외식하는 서기관들과 바리새인들이여 잔과 대접의 겉은 깨끗이 하되 그 안에는 탐욕과 방탕으로 가득하게 하는도다(마태복음 23:25)

다섯 번째 화는 바리새인들의 위선에 대해서 강하게 질타하셨습니다. 그들은 눈에 드러나는 외적인 깨끗함에만 관심이 있었습니다. 그들의 마음속은 탐욕과 방탕으로 가득했습니다. 그들의 청결은 무엇보다도 남에게 보이기 위한 것이었습니다. 그들의 삶은 강포와 무절제를 벗어나지 못했습니다. 그들은 겉을 깨끗하게 하기 전에 먼저 안을 깨끗이 해야 했습니다.

여섯 번째 화에서 예수님은 외적인 청결에 관한 앞의 논지를 계속 이어 가셨습니다. 앞에서 그들의 행실에 관해 말씀하셨다면 여섯 번째는 그들의 외양을 언급하셨습니다. 예수님은 서기관과 바리새인들을 회칠한 무덤이라고 부르셨습니다. 당시의 풍습은 무덤을 아름답게 보이기 위해 겉에 하얗게 회칠을 했습니다. 그러나 무덤 안은 죽은 자들의 썩은 육신으로 가득했습니다. 이와 같이 바리새인들은 그 종교적 외형 때문에 겉으로는 아름다워 보였지만 안으로는 부패하고 썩어 가고 있었습니다. 그들은 외식과 불법으로 가득 차 있었습니다.

마지막 일곱 번째 화도 종교지도자들의 위선에 대해 질타하셨습니다. 그들은 선지자들의 무덤을 만들고 의인들의 비석을 장식하는 데 많은 시간과 노력을 들였습니다. 그들은 만일 자기들이 선지자 시대에 살았다면 의로운 선지자들이 피를 흘린 일에 결코 참여하지 않았을 것이라고 당당하게 말하고 다녔습니다. 그러나 예수님께서는 그들의 행위가 도리어 그들의 조상인 선지자들을 죽인 자라는 것을 입증하고 다니는 것이라고 질타하셨습니다. 가장 크신 선지자이신 예수님을 배척한 그들은 조상들의 발자취를 따라 그 죄의 양을 채우게 될 것입니다.

♥ 예수님은 누구십니까?

어떤 사람도 반박할 수 없는 완전한 의를 지니셨으며 악하고 어리석은 인간의 본성을 깨우쳐 주시는 진리이신 하나님이십니다.

♡ 예수님께서는 바리새인들과 서기관들의 외식을 지적하시며 그들은 사탄의 사주를 받은 악인들이며 지옥의 판결을 피할 수 없다고 무섭게 경고하십니다. 복음서의 다른 곳에서는 예수님이 이렇게 화를 내시는 모습을 본 적이 없습니다. 겉으로 보이는 청결에는 큰 관심을 가지고 깨끗하게 하려고 노력하면서 온갖 탐욕과 방탕함으로 더러워져 있는 이중적 삶에 대해서 예수님은 불꽃같은 눈으로 다 꿰뚫어 보시고 간파하신 것입니다. 예수님은 지금 저의 위선도 보고 계실 것입니다. 과거에 저질렀던 그 탐욕과 방탕의 죄들을 보고 계실 것입니다. 아니, 이미 다 보셨습니다. 그러나 제게 질타하지 않으시고 제가 회심하고 변화되기만을 조용히 기다려 주신 것이라 생각하니 감사한 마음에 목이 멥니다. 다른 사람들에게 잘 보이려고 열심히 꾸몄던 저의 지난날의 외식을 다 알고 계시는 주님은 어느 날부터 조금씩 외형이 아닌 내면을 채우기를 말씀하시며 말씀의 세계 안으로 인도해 주셨습니다. 이제는 정말 하루라도 말씀을 읽고 듣지 않으면 마음이 공허하고 평안이 사라지게 된 때에 이르기까지 저를 오래오래 참아 주신 주님께 정말 감사드립니다. 앞으로 더욱 말씀을 읽고 듣고 쓰는 것만이 아니라 그 말씀을 지키는 자가 되어서 하나님을 기쁘게 해 드리게 되기를 간절히 바라고 기도합니다.

✝ 기도하기

하나님 아버지, 감사합니다. 오늘 바리새인들의 그 지독한 위선을 보며 저의 과거의 모습과 현재의 모습을 보게 해 주셨습니다. 정말 그 못지않게 부패하고 타락했던 저를 일깨워 주시고 깨끗한 성령으로 인도하여 주셔서 점점 더 변화되어 가도록 기다려 주시고 사랑을 베풀어 주신 주님의 은혜에 너무나 감사드립니다. 성령이 충만하지 못하고 형식적, 습관적인 종교 생활에 빠지면 저도 언제든지 이렇게 될 수 있다는 것을 명심하고 살아갈 수 있도록 인도하여 주시기를 원합니다. 주님의 신령한 말씀을 먹으며 갈수록 더욱 하나님과 사람들에게 신실하고 정직하고 선한 주님의 자녀가 되어 가기를 예수님의 이름으로 간절히 기도드립니다. 아멘!

89

아벨의 피로부터 사가랴의 피까지

내가 진실로 너희에게 이르노니 이것이 다 이 세대에 돌아가리라(마태복음 23:36)

그들의 삶은 정말 뱀과 같고, 독사의 새끼와 같이 사악하고 교활하고 흉했기 때문에 예수님은 그들이 영원한 종착역인 지옥으로 떨어질 것을 아셨습니다. 주님은 선지자들과 지혜 있는 자들과 서기관들을 보냈지만 종교지도자들은 그들의 메시지를 거부하고 심지어는 그중에서 더러는 죽이고 더러는 채찍질하고 구박할 것이라고 예언하셨습니다.

그래서 마침내 자기 형인 가인에게 죽임당한 인류 최초의 순교자 아벨의 피로부터 요아스왕에 의해 죽임당한 마지막 순교자 사가랴의 피까지 땅 위에서 흘린 의로운 피가 다 그들 종교지도자들에게 돌아갈 것이라고 선포하셨습니다.

심판은 맹인 된 인도자들을 따른 그 시대의 유대인들에게도 임할 것인데 이는 그들이 무죄한 피를 흘리는 일에 동참했기 때문이라 말씀하셨습니다. 예수님은 자신이 죽으신 후에 사도들이 선포하게 될 복음을 백성들이 계속 배척하리라는 것도 예견하셨습니다. 예수 그리스도를 거부한 그들은 마침내 AD 70년 로마 군인들에 의해 철저히 짓밟히고 말았습니다.

♥ 예수님은 누구십니까?

인간의 모든 역사의 중심에 계시며 의인을 세우시고 악한 자를 심판하시는 심판주이시며 미래를 훤히 꿰뚫어 보시는 전능하신 하나님이십니다.

♡ 아벨은 하나님께 의로운 제사를 드리다가 그의 형 가인의 시기와 질투로 죽임당한 인류 최초의 순교자입니다. 요아스왕은 여호야다가 죽은 후에 제사장직을 물려받은 사가랴가 자신의 악한 행동을 책망하며 바른 말을 하자 그를 죽여 버렸습니다. 예수님은 이 두 역사적 인물을 열거하시며 종교지도자들의 악한 행동을 정죄하셨습니다. 그리고 그들이 어떻게 비참한 운명을 맞이하게 될 것인지도 예언하셨습니다. 예수님이 예언하신 대로 종교지도자들이 하늘같이 여기던 예루살렘 성전은 AD 70년에 로마의 티투스 장군에 의해 철저히 무너져 버렸습니다. 종교지도자들은 자신의 운명이 어찌 될 줄도 모르고 사사건건 예수님을 배척하고 진리를 거슬렀던 것입니다.

✝ 기도하기

하나님 아버지, 성경의 말씀들은 수천 년이 지난 지금도 살아 역사하시는 말씀임을 깨닫게 됩니다. 말씀을 깨닫고 순종하는 일은 성령의 인도하심이 없다면 불가능할 것이라 생각합니다. 매일 말씀을 통해 주님을 뜨겁게 만나며 믿음이 더욱 자랄 수 있도록 예수님의 이름으로 간절히 기도합니다. 아멘!

90

예루살렘아, 예루살렘아

예루살렘아 예루살렘아 선지자들을 죽이고 네게 파송된 자들을 돌로 치는 자여 암탉이 그 새끼를 날개 아래에 모음같이 내가 네 자녀를 모으려 한 일이 몇 번이더냐 그러나 너희가 원하지 아니하였도다(마태복음 23:37)

"예루살렘아, 예루살렘아." 예수님은 예루살렘 성을 향해 탄식하셨습니다. 예루살렘은 이스라엘 민족 전체를 비유하신 것입니다. 그들은 선지자들을 죽이고 그들에게 파송된 자들도 돌로 쳤었습니다. 예수님은 마치 암탉이 그 새끼를 날개 아래 모음같이 이스라엘 백성들을 한데 모으기를 원하셨습니다. 그러나 백성들은 위험이 닥쳤을 때 주님께 돌아가기를 고의적으로 거부했습니다. 그들은 자기들의 죄로 인해 예루살렘 성과 왕조가 무너지는 심판을 받게 되었습니다.

그러나 예수님께서 그 백성 및 예루살렘 성을 아주 버리신 것은 아니었습니다. 비록 그는 곧 떠나실 것이었으나 장차 다시 나타나셔서 배척이 아닌 영접을 받으실 것입니다. 그날에 백성들은 "찬송하리로다, 주의 이름으로 오시는 이여"[42] 하며 예수 그리스도를 열렬히 환영할 것입니다. 예수님은 천년왕국을 세우시기 위해 지상에 재림하실 것입니다.

♥ 예수님은 누구십니까?

큰 환난의 때가 지나고 마침내 예수님을 영접할 준비가 된 때에 지상에 다시

42) 시편 118:26 인용.

오셔서 천년왕국을 이루실 메시아이시며 구주이십니다.

♡ 오늘 예수님의 말씀에서 당장 눈앞에 일어나는 일들에만 마음을 쏟던 태도를 바꾸어 먼 미래에 일어날 일들을 상상하여 보았습니다. 예수님은 지금 하늘의 보좌 우편에 앉아 계시며 우리에게 성령을 보내셔서 함께하시고 계십니다. 예수님은 언젠가 하나님의 때가 되면 다시 이 땅에 오신다고 약속하셨습니다. 그때가 언제가 될지 아무도 모릅니다. 제가 죽기 전일 수도 죽고 나서 한참 후일 수도 있습니다. 때와 시기는 알 수 없습니다. 그러나 제가 이미 죽었든 안 죽었든 간에 예수님이 오신다는 것은 사실입니다. 이 진리를 믿으며 소망을 가져야 될 것입니다. 예수님은 천년왕국을 세우시며 하나님의 성도들과 영원히 함께하시기 위해 반드시 오실 것입니다.

✝ 기도하기

하나님 아버지, 감사합니다. 오늘 예수님께서 예루살렘의 운명을 예고하시며 우리에게도 소망을 주시는 말씀을 주셨습니다. 예수님은 다시 오십니다. 예수님이 다시 오실 때까지 주님의 사랑과 의에 순종하고 온전한 다스림을 받는 자녀들이 되게 해 주시기를 예수님의 이름으로 간절히 기도합니다. 아멘!

91

돌 하나도 돌 위에 남지 않고

대답하여 이르시되 너희가 이 모든 것을 보지 못하느냐 내가 진실로 너희에게 이르노니 돌 하나도 돌 위에 남지 않고 다 무너뜨려지리라(마태복음 24:2)

예수께서 방금 하신 말씀이 제자들의 귓전에 아직도 쟁쟁했습니다. 제자들은 만약 예루살렘 성전이 파괴된다면 메시아께서 통치하실 백성이 어떻게 존재할 것인지 회의적인 마음을 품으며 마치 성전 건물들의 장엄한 모습을 예수님께 일부러 보시라고 강조하듯이 그곳을 가리켰습니다. 그러나 예수님은 더 경악할 말씀을 제자들에게 하셨습니다. "내가 진실로 너희에게 이르노니 돌 하나도 돌 위에 남지 않고 다 무너뜨려지리라."

이제 제자들은 이 모든 일이 언제 일어날 것인지 궁금하게 되었습니다. 예수님께서는 베다니로 가시는 도중 감람산에 이르셨고 제자들이 예수님께 왔습니다. 베드로, 야고보, 요한, 안드레가 예수님께 두 가지 단도직입적인 질문을 했습니다. "어느 때에 이런 일이 있겠습니까?" "주의 임하심과 세상 끝에는 무슨 징조가 있습니까?" 제자들의 이 두 가지 질문에 대한 답으로 예수님은 이른바 '감람산 강화'라고 하는 긴 설교를 하셨습니다. 예수님은 예루살렘 성전이 파괴될 것과 주님의 재림과 세상 끝에 관한 징조를 말씀하셨습니다.

♥ 예수님은 누구십니까?

예수님은 하나님의 뜻을 행하시기 위해 이 땅에 인간의 육신을 입고 오신 참 성전이시며 참하나님이십니다.

♡ 제자들은 예수님이 하나님의 아들로서 큰 권능을 행하시는 것을 보았기 때문에 예수님이 기적을 베풀어 주실 때 열광했고 정말 지상에서 왕국을 건설할 날이 멀지 않았다고 생각했습니다. 그래서 예수님의 양 옆자리에 누가 앉을까 서로 경쟁하기도 했던 것입니다. 그러나 제자들 앞에 계신 예수님은 전혀 다른 모습이셨습니다. 제자들의 눈에 보이는 화려한 성전이 돌 위에 돌 하나도 남기지 않고 파괴될 것이라는 청천벽력 같은 말씀을 하셨습니다. 제자들은 그때까지 성전 안에 하나님이 살고 계신다고 생각하며 성전은 곧 하나님이라고 생각해 왔습니다. 그러나 하나님의 임재 장소인 성전도 하나님의 뜻을 거스르고 하나님을 온전히 예배하지 못하고 본질을 떠나게 되면 더 이상 성전이 아닌 것입니다.

✝ 기도하기

주님, 예루살렘 성전이 무너졌듯이 인간이 그릇된 생각을 가지고 만들고 숭배한 것들은 다 무너진다는 것을 오늘 말씀에서 깨우쳐 주십니다. 오직 예수 그리스도의 사랑과 낮아짐과 섬김만이 영원히 우리가 함께 가지고 가야 할 가치임을 가르쳐 주심을 감사드리며 예수님의 이름으로 기도합니다. 아멘!

92

세상 끝 날의 징조

민족이 민족을, 나라가 나라를 대적하여 일어나겠고 곳곳에 기근과 지진이 있으리니 이 모든 것은 재난의 시작이니라(마태복음 24:7-8)

예수님은 이제 영광의 재림을 하시기 전에 앞서 일어날 여러 징조에 대해서 말씀하셨습니다. 먼저 재림 전에 있을 대환난에 대해 말씀하셨습니다. 이를 다니엘의 이레[43]라고도 부릅니다.

이 기간에는 첫째, 적그리스도들이 나타나 많은 사람들을 미혹시키고 혼란에 빠트릴 것이라고 하십니다. 교회 역사 내내 지금까지 많은 이들이 스스로를 그리스도라고 주장해 왔습니다. 둘째, 난리와 난리의 소문이 퍼지고 민족이 민족을 대적하는 일이 일어나겠지만 이것이 끝은 아니라고 하셨습니다. 이런 무시무시한 사건들은 피조물 전체를 구속할 예수님의 재림 때까지 이 시대의 일상적인 모습이 될 것입니다. 셋째, 곳곳에 기근과 지진이 일어나 대자연이 요동치는데 이 모든 징조는 재난의 시작이 될 것이라고 하셨습니다. 여기서 재난이란 산고란 뜻으로 마치 임산부의 진통이 임박한 아기의 출생을 예고하듯이 이러한 세계적 분쟁과 재난은 이 초림과 재림 사이의 시대가 끝장날 날이 멀지 않았음을 말씀하신 것입니다.

---

43) 다니엘 9:27 참고.

♥ 예수님은 누구십니까?

종말의 때에 하나님의 나라가 이미 임하였음을 선포하시고 그를 믿고 회개하는 자에게는 구속주로, 믿지 않고 악을 행하는 자들에게는 심판주로 오십니다.

♡ 제자들이 세상 끝 날의 징조를 물었을 때 예수님은 말세의 징조에 대해서 말씀하시며 이는 종말의 시작이라고 하십니다. 나라와 나라가 민족과 민족이 서로 대적하여 전쟁이 일어나고 곳곳에 지진이 있고 기근이 올 것이라고 하시며 이것은 재난의 시작이라 하십니다. 예수님이 말씀하신 징조가 점점 더 구체적으로 세계 곳곳에서 나타나고 있습니다. 지진, 전쟁, 기근, 전염병 등 말세의 징조가 갈수록 확대되고 있음을 실감하고 있습니다. 그러나 종말의 징조가 있고 거짓 선지자들이 등장해 사람들을 미혹시킨다고 해도 두려워하지 말라 하십니다.

✝ 기도하기

하나님 아버지, 종말의 시대에 하나님의 자녀가 되었다는 것에 감사드립니다. 악한 세상에서도 하나님의 자녀들은 흔들리지 않고 주님의 말씀을 굳게 붙들고 기도하며 말씀을 지키며 살라 하십니다. 오늘 말씀을 잘 새기고 지켜서 흔들리지 않는 굳건한 믿음으로 우리에게 주어진 사명을 감당하고 소명의 삶을 살아갈 수 있도록 인도하여 주실 것을 예수님의 이름으로 기도합니다. 아멘!

93

재난의 시작

불법이 성하므로 많은 사람의 사랑이 식어지리라 그러나 끝까지 견디는 자는 구원을 얻으리라 이 천국 복음이 모든 민족에게 증언되기 위하여 온 세상에 전파되리니 그제야 끝이 오리라(마태복음 24:12-14)

그 환란의 때에 많은 적그리스도가 일어나 세상의 권력을 휘어잡고 사람들을 심히 핍박할 것이라 말씀하셨습니다. 이로 인해 많은 사람들이 믿음을 저버리고 서로 공격하며 죽도록 미워할 것이며 거짓 선지자들에게 미혹될 것이라 하셨습니다. 믿음을 가진 사람들은 그들에게 배신을 당하며 불법이 성하므로 많은 사람들이 주님에 대한 사랑이 식어질 것이라 하셨습니다.

그러나 그 기간 동안 끝까지 주님께 충성을 지키는 자는 구원을 얻을 것이라고 하셨습니다. 구원받은 자들은 천국에 육체적 몸을 가지고 들어갈 것입니다. 또한 이 기간에 천국 복음이 모든 민족에게 증거되기 위하여 온 세상에 전파될 것입니다.

비록 이때는 끔찍한 핍박의 기간이지만 주님은 그리스도와 그의 임박한 재림에 관한 소식을 전파할 일꾼들을 예비하실 것입니다. 땅끝까지 예수 그리스도의 복음이 전파될 때 그때가 되면 드디어 예수님이 재림하시는 세상의 끝이 올 것이라고 말씀하셨습니다.

♥ 예수님은 누구십니까?

영접하는 자 곧 그 이름을 믿는 자마다 구원을 주시고 천국 복음을 전파하셔서 그를 믿는 자마다 사망에서 생명의 부활로 이끌어 주시는 그리스도이십니다.

♡ 재림의 때가 점점 오고 있다는 생각을 해 보게 됩니다. 정치, 경제, 사회 전반 모든 곳에서는 서로 자기가 그리스도라고 주장하는 거짓 선지자들이 판을 치고 있습니다. 그들은 모두 나만이 구원자이니 나를 믿으라고 합니다. 그리고 서로 싸우고 죽도록 미워합니다. 불법이 성행하고 어디를 보아도 사랑이 식어져 안식할 곳이 점점 사라져 없어집니다. 그러나 세상이 그렇게 돌아간다고 해도 하나님의 복음은 예수 그리스도를 신실하게 믿는 제자들을 통해 땅끝까지 전파되리라 믿습니다. 하나님의 때가 되면 온 세상에 복음이 전파되고 그때 예수님께서 다시 오실 것입니다. 작지만 한 사람의 크리스천으로 제가 서 있는 이 자리에서 주님의 복음과 주의 사랑을 전하는 소명의 삶을 오늘도 살아갈 것을 다짐합니다.

✝ 기도하기

주님, 악하고 혼란한 이때 오직 예수 그리스도만을 의지하며 하나님의 전신 갑주를 입고 대장 되신 예수 그리스도를 따르도록 인도하여 주시기를 기도합니다. 오늘도 담대히 승리하는 삶을 살 것을 예수님의 이름으로 기도합니다. 아멘!

94

가장 큰 환난

창세로부터 지금까지 이런 환난이 없었고 후에도 없으리라 그날들을 감하지 아니하면 모든 육체가 구원을 얻지 못할 것이나 그러나 택하신 자들을 위하여 그 날들을 감하시리라(마태복음 24:21-22)

예수님은 다니엘에 의해 예언되었던 성전 모독 사건을 다시 언급하시며 이러한 일이 다시 일어날 것이라고 경고하십니다. 그 사건이 일어날 때에 유대에 있는 자들은 산으로 도망해야 할 것입니다. 그들은 무엇을 가지고 가려 하거나 심지어 겉옷도 챙기려고 돌아와서는 안 됩니다. 이 기간은 창세기부터 지금까지 없었고 후에도 없는 큰 환난의 때가 될 것입니다.

예수님께서는 힘든 겨울이나 여행이 힘든 안식일에 도망가게 되지 않기를 기도하라고 하셨습니다. 그러나 택하신 자들을 위하여 그날들을 감하시겠다는 희망의 말씀도 주셨습니다. 택하신 자들, 즉 대환난기에 구원받은 자들과 천국에 들어갈 자들을 위하여 그 기간은 끝이 날 것입니다.

그때에 거짓 그리스도들과 선지자들이 수많은 헛소문들을 퍼트릴 것입니다. 그들은 택함 받은 자들을 미혹하기 위해 구원의 메시지를 전하며 표적과 기사를 행할 것입니다. 그러나 주님은 그들에게 농락당하지 말기를 미리 경고하셨습니다.

♥ 예수님은 누구십니까?

하늘 보좌 우편에 앉아 계시며 주를 믿는 자들에게 성령의 말씀을 보내 주

셔서 말세를 대비하게 하시고 능히 이길 수 있는 믿음을 주시는 그리스도이십니다.

♡ 거짓 선지자들, 적그리스도들은 맘몬 신, 권력의 신, 음란의 신 등 각종 우상들의 모습을 하고 사람들을 미혹시킬 것입니다. 믿음이 없거나 약한 사람들에게 자신들의 무기들을 가지고 다가가서 그들을 올가미에 낚을 것입니다. 온갖 표적과 기적의 일들을 행하며 사람들을 혼란하게 하고 혼을 쏙 빼놓을 것입니다. 그러나 하나님이 택하신 믿음의 자녀들은 머리털 한 가닥도 건드리지 못할 것입니다. 택하신 자녀들은 안전하게 주의 날개 밑에 숨겨 주실 것입니다. 믿음을 지키는 길은 매일 말씀과 기도로 무장하는 길밖에 없습니다. 말씀과 기도가 무기입니다. 성령의 말씀의 검으로 오늘도 담대히 나가야 할 것입니다.

✝ 기도하기

하나님 아버지, 말세를 살고 있는 저희들에게 예수님께서 하나하나 일러 주시고 경고하신 말씀을 가볍게 듣지 말고 하나님의 자녀답게 살아갈 수 있기를 간절히 기도합니다. 매일 눈동자처럼 지켜 주시며 오늘 하루도 승리할 수 있도록 인도하여 주시기를 예수님의 이름으로 기도합니다. 아멘!

95

인자가 오는 것을 보리라

그때에 인자의 징조가 하늘에서 보이겠고 그때에 땅의 모든 족속들이 통곡하며 그들이 인자가 구름을 타고 능력과 큰 영광으로 오는 것을 보리라(마태복음 24:30)

그때에 주님이 지상으로 재림을 하실 것입니다. 그의 오심은 마치 번개가 동편에 나서 서편까지 번쩍임같이 영광되고 갑자기 임하실 것입니다. 주님의 오심은 모든 사람들의 눈에 보이는 장엄한 사건이 될 것입니다. 주검(육체적 부패)이 있는 곳에는 독수리들이 먹기 위해 모일 것입니다. 마찬가지로 영적인 부패가 있는 곳에는 심판이 뒤따를 것입니다. 세상은 사탄의 하속, 적그리스도, 불법한 자의 영역이 될 것이며 많은 사람들이 거짓 선지자들 때문에 부패할 것입니다.

그러나 인자가 속히 오셔서 심판하실 것입니다. 환난 후에 즉시 주께서 재림하실 것입니다. 예수님의 재림은 하늘의 비범한 변화와 징조를 수반할 것입니다. 그때 모든 족속들은 자신들의 심판이 이르렀음을 알고 통곡하게 될 것입니다.

그때에 주님이 능력과 영광으로 오실 것입니다. 예수님은 하늘 이 끝에서 저 끝까지 부활하게 될 구약 성도들을 모으시고 그들은 메시아 왕국에 동참하게 될 것입니다.

♥ 예수님은 누구십니까?

마지막 때 하늘에서부터 영광 중에 다시 오셔서 모든 악한 자를 심판하시고 생명의 부활로 이끌어 주실 메시아이십니다.

♡ 예수님이 다시 오실 것이란 확신을 가지고 사는 것과 그렇지 않은 것과는 큰 차이가 있을 것입니다. 재림을 확신하면 현재의 삶이 예수님을 닮아 가기 위해 더욱 거룩해질 것입니다. 열 처녀의 비유에서도 말씀하셨듯이 신랑을 기다리다 잠든 다섯 처녀는 신랑이 정작 왔을 때 미처 등잔의 기름을 준비하지 못해 등불이 꺼져 버렸습니다. 평소에 말씀과 기도와 순종의 삶으로 살아온 사람은 예수님이 언제 오셔도 반갑게 맞이할 수 있을 것입니다. 그러나 평소에 늘 현실적인 문제에만 급급해 예수님께 관심을 갖지 못하고 살아간다면 예수님이 정말 오셨을 때 얼마나 허둥지둥 당황하고 걱정할지 상상이 됩니다. 어떤 삶을 살 것인지 선택은 제게 달려 있습니다. 생명의 부활로 이끌어 주실 예수님이 꼭 오실 것을 소망하며 하루하루 예수님이 기뻐하시는 삶을 살아야 할 것입니다.

✝ 기도하기

주님, 말세가 다가오는 요즘의 현실을 진지하고 무겁게 깨닫게 해 주셔서 감사드립니다. 주님이 언제 오시든지 항상 등잔의 기름을 떨어뜨리지 않고 환히 밝히며 깨어 있는 자가 될 수 있기를 예수님의 이름으로 기도합니다. 아멘!

96

무화과나무의 비유를 배우라

무화과나무의 비유를 배우라 그 가지가 연하여지고 잎사귀를 내면 여름이 가까운 줄을 아나니 이와 같이 너희도 이 모든 일을 보거든 인자가 가까이 곧 문 앞에 이른 줄 알라(마태복음 24:32-33)

예수님은 재림을 마음에 두시고 이제 우리들이 어떻게 현실에 적용하며 살아야 할 것인지 직설적인 말씀을 하셨습니다. 이는 대환난을 겪으며 영광 중에 임하실 예수 그리스도의 재림을 대망하게 될 미래의 세대를 위해 하신 말씀이기도 하지만 그리스도의 몸인 교회의 구성원들인 오늘날의 성도들에게도 해당되는 말씀입니다.

먼저 무화과나무의 가지가 여름의 전조이듯이 예수님께서 말씀해 오신 징조들은 곧 다가올 것이라 말씀하셨습니다. 지금까지의 역사가 예수님의 예언을 조금씩 성취해 왔지만 모든 일이 다 일어난 것은 아닙니다. 미래의 그날에 살 세대는 이 모든 일이 완성되는 것을 볼 것입니다.

그러나 이 징조들이 일어나기 시작할 즈음에 살게 될 세대는 그 기간 동안 살아가면서 주 예수께서 영광의 왕으로서 재림하시는 것을 보게 될 것입니다. 예수님이 하신 말씀은 영원하고 변치 않습니다. 주님의 재림하심은 오직 아버지만이 아시고 계시다고 말씀하셨습니다. 그런데 예수님이 재림하실 그 이전의 기간은 노아의 때와 같을 것이라고 하십니다. 노아 시대의 사람들은 임박한 심판에 대한 의식이 전혀 없이 먹고 마시고 장가들고 시집가며 살고 있었습니다. 홍수 심판은 갑자기 임했고 준비하지 않고 살던 그들은 당할 수밖에 없었습니다.

주님이 오실 때도 노아의 때와 같을 것입니다. 그때에 두 사람이 밭에 있는데 한 사람은 주께서 심판대로 데려갈 자이고 남는 자는 구원을 받을 것입니다. 두 여자가 맷돌을 갈고 있을 때 한 사람은 주의 심판대로 데려감을 당하고 한 사람은 남아 구원을 받을 것입니다. 주님은 그 제자들에게 깨어 있으라 말씀하셨습니다. 그들이 어느 날에 주님이 임할지 알 수 없기 때문입니다. 만약 도둑이 어느 시각에 올지 알게 된다면 거기에 맞춰 대비할 것입니다. 마찬가지로 영광스러운 주님의 재림을 대망하게 될 환난기의 성도들도 깨어 있기를 당부하셨습니다. 마지막 때의 표징들을 통해서 주님이 언제 오시더라도 맞이할 준비를 하라고 말씀하셨습니다.

♥ 예수님은 누구십니까?

미래에 다시 오실 예수님을 소망하며 항상 깨어 거룩하게 살아가는 성도들에게 영광의 주로 다시 오실 것입니다.

♡ 예수님은 다시 오실 종말의 때는 아무도 알지 못하고 심지어 예수님도 알지 못하신다고 하십니다. 오직 하나님 아버지만이 아신다고 하십니다. 주님이 다시 오실 때는 홍수가 나는 순간까지 전혀 알지 못했던 노아 시대와 같다고 하십니다. 그날에는 사람들이 버려진 사람과 구원받는 사람 두 종류로 나누어진다고 말씀하십니다. 갑작스럽게 우리의 일상 가운데로 들어오신다고 하십니다. 심판에 대한 경고를 항상 주의 깊게 듣고 경건하게 살며 준비한 사람은 구원하실 것입니다. 그러나 노아 시대의 사람들처럼 아무것도 깨닫지 못하고 하나님의 말씀에는 아무 관심 없이 먹고 마시고 시집가고 장가가고 한 사람들은 심판을 갑자기 맞게 될 것입니다. 말세의 징조들이 여기저기에서 보이는 이때 오늘 말씀이 정말 진지

하게 와닿습니다. 다니엘이 그랬던 것처럼 언제 주님이 오시더라도 주님을 맞이할 준비가 되어 있기를 간절히 기도합니다.

✝ 기도하기

하나님 아버지, 감사합니다. 종말의 때에 주님이 다시 오실 때를 항상 소망하며 준비하며 하나님이 기뻐하시는 경건하고 성실한 삶을 살아갈 수 있도록 말씀을 주심을 감사합니다. 무화과나무의 비유에서 말씀하셨듯이 주님이 언제 오실지 모르고 살아갔던 노아 시대의 사람들처럼 살지 않기를 원합니다. 이 시대에 차고 넘치는 전조 증상을 말씀으로 밝히 깨닫고 거짓 선지자들의 가르침에 미혹되지 않기를 간구합니다. 오직 성경 말씀의 가르침으로 마음의 평강과 기쁨을 찾을 수 있기를 간구합니다. 눈에 보이는 세상을 보고 이리저리 마음이 흔들리지 않기를 예수님의 이름으로 기도합니다. 아멘!

97

그러므로 깨어 있으라

그러므로 깨어 있으라 어느 날에 너희 주가 임할는지 너희가 알지 못함이라(마태복음 24:42)

어느 날에 주님이 임하실지 알 수 없으니 예수님은 깨어 있으라고 하십니다. 언제 주님이 오실지 모르니까 준비하고 있으라고 하십니다. 집주인이 종들에게 자기의 모든 소유를 맡겼듯이 하나님께서는 지상의 만물을 그 청지기들에게 맡기셨습니다. 충성되고 지혜로운 청지기는 그 집의 사람들을 맡아 때를 따라 양식을 나누어 주는 일을 할 것입니다.

충성되고 지혜 있는 종은 주인이 없을 때 그 집 사람들을 맡아 때를 따라 양식을 나누어 주었습니다. 주인이 돌아와 그 신실한 종이 한 일을 보고 칭찬할 것입니다. 그뿐 아니라 주인은 그의 소유를 그 종에게 다 맡길 것입니다. 그러나 만일 그 종이 주인이 늦게 올 것이라 생각하고 동료들을 괴롭히고 술친구들과 함께 일은 안 하고 먹고 마신다면 생각지도 않은 때에 주인이 와서 그 종을 엄하게 때리고 쫓아낼 것입니다. 그는 쫓겨나서 이를 갈며 슬피 울고 후회하게 될 것입니다. 자기만 알고 게으르고 악한 종은 근거 없는 확신 속에서 홍청망청 불의하게 살다가 생각지도 않게 불행을 당하고 화를 자초하는 삶을 살게 될 것입니다.

♥ 예수님은 누구십니까?

하나님의 뜻을 신실하게 행하는 자들에게는 영생을 주시고 불충하고 거부하는 자에게는 영원한 심판주입니다.

♡ 하나님의 말씀에 깨어 있는 자가 되어야 할 것입니다. 예수님을 믿고 진실로 거듭나게 되면 성실하고 부지런하고 주인에게 유익을 주는 제자가 될 것입니다. 주님은 이런 사람들을 찾으십니다. 주님은 재림하셔서 그의 뜻을 충성스럽게 수행한 그들에게 충분한 보상을 하실 것입니다. 그러나 악한 종은 주인이 더디 올 거라고 속으로 생각하여 동료들을 때리며 술친구들과 더불어 방탕하게 살다가 갑자기 임한 주인의 등장에 심판을 받게 되고 말 것입니다. 불충한 그는 외식하는 자로서 그의 행동에 합당한 벌을 받아 마땅합니다. 그는 주인으로부터 영원한 심판을 받고 고통에 처해질 것입니다. 주님이 재림하실 때에 심판은 악한 청지기들을 하나님으로부터 영원히 분리시킬 것입니다.

† 기도하기

하나님 아버지, 감사합니다. 게으르고 악한 종과 같은 사람이 되지 않기를 바랍니다. 깨어 있고 항상 준비하는 착하고 충성되고 지혜 있는 제자가 되기를 원합니다. 주님이 맡겨 주신 사명에 정성을 다하고 끝까지 주님을 기다리며 동행하는 삶을 살아가기를 예수님의 이름으로 기도합니다. 아멘!

98

신랑을 맞으러 나간 열 처녀

그때에 천국은 마치 등을 들고 신랑을 맞으러 나간 열 처녀와 같다 하리니(마태복음 25:1)

예수님은 천국은 신랑을 맞으러 나간 열 처녀와 같다는 비유를 드셔서 깨어 있어야 할 것을 다시 강조하셨습니다. 열 명의 여인들이 신랑을 맞이하기 위해 기다리다가 신랑이 늦어지자 깜빡 잠이 들었습니다. 드디어 신랑이 한밤중에 도착하여 여인들에게 신랑을 맞으러 나오라는 재촉을 했습니다.

기름을 미리 준비한 슬기로운 다섯 여인들은 다 일어나 신랑을 맞으러 나가는데 미처 기름을 충분히 준비하지 못한 미련한 다섯 여인들은 등에 기름이 부족하자 슬기로운 여인들에게 기름을 좀 나누어 달라 간청을 했습니다. 그러나 슬기로운 여인들은 자신들도 마저 쓰기에 남는 것이 없을 것 같으니 기름 파는 자들에게 가서 사서 쓰라고 했습니다. 미련한 여인들은 얼른 부리나케 기름 파는 자들에게 달려갔습니다.

그런데 그 사이에 신랑이 도착하여 신랑은 슬기로운 다섯 여인들의 환영을 받으며 문이 닫혔습니다. 뒤늦게 기름을 사 온 미련한 처녀들이 열어 달라고 했지만 이미 모든 행사는 끝난 뒤였습니다. 예수님께서 이 비유를 말씀하시며 "그런즉 깨어 있으라. 너희는 그날 그때를 알 수 없느니라" 하셨습니다.

♥ 예수님은 누구십니까?

그리스도께서 언제 오시더라도 항상 자신의 자리에서 깨어 있으며 모든 준비를 갖추고 주님을 맞이하는 그 신부에게 구원의 축복과 은혜를 주시는 신랑이십니다.

♡ 늘 예수님을 맞을 준비가 되어 있는 사람들에게는 재림은 갑작스런 일이 되지 못할 것입니다. 빛의 자녀들에게는 올 것이 그냥 온 것입니다. 예수님이 다시 오실 것을 간절히 바라며 준비된 삶을 살고 있는지 오늘 말씀을 읽으며 돌아보게 됩니다. 슬기로운 다섯 명의 여인들은 미련한 여인들을 도울 수 없었습니다. 그들 때문에 자신들의 사명을 감당하지 못할 수 있기 때문입니다. 이는 자기가 어떤 공동체에 속해 있거나 자기 가족이 얼마나 대단한 믿음을 가지고 있거나 자기가 다니는 교회가 아무리 명성이 있는 교회이거나 간에 그런 것들이 주님을 영접하고 구원을 받게 할 수 없다는 것을 말씀하신 것이라 생각해 봅니다.

✝ 기도하기

주님, 오늘 슬기로운 처녀가 되라고 말씀해 주셔서 감사합니다. 또 미련한 처녀처럼 되지 말기를 경고해 주셔서 감사합니다. 신랑 되신 예수 그리스도께서 오셨을 때 제일 먼저 달려가 주님을 맞이할 수 있는 믿음과 사랑을 가질 수 있기를 예수님의 이름으로 기도합니다. 아멘!

99

달란트를 받은 종들

무릇 있는 자는 받아 풍족하게 되고 없는 자는 그 있는 것까지 빼앗기리라(마태복음 25:29)

예수님은 또 다른 비유를 말씀하셨습니다. 타국으로 먼 여행을 떠나면서 주인은 세 명의 종들에게 각자의 능력에 맞게 다섯 달란트, 두 달란트, 한 달란트를 맡겼습니다. 달란트는 은전으로 한 달란트는 노동자가 약 2년 가까이 벌어야 하는 돈입니다. 즉 적지 않은 돈을 종들에게 맡긴 것입니다.

다섯 달란트를 받은 종은 바로 그것으로 장사를 하여 다섯 달란트의 이익을 남겼습니다. 오랜 시간이 흐른 후에 주인은 돌아와서 그 종에게 "잘하였도다. 착하고 충성된 종아, 네가 적은 일에 충성하였으매 내가 많은 것을 네게 맡기리니 네 주인의 즐거움에 참여할지어다"라고 칭찬하며 좋아했습니다.

두 달란트를 받은 종도 똑같이 하여 두 달란트의 이익을 남겼습니다. 주인은 두 달란트 받은 자도 다섯 달란트 받은 종과 똑같은 말로 칭찬하고 좋아했습니다.

한 달란트를 받은 자는 주인이 어쩌면 돌아오지 않을지도 모른다고 생각했습니다. 만일 주인이 돌아온다면 그가 섣불리 투자했다가 손해를 볼 수도 있었습니다. 그는 주인이 돌아오지 못하면 그 돈을 자기가 착복할 수도 있다고 예상했습니다. 은행에 예금해 두면 주인의 것으로 기록될 것이기 때문에 만약 주인이 오면 돌려주자 생각하며 땅에 한 달란트를 묻었습니다.

한 달란트를 땅에 묻은 그자는 주인이 돌아와 묻자 주인의 성품 탓을 하며 두려운 마음에 땅에 묻었다고 하고 한 달란트를 내밀었습니다. 주인은 그에게 "악하고 게으른 종아. 네가 나를 그런 자로 알았더냐? 차라리 네가 은행에 맡겼다면 원금과 이자를 함께 받았으리라" 하며 그에게 한 달란트를 빼앗아 다섯 달란트를 남긴 자에게 주었습니다. 그리고 있는 자는 더 받아 풍족하게 되고 없는 자는 그 있는 것마저 빼앗기리라 말하고 그 종을 내쫓아 버렸습니다.

♥ 예수님은 누구십니까?

우리의 재능과 능력의 크고 작음에 관계없이 우리에게 맡겨진 달란트를 성실하게 수행하는 자녀들에게 똑같이 칭찬해 주시고 상을 주시는 주인이십니다.

♡ 다섯 달란트와 두 달란트 받은 종들은 참 성실하고 칭찬받을 만한 일을 했습니다. 주인이 있든 없든 그들은 자신의 청지기 정신을 발휘하여 우직하게 일하고 재산을 불려 주인에게 칭찬을 받았을 뿐 아니라 주인에게 더 큰 재산과 소유를 맡길 만한 신뢰를 쌓게 되었습니다. 그러나 한 달란트 받은 사람을 생각해 봅니다. 그는 아마도 자신이 받은 것이 다른 종들보다 가장 작아서 질투심으로 주인에게 나쁜 감정을 품었을지 모릅니다. 또 주인이 안 돌아올지도 모른다고 생각했을지 모릅니다. 주인은 그의 능력을 계산하고 한 달란트를 준 것이었습니다. 그는 다른 종들처럼 두 배로 이윤을 남겨 다른 종들과 똑같은 칭찬을 받고 더 많은 것들을 주인이 맡길 수 있었을 것입니다. 그러나 자기 능력은 생각지도 않고 다른 종들보다 적게 준 주인에게 나쁜 감정을 가져 전혀 일할 생각을 안 했고 심지어 주인이 안 돌아오기를 바라고 돈을 땅에 묻은 것입니다.

우리가 제자로서 어떻게 살아가야 하는지 오늘 말씀에서 깨닫게 해 주십니다. 악하고 게으르게 아무것도 하지 않으면서 사는 것이 아니라 비록 위험이 따르고 고난이 올 수 있지만 모험도 하고 실험도 하며 우리가 가진 재능을 사용하기를 원하십니다. 시험에 도전도 하고 어려운 일도 노력해서 해 보고 잘 안 되는 일도 실패를 두려워하지 말고 계속 시도해 보아야 할 것입니다. 하나님께 받은 것이 얼마가 되든 하나님은 우리의 능력과 형편에 딱 맞게 주시는 것임을 알고 감사하며 열심히 일할 때 우리를 보시고 기뻐하실 것입니다. 그뿐만 아니라 상도 주십니다. 하나님께서 주신 달란트를 귀하게 여기고 더욱 많은 열매를 맺는 삶을 살아야 할 것을 다짐합니다.

✝ 기도하기

주님, 감사합니다. 제게 가장 잘 맞게 주신 것들에 정말 감사합니다. 제게 주신 달란트에 더욱 열매를 맺어 주님을 기쁘게 해 드리는 삶을 앞으로도 살아가기를 예수님의 이름으로 기도합니다. 아멘!

100

내 형제 중에 지극히 작은 자 하나

임금이 대답하여 이르시되 내가 진실로 너희에게 이르노니 너희가 여기 내 형제 중에 지극히 작은 자 하나에게 한 것이 곧 내게 한 것이니라 하시고(마태복음 25:40)

양과 염소를 구분하듯이 의인과 악인의 삶은 최후의 심판에서 완전히 갈라질 것입니다. 지금의 세상에는 양과 염소의 삶이 섞여 있습니다. 알곡들 사이에 가라지가 섞여 있지만 추수 때까지 놔두는 것은 가라지를 뽑다가 알곡이 다칠 수 있기 때문입니다. 하나님께서 이 악한 세상을 바로 심판하시지 않는 것은 하나님의 자녀들이 조금이라도 해를 입을까 해서 심판 때까지 유보하시는 것입니다.

예수님은 먼저 오른편에 있는 양들(의인들)에게 내가 주렸을 때 너희들이 먹을 것을 주었고, 목마를 때에 마시게 하였고, 나그네 되었을 때에 영접하였고, 헐벗었을 때에 옷을 입혔고, 병들었을 때에 돌보았고, 옥에 갇혔을 때에 와서 봐 주었다고 하십니다. 의인들이 우리가 언제 예수님께 그런 일들을 했는지 영문을 몰라 묻자 세상에 있는 지극히 작은 형제 하나에게 한 것이 곧 내게 한 것과 같다고 하십니다. 우리가 세상에 살면서 작은 자들에게 베푸는 선한 일들 하나하나를 다 기억하시고 반드시 상을 주시는 분이 바로 주님이십니다.

♥ 예수님은 누구십니까?

마지막 때에 다시 오셔서 의인과 악인을 구분하시고, 의인에게는 그들이 평

생 한 선한 일들에 대해 낱낱이 기억하시고 보상해 주시는 왕이십니다.

♡ 예수님은 거창하고 의롭고 멋진 일을 한 사람을 의인이라고 하지 않으셨습니다. 먹을 것이 없는 자들을 먹이고, 목마른 자들에게 물을 주고, 나그네들을 잘 대접하고, 헐벗은 자들에게 옷 한 벌 입히고, 병든 자들을 위해 치료비를 도와주거나 기도하고, 부지중 죄를 지어 감옥까지 간 사람을 돌보는 그런 따뜻하고 온유하고 긍휼을 실천하는 사람들을 의인이라고 하시고 그들에게 천국을 상속하신 것입니다. 우리는 항상 뭔가 그럴듯하고 사람들을 압도하는 그런 일들을 꿈꾸지만 예수님이 정작 바라시는 일은 약자들, 가난한 사람들, 억압당하는 사람들을 힘닿는 데까지 돕는 그런 삶을 원하시는 것입니다. 아주 작은 사랑을 실천하는 것을 기뻐하시는 분이 주님이십니다.

✝ 기도하기

거창하고 근사한 것만을 관심 갖는 이 세상에서 정말 예수님이 관심 가지시는 사람들에게 관심을 갖고 살지 못했음을 고백하고 회개합니다. 제 주위에 물질과 사랑이 필요한 사람들에게 다가가 힘닿는 대로 도움과 사랑을 베푸는 삶을 살아가기를 원합니다. 예수님의 이름으로 기도합니다. 아멘!

101

왼편에 있는 자들

이 지극히 작은 자 하나에게 하지 아니한 것이 곧 내게 하지 아니한 것이니라 하시리니(마태복음 25:45)

예수님은 또 왼편에 있는 염소들(악인들)에게 선포하십니다. “내가 주릴 때에 너희가 먹을 것을 주지 않았고 나그네 되었을 때에 영접하지 않았고, 헐벗었을 때에 옷 입히지 않았고, 병들었을 때와 옥에 갇혔을 때에 돌보지 않았느니라.”

악인들은 반문합니다. “주여, 우리가 어느 때에 주께서 주리신 것이나 목마르신 것이나 나그네 되신 것이나 헐벗으신 것이나 병드신 것이나 옥에 갇히신 것을 보고 공양하지 아니하더이까?” 악인들은 의인들과는 달리 그런 일들을 다 했다고 착각합니다. 악인들은 스스로를 선하고 올바르게 살았다고 생각합니다. 그러나 임금이신 예수님은 “내가 진실로 너희에게 이르노니 이 지극히 작은 자 하나에게 하지 아니한 것이 곧 내게 하지 아니한 것이니라” 하고 최종 심판을 내려 악인들은 영벌에, 의인들은 영생에 들어갈 것임을 선포합니다.

이와 같이 작은 자들을 찾아가서 베푸는 작은 일들이 하나님의 나라에서는 큰일입니다. 또 내가 하지 않은 작은 일들이 하나님의 나라에서는 큰일입니다. 해서는 안 될 것을 하는 것도 죄이지만 해야 하는데 안 하는 것도 죄입니다.

♥ 예수님은 누구십니까?

마지막 때에 다시 오셔서 의인과 악인을 가르시고 의인은 영생의 심판, 악인은 영벌의 심판을 하시는 그리스도이십니다.

♡ 양과 염소의 기준은 얼마나 교회에 가서 예배를 드렸는지, 성경을 많이 봤는지, 얼마나 세상에서 출세를 하고 일을 잘했는지가 전혀 아닙니다. 살면서 작은 자들에게 베푼 작은 선행들입니다. 큰일이 아니라 그저 물 한 그릇, 밥 한 끼 같이 하고, 옷 한 벌 사 주고, 어려운 처지를 돌아보고, 아플 때 찾아가서 문병하고 고통을 함께 나누는 것입니다. 예배 많이 드리고 주여, 주여 찾는다고 해서 천국에 합당한 사람이 아니라고 말씀하십니다. 하나님께 영과 진리로 예배를 드리는 사람은 이웃에게 사랑을 베푸는 사람인 것입니다. 종교인이 아니라 선한 사마리아인과 같은 삶이 목표가 되어야 할 것입니다.

✝ 기도하기

주님을 믿는다는 것은 바로 믿음이 삶에서 행동으로 나타날 때 그때가 진짜 믿음임을 깨닫게 되었습니다. 주님이 기뻐하시는 행동은 전혀 안 하면서 믿는다고 우기는 것은 오늘 말씀에 나오는 염소들(악인들)과 같음을 알게 되었습니다. 우리를 양으로 부르시는 목자이신 예수 그리스도께 항상 양과 같은 순종과 착한 행실과 다른 사람들에게 유익을 주는 삶을 살아가기를 예수님의 이름으로 기도합니다. 아멘!

102

종교지도자들의 음모

너희가 아는 바와 같이 이틀이 지나면 유월절이라 인자가 십자가에 못 박히기 위하여 팔리리라 하시더라(마태복음 26:2)

예수님은 감람산에서 모든 가르침을 마치셨습니다. 예수님은 이제 정해진 때가 왔음을 아시고 다가올 유월절에 있을 고난을 준비하십니다. 제자들에게 유월절 명절이 이틀밖에 남지 않았고 인자가 십자가에 못 박히기 위해 팔리게 될 것을 말씀하셨습니다.

이는 가룟 유다가 예수님을 대제사장들에게 넘길 것을 암시하신 것입니다. 이 사건은 수요일에 일어났습니다. 주님의 말씀에 대한 제자들의 반응은 기록되지 않았지만 마태는 예수님을 죽이려는 종교지도자들의 음모의 전개 상황을 기록했습니다. 대제사장 가야바의 궁에서는 명절 후에 예수님을 흉계로 잡으려는 계획이 시작되었습니다.

이는 유월절을 지내려고 모여든 수많은 순례자들 중에 예수님의 기적과 가르침을 믿는 순례자들이 혹 민란을 일으킬 것이 두려워 그들이 명절이 끝나고 집에 돌아가기를 기다리자는 속셈이었습니다. 그렇게 되면 그들은 예수님을 조용히 처치해 버릴 수 있을 것이라고 생각했습니다. 그러나 그들의 시간표와 하나님의 시간표는 달랐습니다.

♥ 예수님은 누구십니까?

하나님의 뜻을 이루시기 위해 정해진 때에 인간의 육신을 입고 오셔서 십자가에 못 박혀 죽으시고 부활하신 그리스도이십니다.

♡ 예수님은 유월절이 되면 십자가에 달려 죽으신다는 것을 아시면서 피하지 않으셨습니다. 십자가의 죽음은 패배가 아니라 하나님의 사랑과 희생을 성취하시는 일이었습니다. 한편 대제사장들과 장로들은 유월절에 예수를 처형하면 백성들이 민란을 일으킬 것을 두려워해서 명절에는 예수를 죽이지 말자고 결정합니다. 그들은 유월절이 지나고 나서 예수님을 죽이기로 결의하는 것이 더 유리하다는 쪽으로 의견을 모았습니다. 그러나 예수님은 하나님의 계획대로 유월절 당일에 어린양으로 십자가에 못 박히셨습니다. 악한 일이 일어나고 있다고 해서 두려워하거나 떨 것이 없습니다. 세상을 다스리시는 하나님의 시간표에 순종하면 된다는 것을 오늘 말씀에서 깊이 깨닫습니다.

✝ 기도하기

주님, 감사합니다. 하나님의 뜻을 순종하시기 위해 세상에 오셔서 완전하게 하나님의 시간표와 계획에 순종하신 예수님의 그 십자가 희생과 사랑이 오늘 저를 구원하신 것임을 감사드립니다. 오늘도 주님께 감사와 찬양을 올려 드립니다. 예수님의 이름으로 기도합니다. 아멘!

103

예수님의 머리에 향유를 들이부은 여인

내가 진실로 너희에게 이르노니 온 천하에 어디서든지 이 복음이 전파되는 곳에서는 이 여자가 행한 일도 말하여 그를 기억하리라 하시니라(마태복음 26:13)

십자가를 지시기 전 주님은 예루살렘 동편 감람산 남쪽 능선에 위치한 베다니에서 밤들을 보내셨습니다. 마태는 어느 날 나병 환자였던 시몬의 집에서 일어난 사건을 기록했습니다. 한 여인이 항아리에 담긴 향유를 가지고 나아와서 식사하고 계시는 예수님의 머리에 부었습니다. 제자들이 그 여인에게 어찌 이 비싼 향유를 허비하느냐고 화를 냈습니다. 그때 예수님이 나서셔서 그 여인을 괴롭게 하지 말라고 만류하시며 그녀가 좋은 일을 했다고 칭찬하셨습니다. "가난한 자들은 항상 너희와 함께 있어 언제든지 도울 수 있지만 나는 항상 함께 있지 않다." "이 여자가 내 몸에 향유를 부은 것은 내 장례를 준비한 것이다." 예수님은 며칠 후면 십자가에 달리시고 죽으실 것을 생각하시고 말씀하셨습니다. 이 여인은 예수님이 앞으로 인류를 위하여 하실 그 놀라운 사랑의 헌신을 자기도 모르게 향기롭고 아름답게 높여 드렸던 것입니다. 예수님도 "온 천하에 어디서든지 이 복음이 전파되는 곳에서는 이 여자가 행한 일도 말하여 그를 기억하리라" 하고 그녀의 행동을 극찬하셨습니다.

♥ 예수님은 누구십니까?

우리의 죄를 대속하시고 우리를 구원하시며 하나님의 나라를 세우시기 위해서 죽음 앞에서도 물러서지 않으시는 그리스도이십니다.

♡ 이 여인은 다른 복음서에는 베다니 마리아라고도 하고, 죄인인 한 여인으로도 말합니다. 어찌 되었든 이 여인은 앞으로 다가올 십자가의 죽음을 생각하시며 고뇌하시는 예수님의 마음을 읽은 것입니다. 평소와는 다르게 유난히 더 고독하고 쓸쓸하고 비장해 보이시는 예수님께 그저 사랑하고 헌신하는 마음이 복받쳐 자기가 가진 가장 귀한 향유를 깨뜨리고 싶었던 것입니다. 오늘 이 여인의 행동이 제게 참 많은 부끄러움과 반성과 도전을 줍니다. 주님을 위해서는 목숨도 아까워하지 않을 수 있는 그 믿음과 사랑을 본받고 싶습니다.

† 기도하기

하나님 아버지, 감사합니다. 오늘 저의 작은 믿음이 참 부끄럽고 죄송합니다. 저는 이렇게 많은 은혜로 살아가는데 주님을 위해 드린 것이 무엇이 있는지, 있다고 해도 정말 그게 최선인지 생각하니 죄송한 마음입니다. 주님을 마음껏 사랑한다고 고백하며 주님께 저의 모든 마음과 정성과 뜻을 바칠 수 있기를 간절히 바라고 기도드립니다. 예수님의 이름으로 기도합니다. 아멘!

104

가룟 유다의 배반

내가 예수를 너희에게 넘겨주리니 얼마나 주려느냐 하니 그들이 은 삼십을 달아 주거늘(마태복음 26:15)

예수님의 열두 제자 중 하나인 가룟 유다가 대제사장에게 가서 예수를 그들에게 넘겨주겠다는 제안을 했습니다. 대제사장들에게 예수님을 넘겨주겠다는 유다의 제의는 단순히 체포관원들에게 예수가 누군지 가르쳐 주는 것 이상의 의미가 있었습니다. 그는 예수가 재판정에 호출되었을 경우 죄를 입증할 증인으로 서겠다고 제안했습니다. 그는 그 대가로 얼마를 주겠냐고 흥정을 했습니다. 그들은 즉시 은 삼십을 달아서 그에게 주었습니다. 당시 은 삼십은 종이 자유를 얻으려면 내야 하는 돈(속전)이었습니다. 이 은 삼십은 꽤 큰돈이었을 것입니다. 흥정과 거래가 이루어졌습니다. 유다는 자기의 말이 이미 떨어졌고 보수도 받았으므로 이제는 약속을 이행해야만 한다는 사실을 알았습니다. 누가복음에는 유다에게 사탄이 들어가 예수님을 죽일 방법을 찾지 못해 고심하는 대제사장들을 찾아가서 예수님을 넘겨주기로 약조했다고 나와 있습니다. 유다는 결국 돈 때문에 예수님을 죽이려는 불의한 권력의 앞잡이가 되고 만 것입니다. 그는 종교지도자들에게 눈엣가시 같은 나사렛 예수의 문제를 해결해 줄 구원자로 보이게 된 것입니다.

♥ 예수님은 누구십니까?

하나님의 뜻을 이루시기 위해 십자가에 달리시고 사흘 만에 부활하셔서 하늘 보좌 우편에 계시며 우리와 성령으로 함께 계시는 그리스도이십니다.

♡ 3년 동안이나 예수님을 지척에서 따르던 제자였던 가롯 유다에게 사탄이 들어간 것은 우연한 일이 아니었습니다. 평소에 돈을 사랑하고 탐욕을 숨기고 있던 그의 마음을 사탄이 부추긴 것이라고 생각합니다. 가롯 유다와 같은 일은 지금 이 시대에도 많이 일어납니다. 가롯 유다의 악역은 물신을 숭배하는 이 시대의 사람들에게도 경종을 울리는 사건입니다. 어떤 사람들은 가롯 유다가 예수님을 십자가에 달려 죽게 했으니 그도 하나님의 뜻을 이룬 것이라고 옹호하는 사람이 있습니다. 참으로 어리석은 말이라 생각합니다. 그가 예수님을 대제사장들에게 팔지 않았다고 해도 예수님은 어떤 식으로든 하나님의 뜻을 이루셨을 것입니다. 결국 그는 자신의 불의함으로 인해 사탄의 큰 미혹에 빠져 비참한 말로를 맞이하게 된 것입니다.

† 기도하기

주님, 감사합니다. 가롯 유다의 행동을 보면서 더욱 확신을 갖습니다. 어떤 탐심과 혹심을 가지고 예수님을 따르는 것이 아니라 정말 예수님을 사랑하고 믿고 의지하는 참제자가 되기를 예수님의 이름으로 기도합니다. 아멘!

105

마지막 만찬

이것은 죄 사함을 얻게 하려고 많은 사람을 위하여 흘리는바 나의 피 곧 언약의 피니라(마태복음 26:28)

예수님께서 십자가에 달리시기 하루 전날 제자들과 마지막 만찬을 나누셨습니다. 이 일은 유월절 하루 전날인 목요일 저녁에 일어났습니다. 제자들 중 베드로와 요한은 예수님과 제자들이 먹을 유월절 음식을 준비하였습니다. 제자들과의 식사는 성안의 어떤 사람의 집에서 이루어졌습니다.

저물 때에 예수님은 열두 제자들과 함께 유월절 저녁 식사를 하셨습니다. 식사 중에 예수님께서는 제자들 중의 한 사람이 나를 팔 것이라고 말씀하셨습니다. 제자들이 모두 "나는 아니지요" 물으며 심히 근심하였습니다. 예수님은 인자를 팔 그자는 친밀한 교제를 나누어 왔던 자임을 덧붙이셨습니다.

예수님은 그에게 화가 미칠 것이고, 그가 차라리 태어나지 않았으면 더 좋았을 것이라는 말씀을 하십니다. 예수님은 이미 자신을 파는 자가 누구인지 신적인 권능으로 간파하시고 계셨습니다. 유다는 자신의 짓임을 슬쩍 속이기 위해 "랍비여, 나는 아니지요?" 하며 예수님께 물었습니다. 예수님은 "네가 말했다"고 하시며 그가 유다임을 분명히 하셨습니다. 그런데 이때 다른 제자들은 유다의 짓인 줄을 깨닫지 못했습니다. 만약 알았다면 유다를 가만 놔두지 않았을 것입니다. 예수님의 말을 들은 가룟 유다는 즉시 그 자리를 떠났습니다.

그러고 나서 예수님은 유월절 제전에 새로운 의례를 정하셨습니다. 예수님은 떡을 떼어 이것은 내 몸이라 하시며 "받아먹으라"고 하셨습니다. 또 포도주 잔을 가지사 감사 기도를 하시고 "너희가 다 이것을 마시라. 이것은 죄 사함을 얻게 하려고 많은 사람을 위하여 흘리는바 나의 피 곧 언약의 피니라"라고 말씀하셨습니다. 예수님은 내일이면 십자가에서 유월절 어린양으로 죽임당하실 것을 아시고 그를 기념하시기 위해 하신 행동이셨습니다.

이후 이 마지막 만찬에서 예수님이 떡과 포도주를 베푸신 일은 주의 만찬 또는 성찬으로 온 교회에서 지금까지 지키고 있으며 주님이 다시 오실 그날까지 지켜질 성례가 되었습니다. 예수님은 아버지의 나라가 지상에 세워지기까지 이 음식을 제자들과 함께 다시 먹고 마시지 않을 것이라고 말씀하셨습니다. 유월절 만찬 후 예수님과 제자들은 함께 찬미하며 그 집을 떠나 감람산으로 갔습니다.

♥ 예수님은 누구십니까?

많은 사람을 위하여 자기 몸을 내어 주시며 죽으심으로 많은 사람들을 살리신 유월절 하나님의 어린양이십니다.

♡ 십자가에서 돌아가시기 전날 간절히 바라시던 대로 제자들과 유월절 만찬을 나누십니다. 내일이면 자신의 제자 중 한 사람에게 배반당하여 십자가에 달리실 것을 아시고 생전에 마지막으로 제자들에게 베푸시는 사랑입니다. 장차 부활하셔서 완성된 하나님 나라에서 구원받은 무리들과 함께 기쁨의 식사를 나누실 것이지만 사랑하는 제자들과 나누는 마지막 유월절 만찬이기에 더욱 소중히 여기십니다. 떡과 포도주는 예수님의 '살과 피'를 상징하신 것으로 자신이 죽을 것을 아시고 제자들에게 예수님의 생명을 영원히 기리고 간직하고 기억하라고 하신 언약의 행동이셨습니다. 예수님이 베푸신 성찬은 이후 초대 교회 때부터 지금

까지 내려오며 성찬식으로 지켜지고 있는 것입니다. 성찬의 진짜 의미를 안다면 그냥 하나의 형식이 아니라 정말 성찬을 통해 다시 새롭게 예수님을 구주로 받아들이는 새로운 결단을 해야 되는 것임을 알게 됩니다. 교회에서 하는 성찬식을 의례적으로 해 왔는데 오늘 말씀을 통해 정말 그 뜻을 새기고 더욱 간절한 마음으로 해야 할 것을 다짐합니다.

✝ 기도하기

저를 위하여 피를 흘리시고 죽임당하신 예수님, 감사하고 감사합니다. 예수님의 그 십자가 사랑이 없었다면 저는 어떻게 되었을까요? 지금도 제 마음속에 살아 계신 예수 그리스도를 오늘도 저의 주인으로 모시며 이제는 제가 사는 것이 아니라 제 안의 그리스도께서 사심을 믿고 하루를 살아가겠습니다. 감사합니다. 주님! 예수님의 이름으로 기도합니다. 아멘!

106

너희가 다 나를 버릴 것이라

예수께서 이르시되 내가 진실로 네게 이르노니 오늘 밤 닭 울기 전에 네가 세 번 나를 부인하리라(마태복음 26:34)

예수님께서 감람산으로 제자들과 함께 가실 때에 제자들에게 "오늘 밤 너희가 다 나를 버릴 것이라" 하시며 "목자가 얻어맞고 양의 떼가 흩어지리라"[44]고 말한 스가랴 선지자의 예언을 상기시키셨습니다. 그러나 예수님은 죽음에 대한 승리의 약속으로 "내가 죽은 자들 가운데서 살아나 너희들보다 먼저 갈릴리로 가겠다"고 말씀하셨습니다. 베드로는 이때 예수님께 모두 주님을 버릴지라도 저는 결코 주님을 버리지 않겠다고 확신에 차서 말했습니다.

그러나 베드로의 말씀을 들으신 예수님은 "내가 진실로 진실로 네게 말하나니 오늘 밤 닭이 울기 전에 네가 세 번 나를 부인하리라" 말씀하셨습니다. 베드로는 자기가 예수님을 버린다는 예수님의 말씀을 도저히 인정할 수 없었습니다. 그는 또다시 주와 함께 죽을지언정 주님을 부인하지 않겠다고 맹세하였습니다. 그는 자신이 주님을 부인할 것임을 꿈에서도 생각해 본 적이 없다고 예수님의 말씀을 강하게 부인했습니다. 그 자리에 있던 제자들도 다 마찬가지였습니다.

---

44) 스가랴 13:7 인용.

♥ 예수님은 누구십니까?

구약의 선지자들이 예언한 대로 우리를 구원하시기 위해 십자가에서 죽임당하시고 사흘 후에 다시 살아나신 그리스도이십니다.

♡ 베드로는 닭이 두 번 울기 전 나를 세 번 부인하고 모른다고 할 것이라는 예수님의 말씀에 절대 동의할 수 없었습니다. '그리스도이시고 살아 계신 하나님의 아들이신 나의 예수님을 내가 모른다고 하다니 있을 수 없는 일이야'라고 생각했습니다. 그러나 베드로는 예수님이 그와 함께 있는 것을 본 사람들이 추궁하자 정말 세 번씩이나 예수님을 모른다고 하고 심지어 저주까지 했습니다. 주님을 위해 목숨도 버릴 수도 있고, 몸이 부서지도록 충성할 수 있다고 생각했지만 궁지에 몰리자 베드로는 공포에 떨며 비겁한 길을 택하고 말았습니다. 베드로는 후에 부활하신 예수님을 만나 완전히 변화되었습니다. 예수님은 베드로를 다시 받아주시고 회복시켜 주셨습니다.

✝ 기도하기

주님, 감사합니다. 허물 많은 저를 용서해 주시고 모든 죄들을 가려 주시고 덮어 주신 참 좋으신 예수님, 너무 감사드립니다. 부활의 주님을 만난 베드로처럼 이제는 주님의 품에서 한시도 떠나지 않고 평생 주님을 따르며 주님의 기쁨이 되기를 예수님의 이름으로 간절히 기도합니다. 아멘!

107

겟세마네 기도

이에 예수께서 제자들과 함께 겟세마네라 하는 곳에 이르러 제자들에게 이르시되 내가 저기 가서 기도할 동안에 너희는 여기 앉아 있으라 하시고(마태복음 26:36)

예수님은 제자들에게 곧 있을 죽음과 부활을 말씀하신 후에 겟세마네 동산으로 기도하러 가셨습니다. 거기서 예수님은 베드로와 세베대의 두 아들 야고보와 요한만을 데리고 다른 제자들로부터 떠나가셔서 기도하기 시작하셨습니다. 땅에 엎드리셔서 기도하시며 곧 있을 큰일을 생각하시고 일찍이 당해 보신 적이 없는 큰 고통과 고민과 슬픔으로 애통하는 기도를 드리셨습니다. 누가복음에서는 이때 예수님이 흘리신 눈물이 땅에 떨어져 핏방울같이 되었다고 기록하고 있습니다.[45]

예수님은 이렇게 기도하셨습니다. "내 아버지여. 만일 할 만하시거든 이 잔을 내게서 지나가게 하옵소서. 그러나 나의 원대로 마시옵고 아버지의 원대로 하옵소서."

마지막 순간까지 오직 하나님 아버지의 뜻에 순종하시고자 하신 예수님은 마지막 인간으로서의 모습으로 슬픔의 극치를 보이고 계셨습니다. 그런데 제자들은 그 시간에 잠을 자고 있었습니다. 자고 있는 제자들을 보시고 한 시간도 깨어 기도하지 못하는지 책망하시고 "시험에 들지 않게 깨어 기도하라. 마음에는 원이로되 육신이 약하도다"라며 제자들에게 기도가 얼마나 중요한지 말씀하셨습니다.

---

45) 누가복음 22:44.

예수님의 기도는 우리에게 큰 모범을 보입니다. 첫째는 아무리 견딜 수 없는 어려움이 있다고 해도 기도의 필요성을 가르쳐 주십니다. 둘째는 세 명의 제자들을 데리고 가신 것처럼 중보기도의 중요성을 깨닫게 합니다. 예수님은 제자들이 함께 기도해 주기를 바라시고 데리고 가신 것이지만 그들은 세 번이나 주님을 실망시켰습니다. 셋째, 예수님은 반복된 기도의 가치에 대해 가르치십니다. 예수님은 고난의 잔이 지나가기를, 그러나 아버지의 뜻대로 하시기를 세 번이나 같은 내용으로 기도하셨습니다. 반복된 기도는 하나님께 진심을 보이는 것입니다. 예수님의 기도는 아버지의 뜻대로 이루어졌습니다. 예수님은 십자가로 가셨고 죽임당하셨고 부활하셨습니다. 기도가 끝나신 후에 예수님은 자신을 잡으러 오고 있는 사람들을 향해서 제자들과 함께 힘차게 걸어가셨습니다.

♥ 예수님은 누구십니까?

우리를 죄에서 구원해 주시기 위해 마지막 순간까지 하나님과 우리 사이에서 중보기도를 드리시며 구원으로 이끌어 주시는 그리스도이십니다.

♡ 예수님이 지상에서 마지막으로 기도하시면서 피땀을 흘리시면서 이 잔을 옮겨 달라고 기도하신 것은 육체적 고난을 받을 것 때문도 아니고 십자가형의 무시무시한 고문 때문도 아니었습니다. 그것은 너무나 무겁고 무거운 죄를 대신 짊어지시는 것 때문이었습니다. 그와 같은 예상은 이미 자신의 제자 중 한 사람인 가룟 유다의 배신으로 더욱 깨달으셨을 것입니다. 배신의 죄를 당하시며 이제 온 인류의 죄를 위해 인간의 마지막 육신을 입으시고 십자가에 달리실 것에 대한 중압감 그것이었습니다. 예수님의 그 고뇌를 감히 자격 없는 제가 알 수는 없지만 오늘 주신 말씀에서 예수님께서 기도하라고 하신 말씀을 깊이 새기게 됩니다. 어

떤 상황에서도 기도하는 것을 잊지 말아야 할 것입니다. 또 예수님께서는 두 사람 이상 함께 기도하는 것을 기뻐하십니다. 같은 자리에 있지 않아도 서로 다른 곳에서 다른 시간에 서로를 위해 하는 기도를 예수님은 기쁘게 받으신다고 생각합니다. 또 매일 반복해서 분명하게 응답을 바라고 드리는 기도를 예수님은 기뻐하십니다. 예수님도 극적인 상황을 앞두시고 먼저 기도하셨습니다. 예수님의 기도의 모범을 본받고 실천해야 할 것입니다.

† 기도하기

주님, 오늘 인자이신 예수님이 느껴져서 더욱 주님께 사랑하는 마음을 갖습니다. 기도가 꼭 필요한 순간에도 잠들어 있던 제자들과 같은 저이지만 기도의 모범을 가르쳐 주심을 감사드립니다. 시험에 들지 않기 위해 항상 깨어 기도하기를 예수님의 이름으로 기도합니다. 아멘!

108

체포당하시다

이에 예수께서 이르시되 네 칼을 도로 칼집에 꽂으라 칼을 가지는 자는 다 칼로 망하느니라(마태복음 26:52)

예수님께서 말씀하실 때에 유다가 동산에 이르렀습니다. 그는 로마의 군인들과 대제사장들과 백성의 장로들에게서 파송된 성전의 유대의 군관들을 포함하여 큰 무리와 함께 왔습니다. 무리는 검과 몽치와 등과 횃불을 가지고 있었습니다. 그들은 예수님이 빠져나가지 못하게 하기 위해 많은 인원이 필요하다고 여긴 것입니다. 유다는 그가 입 맞추는 자가 바로 예수라고 관원들과 신호를 짰습니다. 그는 예수님께 다가와 "랍비여, 안녕하십니까?" 하며 예수님께 입을 맞추었습니다. 그러나 예수님은 유다에게 "친구여" 하고 부르셨습니다. 예수님은 유다를 세 번씩이나 친구로 부르심으로 유다를 사랑하고 계셨음을 나타내셨습니다.

이에 군인들이 유다를 밀치고 예수님을 붙잡았습니다. 베드로는 가만있지 않았습니다. 그는 검을 빼어 예수님을 체포하러 온 무리 중 한 사람[46]을 내려쳐 예수님을 보호하려 했습니다. 주님은 즉시 폭행을 중지시키시고 칼을 가진 자는 칼로 망한다고 말씀하시며 베드로의 행위를 책망하셨습니다. 그리고 베드로에게 내가 마음만 먹으면 아버지 하나님께 열두 군단도 더 되는 천사를 보내 달라 요청할 수 있다고 하셨습니다. 예수님이 그렇게 하지 않으신 것은 하나님의 뜻이 아니었기 때문입니다. 누가복음에는 예수님께서 말고의 귀를 만져 낫게 해 주셨

46) 요한복음 18:10에는 그 사람의 이름이 '말고'라고 나옴.

다[47]고 기록되어 있습니다.

그때 예수님은 무리들에게 너희가 날마다 성전에서 내가 가르칠 때는 왜 잡지 못했느냐고 반문하셨습니다. 그들이 성전에서 예수님을 잡지 못한 것은 민중들이 예수님을 따르고 있었기에 감히 두려워 그렇게 하지 못한 것입니다. 그러나 이것은 구약의 많은 예언자들의 기록이 이루어진 것이라 말씀하셨습니다. 예수님의 말씀이 끝나자 곁에 있던 제자들은 모두 다 예수님을 버리고 도망을 가고 말았습니다. 그중에는 절대로 예수님을 배반하지 않을 것이라 장담했던 베드로도 끼어 있었습니다.

♥ 예수님은 누구십니까?

하나님의 뜻을 이루시기 위해서 자신의 온몸을 드려 희생과 사랑으로 하나님의 의를 이루신 성자 하나님이십니다.

♡ 예수님은 순순히 아무 저항을 하지 않으시고 붙잡히셨습니다. 이는 결코 체념이나 굴복이 아니라 하나님의 때가 되셔서 하나님의 일을 이루시기 위해 순순히 붙잡히신 것입니다. 마지막 순간까지 유다를 친구로 불러 주시는 예수님의 결음은 의연하셨고 굽힘이 없으셨습니다. 예수님이 잡히시는 그때 베드로는 예수님 곁에 서 있던 대제사장의 종의 귀를 칼로 쳐서 그 귀를 땅에 떨어뜨렸습니다. 그러나 예수께서는 대제사장의 종의 귀를 바로 다시 붙여 주시며 칼을 가지는 자는 칼로 망할 것이라고 베드로를 책망하셨습니다. 예수님은 그 상황에서도 전혀 동요하지 않으시고 선을 행하셨습니다. 제자들은 뿔뿔이 다 도망가고 말았습니다. 마지막에 제자들이 다 도망가 버리는 장면이 슬프게 다가옵니다. 만약 제

---

47) 누가복음 22:51 “예수께서 일러 이르시되 이것까지 참으라 하시고 그 귀를 만져 낫게 하시더라.”

가 그 제자들 중 한 명이었다면 어땠을까 상상해 봅니다. 저도 무섭고 두려운 마음에 혼비백산해서 도망갔을 것입니다. 예수님은 제자들이 그런 행동을 한 것을 뻔히 아시고도 나중에 부활하신 후에 40일간을 지상에서 제자들과 함께하시면서 한 사람, 한 사람 다시 만나시고 힘을 불어넣어 주시며 변화되도록 이끌어 주셨습니다. 예수님은 지금 이 말씀을 읽고 있는 제게도 찾아오셔서 구원의 사랑을 한없이 베풀어 주셨습니다.

✝ 기도하기

주님, 감사합니다. 하늘의 영광을 버리시고 우리를 너무나 사랑하셔서 구원하시기 위해 오신 예수님. 세상에서도 마지막까지 그 사랑을 버리지 않으신 주님의 그 완전하신 사랑에 정말 깊이깊이 감사합니다. 주님을 끝까지 사랑하며 주님의 사랑을 전하며 평생 살아갈 수 있기를 예수님의 이름으로 기도합니다. 아멘!

109

재판정에 서시다

예수께서 침묵하시거늘 대제사장이 이르되 내가 너로 살아 계신 하나님께 맹세하게 하노니 네가 하나님의 아들 그리스도인지 우리에게 말하라(마태복음 26:63)

겟세마네에서 붙잡히신 예수님은 대제사장 가야바에게로 끌려갔습니다. 이전에 대제사장의 장인 안나스 앞에서의 재판[48]까지 예수님은 총 여섯 번의 재판을 받으셨습니다. 베드로는 멀찍이 거리를 두고 예수님에게 어떤 일이 일어나는지를 초조히 지켜보며 대제사장 집의 하인들과 함께 앉아 있었습니다.

예수님을 재판하는 목적은 사형을 언도할 법적 근거를 마련하고자 함이었습니다. 결국 예수님께 불리한 증언을 할 사이비 증인들을 물색하기에 이르렀는데 이런 억지를 써서라도 예수님을 죽이는 데 쓸 조그마한 증거 자료라도 얻을 심산이었습니다. 마침내 두 사람의 증인이 예수께서 하나님의 성전을 헐고 사흘 동안에 다시 지을 수 있다고 하신 말씀[49]을 증거로 내밀었습니다. 예수님께서 3년 전에 성전에서 하신 이 말씀은 예수님의 부활을 말씀하신 것입니다. 예수님은 그의 증언에 어떤 말씀도 안 하셨습니다. 대제사장이 예수로부터 어떻게든 반응을 얻어 보려고 애를 썼지만 여전히 침묵하셨습니다. 다시 대제사장은 예수님께 하나님의 아들 그리스도인지를 물으며 살아 계신 하나님께 맹세하라며 대답을 종용했습니다. 예수님은 그렇다고 하시면서 '인자가 장차 권능의 우편에 앉아 있는 것

48) 요한복음 18:12-13 참고.

49) 요한복음 2:19 참고.

과 하늘 구름을 타고 오는 것을 너희가 보리라' 하셨습니다. 이는 예수님이 하나님의 아들이라는 명백한 말씀이셨습니다.

대제사장은 자기 옷을 찢으며 예수가 신성 모독을 하는 말로 자신이 스스로 유죄임을 증명했기에 더 이상의 증인이 필요 없다고 주장했습니다. 그러면서 그 재판에 나와 있는 사람들을 향해 그가 사형임을 언도했습니다. 거기 있던 사람들은 예수님의 얼굴에 침을 뱉고 주먹으로 치고 손바닥으로 때렸습니다. 그들은 예수님을 친 자가 누구인지 선지자 노릇을 해 보라고 조롱하였습니다.

♥ 예수님은 누구십니까?

우리의 죄를 구원하시기 위해서 심한 모욕과 멸시와 천대를 묵묵히 견디시며 하나님 아버지의 뜻에 순종하신 그리스도이십니다.

♡ 하나님의 아들이신 예수님은 재판정에서 온갖 모욕과 폭력과 조롱을 받으셨습니다. 공회에 모인 사람들은 이미 그 전에 제자들이 다 도망가 버리고 홀로 남으신 예수님을 하찮게 보고 멸시했습니다. 예수님은 총 여섯 번의 재판을 받으셨다고 기록되어 있습니다. 그날 밤 여섯 번을 끌려다니시며 침 뱉음과 주먹질과 전갈 채찍으로 조롱을 수없이 받으시면서 그렇게 십자가로 향해 가셨던 것입니다. 그런 속에서도 그리스도이신 예수님은 놀라운 말씀을 하셨습니다. "이 후에 인자가 권능의 우편에 앉아 있는 것과 하늘 구름을 타고 오는 것을 너희가 보리라." 이 말씀은 예수님께서 십자가에서 죽으시고 부활하셔서 하나님 보좌 우편에 앉으신 것과 다시 이 세상에 영광 중에 오셔서 모든 왕국이 그분에게 복종하고 그분의 영원한 통치를 받을 것이라는 부활과 재림을 함께 예언하신 참으로 놀라운 말씀이셨습니다. 물론 그 자리에 있던 그 누구도 그 말씀을 알아듣지 못했

지만 예수님이 부활하신 후에야 제자들은 그 말씀을 이해하게 되었습니다. 이 말씀을 읽고 있는 저도 이미 이천 년 전에 부활하시어 지금은 하늘 보좌 우편에 계시며 앞으로 오실 그리스도 예수님을 믿고 소망하고 있는 것입니다. 역사 속에 들어오셨던 예수님은 지금도 여전히 살아 계신 그리스도이시며 나의 주님이심에 감사드립니다.

✝ 기도하기

주님, 감사합니다. 주님의 고난을 제가 어떻게 다 이해할 수 있겠습니까? 그러나 부활하시고 지금도 여전히 저와 함께 계시며 저의 주님이 되신 것을 확실히 믿습니다. 그리고 앞으로 다시 오실 주님을 기다리며 하루하루 주께서 주신 저의 사명을 기쁘게 감당하며 살게 될 것을 예수님의 이름으로 기도합니다. 아멘!

110

베드로의 통곡

이에 베드로가 예수의 말씀에 닭 울기 전에 네가 세 번 나를 부인하리라 하심이 생각나서 밖에 나가서 심히 통곡하니라(마태복음 26:75)

예수님께서 공회에서 재판을 받으시던 그 시간, 베드로도 시험을 받고 있었습니다. 그는 대제사장의 집 뜰 안에 들어와 있었습니다. 한 여종이 베드로를 보고 예수와 함께 있던 자였다며 다그쳤습니다. 베드로는 나는 모르는 사람이라고 딱 잡아떼며 부인했습니다. 그 여종을 피해 베드로가 앞문으로 다가가자 거기에서도 그의 얼굴을 알아본 다른 여종이 사람들에게 이 사람이 나사렛 예수와 함께 있었다며 다그쳤습니다. 베드로는 맹세코 그 예수라는 자를 나는 알지 못한다고 부인하였습니다.

조금 후에 베드로 곁에 섰던 다른 자들이 다가와 너도 진실로 그 도당이다, 네 사투리가 그것을 증명한다고 다그쳤습니다. 이에 베드로는 내가 예수라는 자를 알면 천벌을 받을 것이라고 저주하며 맹세하기를 나는 그를 모른다고 강하게 부인했습니다. 그가 세 번이나 사람들 앞에서 예수를 모른다는 말을 하자 닭이 울었습니다. 그때 베드로는 예수님이 닭이 울기 전에 네가 세 번 나를 부인하리라 하심이 생각나서 밖으로 나가 심히 통곡하였습니다.

♥ 예수님은 누구십니까?

우리가 어떤 연약한 모습을 보여도, 배반을 하고 모른다고 부인을 하여도 끝까지 우리를 사랑하시며 버리지 않으시고 다시 돌이키기를 바라시는 사랑의 하나님이십니다.

♡ 오늘 베드로의 인간적인 모습에 인간의 연약함과 한계를 한없이 느낍니다. 누가복음에는 베드로가 세 번째 부인할 때 끌려가시던 예수님과 눈이 마주치고, 그때 베드로는 예수님께서 오늘 닭이 울기 전에 나를 세 번 부인하리라고 하신 말씀이 생각나서 밖에 나가 심히 통곡했다고 나와 있습니다. 예수님이 베드로를 바라보시는 눈이 어땠을까 상상해 봅니다. 너무나도 슬프지만 베드로를 사랑하시는 눈빛이셨을 것입니다. 공포와 두려움에 그만 예수님을 모른다고 했던 베드로는 예수님의 그 슬프고도 사랑이 가득하신 눈빛을 보고 통곡을 하지 않을 수 없었을 것입니다. 예수님은 훗날 실의에 빠진 베드로가 고향으로 돌아가 고기잡이를 하고 있을 때 찾아오셨습니다. 예수님의 사랑과 용서로 베드로는 다시 일어났습니다. 훗날 베드로는 예수님을 증거하다가 십자가에 거꾸로 매달려 순교했습니다.

✝ 기도하기

예수님, 감사합니다. 허물과 죄로 죽었던 저를 건져 주시고 새 생명을 불어넣어 주신 예수님께 정말 감사드리고 주님을 사랑합니다. 예수님의 이름으로 기도합니다. 아멘!

111

빌라도에게 예수를 넘겨주다

새벽에 모든 대제사장과 백성의 장로들이 예수를 죽이려고 함께 의논하고 결박하여 끌고 가서 총독 빌라도에게 넘겨주니라(마태복음 27:1-2)

대제사장들과 장로들은 예수님을 죽일 권한이 없었습니다. 그들은 사형 언도를 위해 유대의 총독이었던 빌라도에게 예수를 넘겨주어야 했습니다.

가룟 유다는 죄가 없으신 예수님이 재판에 넘겨진 것을 보고 뒤늦게 후회했습니다. 그는 예수님을 넘겨준 사람들에게 다시 가서 은 삼십을 주며 내가 무죄한 피를 팔고 죄를 범하였다고 말했습니다. 그들은 이제 그것이 우리에게 무슨 상관이냐며 쫓아냈습니다. 유다는 자괴감에 빠져 예수님을 팔고 받은 은 삼십을 성소에 내던지고 성전에서 나와 스스로 목을 매고 죽었습니다. 대제사장들은 유다가 죽은 후 그가 성전에 버린 그 은은 사람을 죽이려고 이미 지불된 핏값이므로 성전고에 넣어 두는 것이 옳지 않다 의논하고 그 돈으로 토기장이가 진흙을 파던 밭을 사서 나그네의 묘지로 삼고 '피밭'이라 이름 지었습니다. 이는 구약 시대의 선지자 예레미야가 "이스라엘 자손 중에서 가격 매긴 자의 가격 곧 은 삼십을 가지고 토기장이의 밭 값으로 주었다"고 한 예언이 이루어진 것입니다.

♥ 예수님은 누구십니까?

구약 시대에 여러 선지자들이 예언한 메시아이시며 마침내 오셔서 십자가에

못 박히신 그리스도이십니다.

♡ 베드로는 주님을 세 번이나 부인하고 심지어 저주까지 하는 비겁한 죄를 저질렀지만 통곡하고 회개하며 다시 돌이킬 기회를 가졌고 마지막에는 주님을 위해 순교자의 길을 걷게 되었습니다. 가룟 유다가 만약 자신의 행동을 진심으로 참회하고 주님께 용서를 빌었다면 그렇게 자살로 허망하게 생을 마치지는 않았을 것입니다. 베드로는 주님 앞에서 자신의 연약함을 인정하고 무너졌지만 유다는 자살을 택함으로써 영영 다시 돌이킬 기회를 스스로 차단한 것이라는 생각이 듭니다. 유다가 성소에 던진 은 삼십은 자신의 피의 값이 되었습니다. '피밭'이란 이름은 유다의 죽음과 예수님의 피를 합쳐서 생겨난 이름일 것입니다.

✝ 기도하기

주님! 예수님을 사랑하고 따르는, 그리고 회개하는 베드로와 같은 제자가 되기를 간절히 기도합니다. 세상의 수많은 사람들이 빚는 갈등과 어려움들은 예수 그리스도가 누구신지 알지 못하거나 알아도 제대로 알고 믿지 못하는 데에서 생겨나는 것임을 생각합니다. 주님을 모르는 사람들에게 주님을 전하는 삶을 살게 되기를 간절히 예수님의 이름으로 기도합니다. 아멘!

112

네가 유대인의 왕이냐?

예수께서 총독 앞에 섰으매 총독이 물어 이르되 네가 유대인의 왕이냐 예수께서 대답하시되 네 말이 옳도다 하시고(마태복음 27:11)

예수님은 빌라도의 법정에 서게 되셨습니다. 빌라도는 "네가 유대인의 왕이냐" 물었습니다. 예수님께서는 "네 말이 옳도다" 하고 긍정하셨습니다. 예수님이 세우신 왕국은 로마제국에 대한 적대 세력으로서의 정치적인 왕국이 아니었습니다. 예수님은 로마의 통치를 위협하시는 분이 아니었습니다. 빌라도는 그것을 인식하고 예수님을 석방하고자 했습니다.

매년 유월절이 되면 유대인들의 환심을 사기 위해 죄수 하나를 놓아주는 일이 총독의 관례였습니다. 백성들이 모였을 때 빌라도는 예수를 풀어 줄 것인지, 아니면 바라바를 풀어 줄 것인지 물었습니다. 빌라도는 당연히 백성들은 예수를 놓아줄 것이라고 생각했습니다. 전날 빌라도의 아내는 꿈속에서 나타난 징조로 불안해하며 예수가 죄가 없으니 신중하게 판결하라고 부탁했습니다.

예수에게 죄가 없음을 확신한 빌라도는 둘 중에 누구를 풀어 줄까 다시 물었는데 그들이 바라바라고 대답했습니다. 빌라도가 다시 그리스도 예수라는 자를 내가 어떻게 할까를 묻자 '십자가에 못 박으라'고 무리들이 외쳤습니다. 빌라도는 그 말에 "왜 그러느냐? 그가 무슨 죄를 지었느냐?" 따지듯이 물었습니다. 무리들은 더욱 소리를 크게 지르며 십자가에 못 박아야 한다고 떠들어 댔습니다.

민란이 일어날까 두려웠던 빌라도는 물을 가져다가 무리 앞에서 손을 씻으며

"나는 이 사람의 죽음에 대해 아무 죄가 없으니 너희가 당하라"라고 말하며 결국 자신의 생각을 포기하고 말았습니다. 백성들은 그 피를 우리와 우리 자손에게 돌리라고 소리쳤습니다. 이에 바라바를 무리들에게 놓아주고 예수는 채찍질하고 십자가에 못 박히게 넘겨주고 말았습니다.

♥ 예수님은 누구십니까?

아무 죄도 없으신 분이 우리의 죄를 대신 담당하시기 위해서 하늘 영광을 버리시고 세상에 오셔서 십자가에 달리신 그리스도이십니다.

♡ 오늘 빌라도의 법정에서 일어난 일을 다시 읽으며 인간의 사악함과 완악함을 깨닫게 됩니다. 대제사장들과 장로들은 이미 알고 있는 사실이지만 어찌 백성들까지도 한통속이 될 수가 있는지 참담합니다. 오히려 로마 사람인 빌라도만이 예수님이 죄가 없음을 알고 석방되기를 바라고 있습니다. 무리들은 예수님이 행하신 그 수많은 기적들과 가르침들을 알고 있거나 병 고침을 받은 사람들이었습니다. 그러나 그들은 아무 항변도 하지 않으시고 묶여 있으신 예수님을 멸시하며 언제 그랬냐는 듯이 대제사장들과 장로들과 한패가 되었던 것입니다. 예수님께서는 하나님의 뜻을 향해 한 걸음 한 걸음 걸어 나가셨지만 그 자리에 있던 모든 사람들은 한통속이 되어 예수님을 십자가로 내몰았던 것입니다. 빌라도 역시 총독의 신분이었지만 민란이 일어날까 두려워 예수님이 죄가 없으심을 알고도 십자가형을 선포한 것입니다. 오직 십자가의 희생만이 구원에 이르게 하는 것을 군중들은 깨닫지 못했습니다. 군중들은 예수님을 자신들을 구원하러 올 정치적 메시아로 생각했던 것입니다. 로마 군대를 무찌르고 유다가 로마에게서 구원받을 것을 기대했기 때문입니다. 예수님이 그럴 생각이 전혀 없으신 것을 알고 차갑게

돌아선 것입니다. 그러나 인간이 죄에서 구원받을 길은 오직 예수 그리스도께서 우리의 죄를 대신 지시고 십자가의 길을 가시는 것밖에 다른 길은 없습니다. 죽기까지 우리를 사랑하시는 오직 하나님의 뜻에 순종하시는 예수 그리스도 외에는 다른 길은 없습니다.

✝ 기도하기

예수님, 너무나 감사합니다. 저희들의 그 흉악한 죄를 다 짊어지시고 십자가의 길을 걸으셨던 예수님이 계시기에 제가 지금 여기에 있는 것임을 감사드립니다. 저를 끝까지 참아 주시고 다시 성령으로 인도하여 주시는 예수님만을 오직 따르며 악한 이 세상에서 승리하며 살아갈 수 있도록 인도하여 주시기를 예수님의 이름으로 기도합니다. 아멘!

113

군병들이 예수를 희롱하다

그의 옷을 벗기고 홍포를 입히며 가시관을 엮어 그 머리에 씌우고 갈대를 그 오른손에 들리고 그 앞에서 무릎을 꿇고 희롱하여 이르되 유대인의 왕이여 평안할지어다(마태복음 27:28-29)

예수님은 로마 군병들이 많이 모여 있는 궁정 안으로 이송되었습니다. 600명이나 되는 군사들이 궁정 안으로 들어갔습니다. 거기서 그들은 예수님의 옷을 벗기고 왕이 입는 옷인 홍포를 입히고 가시로 된 면류관을 머리에 씌우고 왕이 드는 홀을 모방한 갈대를 예수님의 오른손에 들게 한 후에 그 앞에서 무릎을 꿇고 "유대인의 왕이시여, 평안하시지요!"라고 말하며 예수님을 희롱하였습니다. 그러고는 예수님께 침을 뱉고 갈대를 빼앗아 예수님의 머리를 치면서 계속해서 때리고 모욕했습니다. 그들은 자신들도 모르게 이사야 선지자가 그리스도의 상하심에 대해 한 예언을 그대로 성취하고 있었습니다. 로마 병사들의 잔혹함으로 인해 예수님은 아마도 아무도 그를 알아볼 수 없을 정도로 맞으셨을 것입니다.

예수님께서는 모든 것을 아버지의 뜻에 맡기시면서 학대를 묵묵히 감내하셨습니다. 그들은 희롱을 마친 후 예수님께 도로 그의 옷을 입히고 십자가에 못 박기 위해 끌고 나갔습니다.

♥ 예수님은 누구십니까?

하나님의 뜻을 이루시기 위해서 세상에 오셔서 온갖 음모와 고소와 로마 병

사들의 잔혹한 폭력에도 묵묵히 감내하시며 십자가의 길을 가신 그리스도입니다.

♡ 예수님께서는 십자가에 달리시기 직전에 상상할 수 없이 크고 무지막지한 폭력을 당하셨습니다. 잔인하기로 소문난 로마 병사들의 그 엄청난 폭력과 조롱을 하나님의 아들이신 예수께서 겪어야 하셨습니다. 예수님이 당하신 폭력도 물론 너무 견딜 수 없는 것이지만 그들의 침 뱉음과 조롱은 정말 견디시기 힘들었을 것입니다. 우리는 남에게 아주 조금만 자존심 상하는 일이 있어도 화를 내고 언짢아하며 당사자한테 가서 항의하고 따지는데 예수님은 아무 저항도 하지 않으시고 십자가의 길을 묵묵히 가셨습니다. 이 모든 고난은 결국 저를 위한 사랑이셨습니다. 저는 구원하신 결과만 즐겁게 받아들였습니다. 예수님의 고난당하심은 그 누구 때문도 아닌 바로 저 때문임을 고백하며 제게 베풀어 주신 십자가 사랑에 감사할 따름입니다.

✝ 기도하기

주님, 저의 모든 죄를 용서해 주시기 위해 모진 고난과 조롱과 침 뱉음을 참으신 그 사랑에 깊이 감사드립니다. 저를 자녀로 삼아 주시고 영원한 생명으로 인도하여 주신 주님께 감사드립니다. 예수님의 이름으로 기도합니다. 아멘!

114

골고다 언덕 위 십자가

그들이 예수를 십자가에 못 박은 후에 그 옷을 제비 뽑아 나누고(마태복음 27:35)

로마 병정들의 채찍에 맞아 온몸이 상한 예수님께서 십자가를 지고 겨우겨우 걸어가시자 그들은 지나가던 구레네 사람 시몬에게 억지로 십자가를 대신 지게 하였습니다. 이윽고 골고다 언덕에 이르셨습니다. 이곳은 해골 모양을 하여 해골산이라고도 했고 갈보리 언덕이라고도 불렀습니다.

로마 병정들이 쓸개를 탄 쓴 포도주를 예수님께 주자 예수님은 거부하셨습니다. 그것은 십자가형의 고통을 줄이기 위한 일종의 신경마취제였습니다. 예수님께서는 십자가에 달려 계시는 동안에도 온전한 감각으로 있기를 원하셨습니다. 예수님을 십자가에 못 박은 후에 그들은 예수님한테서 벗긴 옷을 서로 누가 차지할지 그 앞에서 제비를 뽑았습니다.

십자가형은 견딜 수 없는 고통과 공개적인 수치로 인해 최악의 처형 방식으로 널리 알려졌습니다. 팔에 의지해 매달려 있는 상태는 결국 호흡 곤란을 초래했고 이는 팔에 가해진 하중을 덜기 위해 발로 몸을 밀어 올려야만 경감될 수 있었습니다. 결국 죄수는 자신에게 가해지는 신체적 외상의 결과로 이미 죽지 않았다면 질식사를 하게 되어 있었습니다.

십자가형에 처해지는 죄수의 머리에는 죄목을 기록한 죄패를 붙였습니다. 예수님의 머리 위에는 '유대인의 왕'이라 쓴 죄패가 매달렸는데 이것이 예수님의 죄명이었기 때문입니다. 예수님은 두 명의 강도 사이에서 십자가에 못 박히셨습니다.

예수께서 십자가에 달려 계시는 동안 지나가는 사람들은 계속 욕지거리를 해댔습니다. 그들은 예수께서 일찍이 성전을 헐고 사흘 후에 짓겠다고 하신 말씀을 떠올리면서 하나님의 아들이라면 거기서 내려와 보라고 조롱을 하였습니다.

대제사장들과 서기관들과 장로들도 합세하여 예수가 다른 사람들은 구원했지만 자기는 구원하지 못한다고 조롱하며 지금 십자가에서 내려와 봐라, 그러면 이스라엘 왕이라 믿겠다고 희롱을 하였습니다. 옆에 매달려 있던 강도도 그가 자기는 하나님의 아들이라 했으니 하나님이 원하시면 그를 내려오게 하실 것이라며 욕을 하고 조롱을 퍼부었습니다.

♥ 예수님은 누구십니까?

우리의 죄를 사하시고 우리를 구원하시기 위해 온갖 조롱과 모욕을 참으시고 십자가의 길을 가신 그리스도이십니다.

♡ 십자가에 달리신 예수님의 머리 위에는 유대인의 왕이라 씌어 있었습니다. 그들은 예수님이 스스로 그렇게 말했다고 해서 자칭 유대인이라 쓰라고 요구했지만 빌라도는 거절했습니다. 예수님은 정말 '유대인의 왕'이셨습니다. 그들은 자신들의 왕을 십자가에 매단 것입니다. 그들만이 아닙니다. 저의 죄가 예수님을 매달리게 했습니다. 예수님이 저의 죄 때문에 저를 구원하시기 위해 골고다 언덕 해골산에 올라가 십자가에 매달리신 것입니다. 아무 죄가 없으신 분이 흉한 죄를 지고 매달려 있는 강도들 사이에서 함께 매달려 계셨습니다. 누가복음에는 매달려 있던 강도 중 한 명은 예수님께 구원받고 낙원에 갔다는 기록이 있습니다. 예

수님께서는 죽는 순간에도 강도를 구원해 내셨습니다. 예수님의 사랑은 죽음도 초월하였습니다. 그 강도는 예수님이 구원자 그리스도이심을 알아보고 자신의 죄를 회개하였습니다. 그는 구원을 받았지만 다른 강도는 그 자리의 다른 사람들과 똑같이 예수를 저주하고 욕하고 조롱하며 마지막 순간까지 죄의 노예가 되었습니다. 예수님을 영접하고 구주로 믿게 된 것에 다시 너무나 감사드립니다. 저를 구원하신 예수님을 남은 평생 더욱 사랑하고 순종하기를 기도합니다.

✝ 기도하기

하나님 아버지, 감사합니다. 저를 위해 십자가에 달려 돌아가신 예수님을 보내주시고 믿게 하여 주신 그 은혜를 너무나 감사드립니다. 예수 그리스도의 십자가의 죽음이 있으셨기에 우리가 살게 되었습니다. 그 어떤 것으로도 지울 수 없는 우리의 죄를 대속하시기 위해 십자가의 고난을 당하셨던 예수님께 감사드리고 하나님의 사랑에 감사드립니다. 평생 예수님께 사랑받고 예수님을 사랑하는 주님의 제자가 되기를 예수님의 이름으로 기도합니다. 아멘!

115

엘리 엘리 라마 사박다니

제구시쯤에 예수께서 크게 소리 질러 이르시되 엘리 엘리 라마 사박다니 하시니 이는 곧 나의 하나님, 나의 하나님, 어찌하여 나를 버리셨나이까 하는 뜻이라 (마태복음 27:46)

제삼시(오전 아홉 시)에 예수님께서는 십자가에 매달리셨습니다. 시간이 흘러 제육시(정오)로부터 온 땅에 어둠이 임하여 제구시(오후 세 시)까지 계속되었습니다. 이 어둠의 기간 동안 예수님께서는 세상을 위한 속죄 제물이 되셨고 세상 사람들은 물론 하늘 아버지께도 버림을 받으신 것입니다. 임종이 임박한 시간 제구시가 되자 예수 그리스도께서는 더 이상 하나님으로부터의 분리되심을 견딜 수 없어서 큰 소리로 "엘리 엘리 라마 사박다니!" 하고 외치셨습니다. 이는 "나의 하나님, 나의 하나님, 어찌하여 나를 버리셨나이까!"의 뜻이었습니다. 예수 그리스도께서는 이전에는 결코 겪어 보신 일이 없는 하나님 아버지로부터의 분리를 경험하셨습니다. 예수님이 죄인이 되게 하심으로 하나님께서는 법정적으로 자기 아들을 버리신 것입니다.

십자가 주변에 섰던 자 중 어떤 이들은 예수님의 이 말씀을 오해했습니다. 그들은 '엘리'라는 말을 듣고 예수님께서 '엘리야'를 부른다고 생각했습니다. 헬라어에서는 이 두 단어의 발음이 매우 비슷하게 들리기 때문입니다. 예수님의 입술과 목이 건조해서 외친 소리로 생각한 어떤 이들은 신포도주를 해면에 적셔 갈대에 꿰어 갖다주었습니다. 그러나 다른 자들은 "가만두라, 엘리야가 와서 그를 구원하나 보자" 말하며 조롱했습니다. 마지막 외침과 함께 예수님께서는 자기 영혼을 하나님 아버지께 의탁하시고 영혼이 떠나가셨습니다.

예수님은 자기 생명을 온전히 제어하셨으며 자기 영혼을 스스로 거두심으로 스스로 결정하신 정확한 순간에 돌아가셨습니다. 그가 말씀하신 대로 어느 누구도 그의 목숨을 빼앗아 가지 않으셨습니다. 그는 하나님의 계획에 따라 자기 목숨을 버리셨고 그리고 사흘 후면 다시 부활하실 것입니다.

♥ 예수님은 누구십니까?

하나님의 뜻에 순종하시기 위해 세상에 오셔서 우리의 모든 죄를 대신 지시고 하나님으로부터 버림받으신 그리스도입니다.

♡ 예수님이 마지막으로 운명하시기 직전에 외친 소리는 "나의 하나님, 나의 하나님, 어찌하여 나를 버리셨나이까?"였습니다. 예수님의 이 절규 속에서 인간의 천근만근 되는 죄의 무게를 느끼게 됩니다. 예수님은 이 죄들을 다 짊어지시고 가셔야 했기에 마지막 순간에 그렇게 외치신 것이라 생각됩니다. 저의 죄 하나만으로도 무거울 텐데 하나님의 자녀들의 그 어마어마한 헤아릴 수 없이 많은 죄들을 대신 지시고 죽으셔야 했던 예수님의 그 사명과 사랑과 운명을 어찌 죄 많은 인간으로서 조금이라도 헤아릴 수 있겠는지요! 아무 자격 없는 저를 값없이 구원하시고 빛을 비춰 주신 예수님께 이루 말할 수 없는 감사와 찬양을 올려 드립니다.

누가복음에 의하면 예수님은 마지막으로 "아버지여, 내 영혼을 아버지 손에 부탁하나이다" 하시고 영혼이 떠나셨습니다. 이 말씀 속에서 오직 아버지께 순종하시다가 마지막 순간까지 영혼을 맡기시는 예수님의 철저하신 아버지께 대한 믿음과 신뢰가 느껴집니다. 저를 위해 돌아가신 예수님께 감사하지 못하고 죄만 짓고 살아온 한평생임을 고백합니다. 많은 죄를 용서하시고, 저를 위해 돌아가신 예수 그리스도께 그저 감사할 뿐입니다. 남은 생은 오직 주님이 제게 비춰 주신 빛의 복음을 담대히 세상에 나아가 전도하며 살기를 간절히 기도합니다.

나 같은 죄인 살리신 주 은혜 놀라워
잃었던 생명 찾았고 광명을 얻었네.
큰 죄악에서 건지신 주 은혜 고마워
나 처음 믿은 그 시간 귀하고 귀하다.

✝ 기도하기

주님, 나 같은 죄인을 살리시기 위해 십자가에 돌아가신 예수 그리스도의 은혜에 감사할 뿐임을 고백합니다. 못나고 이기적이고 뻔뻔하고 어리석기 짝이 없는 이 죄인을 용서해 주시고 새 생명을 되찾게 해 주신 그 은혜, 평생 만분의 일이나마 갚으며 살 수 있기를 예수님의 이름으로 기도합니다. 아멘!

116

성소의 휘장을 찢으시다

이에 성소 휘장이 위로부터 아래까지 찢어져 둘이 되고 땅이 진동하며 바위가 터지고(마태복음 27:51)

예수님께서 돌아가시던 순간에 세 가지 중요한 사건들이 일어났습니다. 첫째, 성소의 휘장이 위에서 아래까지 찢어져 둘이 되었습니다. 이 휘장은 성소를 지성소로부터 분리하고 있었습니다. 이것이 아래에서 위가 아니라 위에서 아래로 찢어졌다는 것은 그 두터운 휘장을 사람이 찢은 것이 아니라 하나님께서 찢으셨다는 사실을 말하는 것입니다. 휘장을 찢으심으로 그동안 대제사장만이 들어갈 수 있었던 지성소에 다른 일반 사람들도 직접 들어갈 수 있음을 나타내신 것입니다. 예수님의 십자가 죽으심으로 모든 사람이 이제는 하나님께 직접 나올 수 있음을 선포하신 것입니다.

둘째, 그리스도께서 운명하시자 강력한 지진이 일어나 바위가 터졌습니다. 실로 그리스도의 죽으심은 심지어 창조 세계까지 그 반향이 미치는 위력 있고 땅이 뒤흔들리는 사건이었습니다.

셋째, 예루살렘 묘지의 무덤들이 열리며 자던 성도들의 몸이 많이 일어났고, 예수님이 부활하신 후 그들이 나와 예루살렘으로 들어가 많은 사람들에게 자신의 몸을 보였습니다. 예수님의 부활 후에 일어난 이 성도들은 모든 성도들이 부활하게 될 장래의 추수에 대한 표적이 되었습니다.

로마의 백부장과 예수님을 지키던 자들은 이 상황들을 보고 심히 두려워하며

“이는 진실로 그가 하나님의 아들이었다”고 고백했습니다.

그곳에는 또 주님의 죽으심을 멀리서 지켜본 여자들이 있었습니다. 이 여인들은 갈릴리에서부터 주님을 따라왔고 예수님이 쓰실 것을 공급했던 여인들이었습니다. 그중에 막달라 마리아와 또 야고보와 요셉의 어머니 마리아와 또 세베대의 아들들의 어머니도 있었습니다. 또 예수님의 모친인 마리아와 마리아의 여동생도 십자가 곁에 있었습니다.[50] 그녀들은 그동안 섬겨 왔던 사랑하는 주님의 죽음을 지켜보면서 가슴이 터지는 통렬한 아픔과 슬픔으로 그 자리를 지키고 있었습니다.

♥ 예수님은 누구십니까?

십자가에서 죽으실 때 성소의 휘장이 위에서 아래로 갈라지게 하셔서 하나님께서 인간을 용서하시도록 화목 제물로 오신 그리스도 예수이십니다.

♡ 예수님은 진정 하나님의 아들이셨고 그리스도이셨습니다. 예수님이 돌아가시던 순간 일어난 일만 봐도 그것은 사람이 절대 할 수 없는 기적이자 표적이었습니다. 하나님은 휘장을 위에서 아래로 가르심으로 이제 우리가 마음 놓고 하나님을 만날 수 있게 하셨습니다. 예수님이 하나님과 인간 사이에 다리가 되어주신 것입니다. 화목 제물이 되셔서, 속건 제물이 되셔서 죄로 인해 하나님과 원수가 되었던 인간을 다시 만나게 해 주시고 하나님의 사랑과 보호를 받고 하나님이 주시는 은혜와 복을 누릴 수 있게 해 주신 것입니다. 지진이 일어나고 바위가 터진 것은 하나님께서 예수님을 받으셨다는 초자연적인 표징을 보이신 하나님의 반응이셨습니다. 그리고 무덤에서 많은 사람들이 일어나 예수님이 부활하신 후

---

50) 요한복음 19:25-27 참고.

에 함께 사람들에게 살아난 몸을 보인 것도 미래에 예수님께서 다시 오시면 우리도 부활할 것을 미리 보이신 징표였습니다. 이 얼마나 장엄하고 통쾌하고 시원한 미래에 있을 결말인지 정말 상상만 해도 너무나 좋고 감사할 뿐입니다. 영생의 부활을 주신 예수님의 은혜에 감사드립니다.

† 기도하기

하나님 아버지, 감사합니다. 예수님은 진정 하나님의 아들이셨습니다. 하나님께서 보이신 표적은 정말 예수님이 우리를 위한 구세주이셨음을 증거하신 것임을 믿습니다. 예수 그리스도는 저의 구주이시고 모든 인류의 구세주이십니다. 아직도 주님이 구세주이신 것을 모르는 수많은 사람들 중에 한 명이라도 더 주님을 전하겠다는 각오를 주셔서 주님이 그리스도이심을 알리는 삶을 살아갈 수 있기를 예수님의 이름으로 간절히 기도드립니다. 아멘!

117

예수의 시신을 무덤에 넣다

빌라도에게 가서 예수의 시체를 달라 하니 이에 빌라도가 내주라 명령하거늘 요셉이 시체를 가져다가 깨끗한 세마포로 싸서(마태복음 27:58-59)

예수님이 운명하신 후 날이 저물었을 때 아리마대의 부자 요셉이란 사람이 빌라도에게 시체를 달라고 왔습니다. 공회원인 요셉은 예수님을 십자가형에 처하자는 공회의 결정에 동조하지 않았습니다. 오히려 그는 하나님의 나라를 추구하며 예수를 믿은 성도였습니다. 빌라도는 예수가 이미 죽으신 것을 보고 놀라면서 그의 요청을 수락했습니다. 요한복음에는 요셉은 니고데모의 도움을 받아 함께 예수를 장사 지냈다고 나와 있습니다. 이 두 사람은 예수님의 시체를 가져다가 당시의 장례 풍습에 따라 몰약과 유향과 함께 깨끗한 세마포에 쌌습니다. 요셉은 세마포에 싼 시신을 십자가 사건의 장소에서 가까운 바위 속에 판 자기 새 무덤에 옮겼습니다. 아리마대 요셉이 왜 예루살렘에 무덤을 잡았는지 알 수 없습니다. 어쩌면 예수님께서 그와 의논하셔서 그가 이때를 위해 그 무덤을 사 두었는지 모릅니다. 요셉과 니고데모는 큰 돌을 굴려 무덤 문을 막았습니다. 막달라 마리아와 다른 마리아는 무덤을 향하여 통곡하면서 거기 앉아 있었습니다.

대제사장들과 바리새인들이 빌라도에게 와서 죽은 저 예수라는 자가 살아 있을 때 '내가 사흘 후에 다시 살아날 것'이라고 말한 것을 우리가 기억하고 있으니 무덤을 굳게 지키라고 권했습니다. 혹시라도 그의 제자들이 와서 시체를 도둑질하고 예수가 죽은 자 가운데서 살아났다고 유언비어를 날조해 내면 예수가 살아 있을 때보다 더 큰 파장이 일 것을 염려한 것입니다. 빌라도는 그 제안을 받아들여 경비병을 보내 무덤을 굳게 지키라고 명령했습니다. 그들은 경비병을 계속 보내어 지키게 했습니다. 예수님의 시신을 도적질하기는 불가능한 일이었습니다.

♥ 예수님은 누구십니까?

우리의 죄를 대신 짊어지시고 온갖 고초와 조롱을 당하시다가 십자가에 못 박혀 운명하시고 사흘 후에 부활하신 그리스도이십니다.

♡ 예수님은 십자가에서 돌아가셨습니다. 십자가형을 받은 죄인의 시체는 통상 그냥 버려졌지만 예수님께서는 아리마대 출신의 부자 요셉과 이스라엘의 랍비 니고데모의 정성과 노력으로 당시의 장례 풍습의 모든 절차에 따라 무덤에 안치되셨습니다. 아리마대 요셉과 니고데모는 산헤드린 공회원으로 바리새인 중에서도 높은 지위에 있던 사람들이었습니다. 그들은 예수님이 운명하실 때 휘장이 찢어지고 많은 사람들이 무덤에서 일어나고 지진이 나고 바위가 터지는 등등의 징조들을 보며 예수님이 하나님의 아들이심을 굳게 믿게 되었습니다. 그런 것이 아니라면 위험을 무릅쓰고 빌라도에게 가서 예수님의 시신을 달라고 할 수 없었을 것입니다. 니고데모는 전에 밤중에 예수님을 찾아와 예수님과 거듭남에 대해 대화를 나눈 적도 있는 유명한 유대인 랍비였습니다. 그는 예수님이 그리스도이심을 이제야 확신하였는지도 모릅니다. 이 두 사람의 배려와 노력으로 예수님의 시신은 철통같은 보호 아래 사흘 동안 무덤에 계셨습니다. 무덤 곁에는 막달라 마리아와 또 다른 마리아가 너무나 비통에 잠겨 무덤을 떠나지 못하고 앉아 있었습니다. 예수님의 제자들은 이때 다 도망가고 없었습니다. 예수님께 일곱 귀신 들린 병을 고침받은 막달라 마리아는 예수님께 대한 사랑과 아픔으로 울며 그

자리를 못 떠나고 있었던 것입니다. 아리마대 요셉, 니고데모, 막달라 마리아는 모두 예수님이 베풀어 주신 사랑으로 끝까지 자신이 할 수 있는 최선을 다해 예수님과 함께하고 있었던 것입니다.

✝ 기도하기

주님, 예수님의 제자들처럼 위기의 순간이 되면 꽁무니를 빼고 혼자 살겠다고 도망하고 살았던 것을 주님 앞에 고백하고 회개합니다. 저도 막달라 마리아처럼 예수님께 고침받고 나서 너무나 감사하고 고마워 애타게 예수님을 찾는 그런 삶을 앞으로 살아가기를 간구합니다. 또 요셉과 니고데모처럼 위험을 무릅쓰고도 예수님을 믿는다고 드러낼 수 있는 믿음을 갖게 되기를 소망합니다. 예수님의 이름으로 기도합니다. 아멘!

118

부활하시다

그가 여기 계시지 않고 그가 말씀하시던 대로 살아나셨느니라 와서 그가 누우셨던 곳을 보라(마태복음 28:6)

안식 후 첫날 곧 예수님께서 십자가에 못 박혀 돌아가신 사흘 후 새벽에 막달라 마리아와 다른 마리아가 예수님의 무덤으로 갔습니다. 그들은 요셉과 니고데모가 무덤 문에 돌을 굴려 막는 것을 보았으므로 주님의 시신이 놓인 장소를 알고 있었습니다. 여인들은 이제 안식일이 지난 사흘 뒤인 일요일 아침에 예수의 시신에 장례용 기름을 바르기 위해 돌아오고 있었던 것입니다.[51] 갑자기 큰 지진이 일어나며 주의 천사가 하늘에서 내려와 무덤 문에 있던 돌을 굴려 냈습니다. 천사의 모습은 번개 같고 그 옷은 눈같이 희었습니다. 무덤을 봉하고 지키기 위해 파송된 로마 병사들은 천사를 보고 공포에 질린 나머지 떨며 까무러쳤습니다.

군인들이 기절하였을 때 천사는 여자들에게 예수 그리스도가 부활하셨다고 선포했습니다. 천사는 그들이 찾는 그리스도가 말씀하셨던 대로 살아나셨다고 말하며 누웠던 자리를 보라고 했습니다. 이전에 예수님은 그들에게 제삼 일에 살아나리라고 누차 말씀하셨습니다.[52] 주님의 부활에 대한 증거는 빈 무덤이었습니다. 천사는 여인들에게 빨리 가서 제자들에게 예수님이 부활하신 일을 알리고, 제자들보다 먼저 갈릴리로 가실 것이라고 전하라고 했습니다. 여자들은 천사의

51) 마가복음 16:1 참고.

52) 마태복음 16:21, 17:23, 20:19 참고.

지시를 순종하여 무덤을 빨리 떠나 제자들에게 기쁜 소식을 전하려고 달렸습니다. 예수님이 부활하신 일로 그들은 마음이 기쁨으로 벅찼으나 이 엄청난 사건의 온전한 의미를 다 깨닫지 못해 두려웠습니다. 여인들이 일어난 일을 제자들에게 고하기 위해 돌아가던 중 홀연히 예수께서 그녀들을 만나셨습니다.

예수님께서 여인들에게 "평안하냐?" 물으시자 여인들은 즉시 예수님을 알아보고 그 발 앞에 엎드려 경배했습니다. 예수께서 여인들에게 두려워 말라 안심시키시며 제자들에게 갈릴리로 가라고 전하라 하시고 예수님도 거기로 가실 것이라고 말씀하셨습니다. 예수님이 사역하시던 곳인 갈릴리에서 예수님은 그들을 만나실 것이라 하셨습니다.

♥ 예수님은 누구십니까?

예수님은 십자가에 못 박혀 죽으시고 사흘 만에 다시 살아나신 그리스도이십니다.

♡ 오늘 예수님이 부활하신 사건은 인류에게 가장 크고 놀라운 구원의 소식이 되었습니다. 만약 예수님이 부활하시지 않으셨다면 정말 예수님은 희대의 사기꾼이 되는 것입니다. 왜냐하면 예수님께서 제자들을 비롯한 사람들에게 다시 살아나실 것을 여러 번 말씀하셨기 때문입니다. 예수님의 부활을 숨기고 왜곡시키기 위해 당시 로마와 유대인 지도자들은 별의별 해괴한 이야기를 만들어 퍼트렸습니다. 하지만 예수 그리스도는 부활하셨습니다. 빈 무덤과 여인들과 제자들이 증인이고 부활하신 후에 40일 동안 계시면서 만나신 사람들과 하신 일들이 그 증거입니다. 그 일은 사복음서와 사도행전에 잘 나와 있고 또 사도 바울이 쓴 신약성경의 여러 편에 잘 나타나 있습니다.

예수님의 부활하심은 예수께서 그리스도이시고 우리를 구원하신 구원자이심을 분명하게 증거하신 것입니다. 우리는 부활의 주님을 만났습니다. 부활의 주님을 만나면 갈수록 더욱 믿음이 확고해지고 주님의 제자로서 살고자 하는 마음이 솟구치게 됩니다. 부활의 주님은 지금도 하늘 아버지가 계신 하늘 보좌 우편에 앉아 계시며 우리에게 성령을 보내셔서 함께하고 계십니다.

† 기도하기

예수님, 정말 감사합니다. 주님이 부활하셔서 지금도 저의 곁에 저의 안에 늘 살아 계신 것이 얼마나 감사하고 기쁜지 모릅니다. 성령을 보내 주셔서 말씀과 기도와 성도들과의 교제에 늘 함께하시며 저를 인도하시는 그 은혜에 뭐라고 감사와 찬양을 해야 할지 모르겠습니다. 죽는 날까지 부활하시고 다시 세상에 오실 예수님을 전하는 제자로 살아가기를 예수님의 이름으로 간절히 기도드립니다. 아멘!

119

부활을 전한 여인들

이르되 너희는 말하기를 그의 제자들이 밤에 와서 우리가 잘 때에 그를 도둑질하여 갔다 하라(마태복음 28:13)

예수의 부활을 목격한 여자들이 제자들에게 예수님의 부활을 알리려고 뛰어갈 때 무덤을 지키던 경비병들은 공포에 질린 가슴을 진정하고 성에 들어가 모든 일어난 일을 대제사장에게 보고했습니다. 대제사장은 장로들과 함께 음모를 꾸몄습니다. 그리고 군병들에게 돈을 많이 주고 상관에게 보고할 내용을 알려 주었습니다. 그들이 날조한 거짓말은 예수의 제자들이 밤에 와서 병사들이 잘 때에 예수의 시체를 도둑질하여 갔다는 것입니다. 이 말을 총독에게도 전해서 군인들이 사형을 당하지 않도록 조치를 취하겠다고 했습니다. 군병들은 유대 지도자들이 준 돈을 받고 가르쳐 준 대로 했습니다.

그 결과 이 말이 유대인들 가운데 두루 퍼졌고 많은 사람들은 정말로 제자들이 예수의 시신을 훔쳐 간 것으로 생각했습니다. 그러나 만약 병사들이 자고 있었다면 어떻게 예수님의 시신에 일어난 일을 알 수 있었겠습니까? 또 근무 중 취침하면 사형인데 어떻게 목숨을 담보로 잠이 들 수 있으며, 제자들은 예수님이 십자가에 처형되실 때 모두 뿔뿔이 흩어지고 도망갔는데 어떻게 위험을 무릅쓰고 다시 와서 무덤을 열고 시신을 가져갈 수 있었겠습니까? 그러나 사람이 진리를 믿는 것이 거짓말을 믿는 것보다 종종 더 어려울 때가 있으며 아직도 수많은 사람들은 이 거짓말을 받아들이고 있습니다.

♥ **예수님은 누구십니까?**

십자가에 못 박혀 돌아가시고 사흘 후에 부활하시어 여인들에게 먼저 모습을 보이시고 제자들을 다시 만나신 그리스도이십니다.

♡ 예수님의 빈 무덤을 대응하는 유대 지도자들의 파렴치한 행동을 읽으며 그들은 끝까지 거짓과 위선으로 구제받을 길이 없는 삶을 살았던 것을 지켜봅니다. 예수님이 정말 부활하셔서 빈 무덤인 것을 알았다면 예수님의 부활하심을 믿고 자신들의 죄를 회개했어야 하는 것인데 도리어 경비병을 매수해서 예수님의 부활을 그렇게 악한 음모로 둔갑시켜 소문을 퍼트리다니 정말 기가 막힌 일입니다. 더욱 제자들이 시신을 도둑질해 갔다고 하는 말도 안 되는 이야기를 만들다니 어쩌면 그렇게 악한 생각을 하게 되었는지 그들도 가롯 유다처럼 악마의 사주를 받고 그런 파렴치한 행동을 한 것이 아닌지 생각해 봅니다.

그러나 예수님을 영접하고 하나님의 자녀가 된 저 역시 그동안 살아오면서 얼마나 예수님의 부활하심을 진심으로 믿고 감사하며 다른 사람들에게 예수님의 부활하심을 전했는지를 생각해 보니 저도 주님께 죄송하고 할 말이 없음을 고백하게 됩니다. 예수님의 부활은 제 인생에서 가장 획기적인 놀라운 복음입니다. 부활하신 주님께 매일 감사하고 매일 소망을 가지고 기쁘게 살아갈 수 있게 된 것을 감사드립니다. 정말 주님의 부활하심을 기쁨으로 매일 느끼며 그 기쁨을 함께 나누고 전할 수 있는 삶이 되기를 간절히 기도합니다.

† **기도하기**

주님, 감사하고 죄송합니다. 유대 지도자들과 병사들의 악한 행동에 화가 나고 그들을 탓했지만 저도 잘한 것이 하나도 없음을 주님께 고백합니다. 주님의 자녀가 되었으면 자녀답게 살아야 했건만 평생 죄로 물든 인생이었음을 고백합니다. 그런 저를 끝까지 사랑하시고 용서해 주시고 다시 희망을 품게 해 주시는 주님께 너무 감사드립니다. 앞으로 더욱 주님을 기쁘게 해 드리는 삶이 되기를 예수님의 이름으로 기도합니다. 아멘!

♣ 묵상 나눔

이 예수님의 십자가 앞에서 어떻게 부요함과 행복을 구하는 내 욕심을 채우는 기도를 할 수 있을까요. 내 삶은 왜 이렇게 고단하냐고 원망의 말을 할 수 있을까요. 그저 나를 구원하신 나의 모든 것 되신 예수님께 감사하며 사랑할 수밖에 없음을 고백합니다.

120

가서 세례를 베풀고 가르치라

내가 너희에게 분부한 모든 것을 가르쳐 지키게 하라 볼지어다 내가 세상 끝 날까지 너희와 항상 함께 있으리라 하시니라(마태복음 28:20)

예수님께서 부활하신 후 갈릴리에서 제자들을 만나시기로 약속하신 대로 제자들은 며칠 후에 예수님께서 지시하신 산에 가서 예수님을 뵙게 되었습니다. 제자들은 예수님을 뵙고 경배했습니다. 그러나 몇몇은 지금 그들 앞에 나타나신 이가 정말 예수님이신지를 의심하며 물었습니다.

예수님께서는 제자들에게 이른바 대위임령이라 부르는 놀라운 사명을 부여하셨습니다. 먼저 예수님께서는 하나님 아버지께서 하늘과 땅의 모든 권세를 아들인 예수님에게 주신 것을 말씀하시고, 이제 그 권세에 근거하여 제자들에게 세상으로 가서 복음을 전하여 모든 민족을 제자로 삼고, 아버지와 아들과 성령의 이름으로 세례를 베풀라고 하셨습니다.

이는 제자들에게 예수님께서 하나님 아버지께 부여받으신 모든 권세를 위임하신 것입니다. 또한 예수님께서 제자들에게 가르치신 모든 것을 그들에게도 가르쳐 지키게 하라고 하시며 세상 끝 날까지 제자들과 함께 있겠다고 약속하셨습니다.

예수님의 대위임령을 요약하면 '가서, 세례를 베풀고, 가르치라'입니다. 비록 예수님은 제자들과 육신으로는 함께 계시지 않았지만 제자들의 지상 사역이 끝날 때까지 성령으로 항상 함께 계신다고 말씀하셨습니다. 주님의 이 마지막 명령은 사도들이 모든 곳에 가서 메시아이시며 그리스도이신 예수 그리스도의 복음을 선포함으로 수행되었습니다.

♥ 예수님은 누구십니까?

제자들에게 모든 족속에게 가서 아버지와 아들과 성령의 이름으로 세례를 주고, 제자들에게 가르친 모든 것을 그들에게도 가르쳐 지키게 하라고 대위임령을 주신 그리스도이십니다.

♡ 오늘 마태복음의 마지막 장의 마지막 단락을 읽으며 예수님께서 제자들에게 땅끝까지 가서 모든 사람들에게 구원의 복음을 전하라고 하신 말씀을 가슴 깊이 새깁니다. 제가 지금 예수님을 믿게 되고 변화된 삶을 살아가게 된 것도 예수님이 부활하시고 제자들에게 다시 나타나셔서 복음을 땅끝까지 전하라고 대위임령을 내려 주셨기 때문에 일어난 일입니다. 이 일은 제자들에게 사명을 위임하시면서 예수님이 가지신 권세도 함께 주셨기 때문에 가능했습니다. 제자들은 부활하신 예수님을 만나 힘 있고 담대하고 기쁜 마음으로 구원의 복음을 전했습니다. 실제로 제자들의 복음 전도 사역은 사도행전에 잘 기록되어 있습니다. 너무나 놀라운 일이었을 것이고 그 복음의 사역이 지금 21세기 저에게까지 전해진 것입니다. 구원의 복음이 온 세상에 전파되면 예수님은 다시 오실 것이라고 말씀하셨습니다. 제자들에게 전하신 말씀은 오늘 예수님을 영접하고 하나님의 자녀가 된 우리들에게도 같은 말씀으로 주신 것임을 믿습니다. 제가 예수님을 믿고 영접하게 된 것을 깊이깊이 감사하며 제가 만난 주님을 다른 사람들에게 전하는 삶을 살기를 원합니다. 주님이 누구신지 잘 모르는 사람들에게 가서 주님이 누구신지를 알리고 주님의 사랑을 전하는 삶을 사는 것이 저의 남은 삶의 목적이 되기를 간절

히 기도합니다.

✝ 기도하기

주님, 너무나 감사하고 감사합니다. 오늘 마태복음을 마지막 묵상하면서 제게도 큰 사명을 주셨음을 믿습니다. 예수님이 그리스도이심을 전하는 삶이 될 것을 소망합니다. 어둠에 있는 주님을 모르며 헛된 삶을 살아가는 사람들에게 주님의 소식과 주님의 사랑을 전하는 세상에서 가장 가치 있는 삶을 살아가기를 간절히 예수님의 이름으로 기도합니다. 아멘!

♣ 묵상 나눔

우리를 구원하실 뿐 아니라 영생의 부활을 주신 예수님의 은혜에 감사드리며 하나님께서 보내신 사랑의 메신저이시고 하나님 자신이신 예수님께 너무나 감사드립니다.

분부한 모든 것을 가르치고 세상 끝 날까지 너희와 함께하신다고 말씀하십니다.

삶으로 쓰는 마태복음 이야기

초판 1쇄 발행 2025년 6월 15일

지은이 양금선
펴낸이 이기봉
편집 좋은땅 편집팀
펴낸곳 도서출판 좋은땅
주소 서울특별시 마포구 양화로12길 26 지월드빌딩 (서교동 395-7)
전화 02)374-8616~7
팩스 02)374-8614
이메일 gworldbook@naver.com
홈페이지 www.g-world.co.kr

ISBN 979-11-388-4355-3 (03230)